西南政法大学知识产权研究中心主办

西南知識產權評論

Southwest Intellectual Property Review Vol. 5（第五辑）

主编 张玉敏 **执行主编** 康添雄

知识产权出版社
全国百佳图书出版单位

图书在版编目（CIP）数据

西南知识产权评论．第5辑／张玉敏主编．—北京：知识产权出版社，2014.5

ISBN 978-7-5130-1417-5

Ⅰ.①西…　Ⅱ.①张…　Ⅲ.①知识产权-文集　Ⅳ.①D913.04-53

中国版本图书馆CIP数据核字（2014）第084211号

责任编辑： 熊　莉　　**责任校对：** 韩秀天
文字编辑： 张红蕊　　**责任出版：** 刘译文
执行编辑： 王　岩

西南知识产权评论（第五辑）
Xinan Zhishi Chanquan Pinglun（Diwuji）
主　　编　张玉敏
执行主编　康添雄

出版发行： 知识产权出版社 有限责任公司	**网　　址：** http://www.ipph.cn
社　　址： 北京市海淀区马甸南村1号	**邮　　编：** 100088
责编电话： 010-82000860转8112	**责编邮箱：** xiongli@cnipr.com
发行电话： 010-82000860转8101/8102	**发行传真：** 010-82000893/82005070/82000270
印　　刷： 保定市中画美凯印刷有限公司	**经　　销：** 各大网上书店、新华书店及相关专业书店
开　　本： 720mm×960mm　1/16	**印　　张：** 19.75
版　　次： 2014年6月第一版	**印　　次：** 2014年6月第一次印刷
字　　数： 274千字	**定　　价：** 48.00元

ISBN 978-7-5130-1417-5

编者语

学术生态是可能生活的延伸。知识产权法学的生态，亦然遵循这样的基本原则。

我们的社会结构，正朝着市场作为资源配置的核心机制而努力。正是市场而非政府或其他，孕育和推进了知识产权事业。若以历史纵向维度观之，此种努力所形成的局面，即是变革时代。变革时代，必然亦是开放时代。这不应当被视为口号式论断，就本质而言这是现代性共识。在传统市民社会中，资源配置缓慢平静，财产和人身规则享受着智识长时间的宁静浸润，民法得以尊崇，可以说那是民法时代；在现代商业社会中，移动网络和即时通讯对商业模式的根本性改造，直接冲击着财产和市场交易规则，一切处于解构和重造状态。我们称其为后民法时代，这是一个更加开放、更具有国际视野、甚至不需要设置防火墙的时代。

这样的时代，需要资源涌流的自由。

不言而喻，智慧资源已然成为现代商业社会重要交易对象。无论是维护交易安全，还是降低交易成本，都符合增设自由的基本目标。具言之，知识产权理论的深度挖掘、建设性批判、分析工具的选定，法律规则的初步设定、再次修改、适用性评估，均应以之为准。秉持这一基本认知，《西南知识产权评论》（第五辑）力图还原当下知识产权学术生态的真实模样。可以想见，由于资源受限，这一学术平台定然无法实现全貌之审视，但值得欣慰的是，入选作者无论是思想力还是学术洞察力，均力透纸背，使得我们有幸进入当下知识产权学术生态之内核，从而弥补未见全貌之遗憾。

康添雄

2014年2月1日于西南政法大学

目 录

市场与竞争：著作权法变革时代

理论检讨与制度设计

司法过程

国际视野

方法论与分析工具

目 录

市场与竞争：著作权法变革时代

理论检讨与制度设计

司法过程

国际视野

方法论与分析工具

西南知識產權評論
Southwest Intellectual Property Review Vol. 5 （第五辑）

市场与竞争：著作权法变革时代

《著作权法》第三次修改是国情巨变的要求

刘春田*

为了应对时代的挑战和国情的巨变，著作权法第三次修改工作已经拉开序幕。要进一步推进著作权制度的改革和发展，就必须将之放在我国甚至全球政治、经济、文化等社会大环境和我国著作权司法发展大背景中来考量，秉承积极、稳妥、科学和理性态度，正确处理好技术进步导致的经济关系变革、市场经济的要求和文化发展等重要问题之间的关系，努力实现权利保护、作品传播和正当使用之间的协调和平衡。如此，方能构建起完善的著作权法律体系，培育国民对知识产权的普遍信仰。

2011 年 7 月，国家版权局启动了《著作权法》第三次修改工作，并委托三家学术机构分别起草三个专家建议稿。2012 年 1 月，国家版权局召开了修改《著作权法》工作会议，就三个专家建议稿进行说明和讨论。随后，国家版权局参酌专家建议稿，短短两个月就提出了一个新的草稿，提交专家组。为了加快进度，版权局法规司要求专家只需指出草稿中显而易见的硬伤，不必议论制度设计建构和条文取舍。随后，正式推出国家版权局版的著作权法修改稿，这份文件共 8 章 88 条，并于 3 月 31 日以“《著作权法》（修改草

* 作者简介：刘春田，中国人民大学知识产权学院院长、教授，中国知识产权研究会学术顾问委员会委员。

案）”名义公布，向社会征求意见。严格的说，这还不是即将交付立法机关表决的法律草案，只是由国家版权局出具的一份征求意见稿，与提交全国人大常委会的著作权法修正案，乃至最终通过的新的著作权法，还有相当的距离，还有足够的时间和充分的讨论空间。这意味着《著作权法》的修订工作已经拉开了序幕。作为中国人民大学提供的修改建议稿的参与者和专家组成员，本文就《著作权法》修改应当解决的几个问题谈以下意见。

一、修改《著作权法》是为了应对时代的挑战和国情的巨变

为什么要修改法律，它的必要性和紧迫性在哪里，不修改行不行，推迟几年再改行不行，这是修改任何法律都必须首先回答的问题。本文认为，首先要历史的看待这个问题。当下启动修改《著作权法》，为什么是必要和紧迫。这既是适应生产力进步的需要，也是顺应经济基础变迁的挑战，还是经济全球化的要求。与20多年前新中国初建著作权法律制度时相比，今天我国的国情以及国际环境都发生了翻天覆地的巨变。作为现代社会最重要的法律之一的著作权法，必须适应已经改变并在不断改变的国情。1990年制定著作权法时，我国还处在以传统印刷技术为代表的复制产业和相对落后的农业社会阶段，处于计划体制和两个阵容、两个市场的国内外大环境下。总体上讲，我们的国家是落后的，个人是贫穷的。当时的社会条件与知识产权可谓水火不容、格格不入。作为民事权利的知识产权在我国缺乏民事法律制度、知识与观念的涵养，还处于无理论、无制度、无实践、无人才的“四无”阶段。新兴产业刚刚起步，现代权利意识有待启蒙。起草者的知识、眼界和思维方式受到时代和体制的种种局限，不是今天的新人可以理解的。1986年底，

记得在设计职务作品的著作权归属时，长期委决不下。我提出用合同这个今天看来最正常不过的办法解决的意见，话音未落，当场就遭到一位老同志的严厉批评，认为这个意见是旧社会的沉渣泛起，是典型的资产阶级自由化思想，弄得我啼笑皆非。参加起草工作的政府和立法机关官员，以及四位学者谢怀栻、郭寿康、郑成思和我，也是边干边学。历史地看，第一部《著作权法》大体是符合当时国情的。但是，其后的 20 年，变化巨大，人类进入数字技术时代，全球化已成为不可逆转的潮流。作品的创作、传播和使用技术不断创新，著作权的内容和实现方式日新月异，与著作权相关的产业推陈出新、迅猛发展，由此引发的经济关系日趋复杂，传统的原则、法与非法的界限与尺度不断遇到挑战，比如，信息网络传播与传统传播的关系，网络条件下作为私权的著作权与公共利益的界限，提供信息存储空间或搜索、链接服务的网络服务提供商在侵权行为中的责任界限，网络环境下的侵权赔偿问题等，都要重新思考。以美国为代表的发达国家，乃至于一些发展中国家，纷纷修改著作权法。世界知识产权组织在 1996 年也因应数字技术发展形势制定了新的国际公约。这 20 年，我国的变化较之任何国家都更为剧烈、深刻，除了面对数字技术与全球化这一各国共同问题外，我国还需面对特有的由计划经济转入市场经济，经济成分由单一公有制转变为多元的财产关系，文化也由单一的传统意义上的社会主义文化，变为社会主义初级阶段的多元文化。我国经济总量跃居世界第二，人均收入接近 5000 美元，沿海发达地区国民的物质与文化生活水平几乎可与发达国家媲美。开放的我国融入了国际世界，这既是我国，也是人类社会史无前例的巨变。国情的这些复杂而大幅的变化对现行著作权法构成了巨大的挑战，面临制度设计的更新与换代。我国《著作权法》虽在 2001 年和 2010 年先后两次修改，但总的来讲基本未变，还属于传统印刷技术时代的法律。但是，对于修改《著作权法》不是没有质疑的。有观点认为：必须拿出一个《著作权法》非改不可的理由，不改，日子就过不下去，这样才好说服立法机关动手修改。与 2001 年和 2010 年的两次修改相比，看不出此次修改《著作权法》有这样的理由。2001 年我们要加入世界贸易组织，不修改《著作权法》达不到世界贸易组织的要求，无法加入。2010 年是为了执行世界贸易组织要求修改《著作权法》的裁决，若不执行，会危及国家的重大利益。这次修改，并没有来自外部的压力。我认为，这次修改，根本的动力来自我国自身技术进步和经济社会的发展，来自国情的巨大变迁，来自社会实践和司法实践的迫切要求。所谓国情变化，也包括来自国际环境的深刻变化和国际社会知识产权体系对我们的期待与要求。如果把现行著作权法比作一列零部件完好、系统自洽、运行正常的普通火车，承载它的又是传统铁路，那么二者就是相互匹配、运行和谐的。但是，我们面临的是数字技术形态、全球化的知识经济时代和规则一体化的普遍要求，已经发展成设施先进的高速铁路系统，再完好的普通列车也不能跑出该系统所要求的高速，必须重新构思、更新设备，设计制造出新的列车。我们经常强调国情，强调中国特色，我认为，国情并不是一个凝固、僵化、一成不变的概念。我们几十年来的不断改革，改造的就是中国国情。30 多年的巨大变革，变的也是国情。因此，国情的迅速、不断和巨大变革，以及社会关系的推陈出新、与时俱进才是中国特色，也是中国迈入现代社会必备的本色。同时，应当看到国情的另一面，计划经济体制和传统思维方式还深刻地影响着知识产权这个基本财产制度，影响着著作权制度充分有效的实现它的宗旨和功能。这既不利于对著作权人、作品传播人和正当使用人的保护，也不利于相关产业的壮大和经济、社会发展，还影响到社会的稳定与国家的安全。近年来，我国知识产权纠纷，特别是著作权司法纠纷案件大幅上升，受到社会前所未有的关注，这意味着知识产权在当代社会生活中的地位、作用越来越重要。据最高人民法院的一个统计，2011 年全国各级法院受理一审知识产权案件共 58745 件，其中著作权案件 35185 件，占 59.8%，涉及互联网纠纷的案件又超过半数。实践迫切要求著作权法与时俱进，适应技术、经济与社会的发展。客观的讲，我国现行著作权法“设备老化”，不但与技术进步、社会发展不相适应，落后于发达国家，甚至不如印度、南非、巴西等发展中国家。囿于立法体制的落后，多年来常常要靠行政机构制定行政规章和司法机关的“司法解释”、“意见”乃至个案判决来规范各种新型的利益关系和行为。这种情况延续太久，不利于法制的规范和统一，必须通过修改法律加以解决和完善。我们知道我国台湾地区与大陆 2001 年底先后加入世界贸易组织，但其后台湾地区于 2003、2004、2006、2007、2009、2010 年先后 6 次修改“著作权法”。我们只是在 2010 年因执行世界贸易组织裁决对《著作权法》第 4 条作了修改。面对国际国内的变化大局，面对建设创新型国家的历史任务，我们有必要适时对著作权法做出新的修改。

民主立法、科学决策是我国著作权法制定工作的历史传统。这次修法，先期委托不同学术机构分别提出专家建议稿，为修法工作做初步的调查研究，凸显了国家版权局在指导思想上的开放、开明的心态，以及广开言路，察纳多元诉求的工作方法。三家学术机构受托，分头作了认真的工作。事实说明，三个专家建议稿，分别反映了对著作权法律制度相关问题的多元看法，以及如何进行制度设计的不同思路，可以提供不同的方案与模式，以相互启示。中国人民大学的建议稿，组织了全国二十多所大学和其他机构几位专家共同参与，并力所能及的吸收和反映权利人、产业界、司法机构的意见。现行《著作权法》共 61 条，我们的建议稿则增至 77 条，其中保留现行法 16 条，吸收《著作权法实施条例》4 条，修改 34 条，新增 23 条，在三个建议稿中对原法改动最大。我们还将建议稿译成了英文，广泛征求世界知识产权组织、联合国教科文组织以及我国台湾地区学者、欧洲、美国等学术机构和专家以及政府、非政府组织的意见，直至今天，我们还在就版权局的修改征求意见稿和国内外的专家、机构和政府部门交换意见。国家版权局在这次修改著作权法中，扮演的角色是为改法提供基础的方案，最突出的亮点是开放性。其重点不是立法技术问题，而是广泛听取创作者、权利人、产业界和社会各界的意见，尽可能客观、全面的反映他们的诉求。版权局的征求意见稿公布以后，引起了社会各界的强烈反响，现行《著作权法》存在的固有矛盾和版权局意见稿所反映的新问题交织在一起，形成了若干《著作权法》修改的热点。

关于开放改法，这一点要特别说明。工业文明改变了世界，数字技术使经济全球化成为现实。以科学技术、文学艺术为表现形态的“知识”的聚散、流通冲破了国家的藩篱，随时随地的被商业化的利用。在知识产权制度的基本原则下，对知识产权充分、有效地保护应当成为人类社会的普世价值。与20年前的中国不同的是，在知识商业化的名利场中，汇集了人类丰富多彩的多元文化，因此，也有了越来越多的利益相关方。其中，越来越多的外国权利人，随着知识流通、聚散的全球化，为了实现和维护他们的利益，纷至沓来。我国包括著作权法在内的知识产权法治状况，是各国知识产权权利人的利益所在。因此，我国的知识产权状况，不仅受到我国人关注，也受到世界各国知识产权权利人的关注。在这个问题上，外国的权利人、产业、政府和非政府组织关心、过问，甚至直接、坦率的表达自己的意见和利益诉求，都是十分正当的。参酌、吸收和借鉴发达国家，甚至发展中国家的成熟经验与制度，为我国的知识产权法治建设所用，顺理成章。也只有集中人类已有的共同文明成果，才有可能把修改法律的工作做得好一些。

二、为创新型国家量身设计《著作权法》

我国政府计划在2020年把我国建设成创新型国家，并建成完全的市场经济社会。为此制定了包括知识产权战略在内的一系列国家战略。知识产权法律体系正是实现上述战略的法律保障。《著作权法》的修改，就是这一战略的组成部分。因此，修法工作应当实事求是，与时俱进。为实现《著作权法》的基本功能，应当重点考虑以下几个方面的问题：

第一，回应技术进步所导致的经济关系变革。数字技术是对以印刷技术为代表的传统技术的革命性变革，它彻底改变了人类的生活方式，致使知识载体、知识的复制和传播方式推陈出新。传统印刷技术时代形成的诸多著作权制度的基本概念必须重新定义，与此相对应的具体制度必须重新设计，利益关系必须重新调整。上述情况已导致主要发达国家著作权法的变革。我国《著作权法》是印刷技术时代的产物。目前，我国一部分经济也已进入数字技术时代，技术无国界，我国在数字技术经济领域遇到的法律问题，与发达国家没有区别。适时地对《著作权法》作出调整与改革，是人类社会发展共同面对的问题，中国不可能例外。法律是一种工具，“工欲善其事，必先利其器。”在知识的高速公路上，谁的工具先进，设备完善，谁就在竞争中居于优势、领先的地位，谁就会在经济竞争中获得先机。在高速路上，若不肯换设备，迷恋于对 20 世纪 50 年代“解放”牌卡车的修修补补，即便勉强上路，也不可能与“奔驰”“奥迪”并驾齐驱，遑论超越。因此，如果不因利乘便，主动适应技术进步，谈何与人竞争！若我们不对《著作权法》果断实行变革，必将落后于国际社会。

第二，回应文化发展的要求。文化是经济发展的一翼，同科学技术一样，文化也是生产力。文化产业是文化发展的体现，也是现代文明的重要体现。在发达国家以及诸多发展中国家，音乐、影视、动漫及游戏产业领域对国民经济的贡献越来越大。在美国，文化产业的出口规模超越了汽车、航空等传统制造业。我们由于在文化问题上长期拘泥于意识形态的束缚，自捆手脚，失却了太多的时间与大好的商机。可喜的是，党的十七届六中全会解放思想，冲破传统意识形态的藩篱，提出发展、繁荣社会主义文化的战略任务。这是继 1978 年全国科学大会开辟“科学的春天”之后，迎来的

“文化的春天”。借此，文化产业将有可能成为我国经济发展的新的增长点。著作权法是文化产业发展的法律保障，没有先进的著作权制度，不可能建设现代的文化产业。

第三，充分考虑发展市场经济的要求。产生于单一公有制和计划经济时期的《著作权法》，已经无法充分、有效地服务于市场经济的发展。市场经济带来了多元的财产关系和多元的文化，也形成了较之单一公有制和计划经济复杂得多、活跃得多的社会关系。这些市场经济所固有的新的社会关系反映了新的社会财富增长手段，应当为我国的现代化建设服务。

第四，适应全球化的发展。全球化已成世界大势。我国若不想落后于人，不想受制于人，必须顺应世界大势。法治建设必须考虑全球化，民主与法治并非专属于西方，无论是东方还是西方，只要科学，就要学习，只要先进，就应效仿。在全球化的条件下，任何一国的事，都是全球的事。《著作权法》的修改，并非纯中国自身的事，会影响到全球多数国家的利益，万众瞩目。我们和别国生活在一个世界、一个市场中，我们在调整本国国内各方财产关系，捍卫自己的利益的同时，必须接受国际社会普遍遵循的准则，充分考虑左邻右舍，尊重他人的利益，学会双赢，共同发展。

第五，总结和吸收 20 多年我国知识产权的理论成果和实践经验。其中，司法经验尤为重要，经提炼后反映在《著作权法》中。该法既是行为规范，也是裁判规则。其条文只是一个文本，司法活动及其结果才真正使它由静止的文本转化为真实、鲜活的社会生活，转化为实实在在的法律。自 20 世纪 80 年代起，我国法院积累了大量的审理著作权案件的实践经验，近年来，法院审理著作权案件的水平不断提高，已引起国内外法律界的极大关注。这些，完全有条件为立法提供丰富的营养。因此，这次修法应当特别重视法院的经验。

三、建立完善的著作权法律体系

法律是一个复杂的规范系统，法学既是一门科学，也是一个专业。《著作权法》是单行的民事法律，它自身是一个体系化的规则系统。设计者应当从实际出发，科学地运用逻辑，建立起一个术语清晰准确，制度融通贯一，使各项制度可以自洽、和谐地融于一体的《著作权法》。必须看到，《著作权法》只是法律体系中的一个子体系，必须有机地把它放在整个法律体系中，才能在实践中加以适用。还应当看到，我国的知识产权制度是国际知识产权体系的组成部分，它还要与国际体系相连，并相互兼容，才具备可适用性。融入国际社会，接受人类社会业已形成的共同准则，既是我国根本和长远利益所在，也已成为我国国民的共识。遗世独立，自外于国际社会知识产权体系，断无生命力。因此，建设一个既有中国特色，又具普世价值，兼容并包，让适用者既能入乎《著作权法》其内，又能出乎《著作权法》之外的著作权法治环境，这也是摆在《著作权法》修改者面前的重要任务。

这次《著作权法》的修改，究竟有多大幅度，会涉及哪些制度和条文，是大改、中改，还是小改，对此，国内外都很关注。笔者认为，现行《著作权法》无论是实体规定方面，还是立法技术上的专业性、逻辑性、系统性要求方面，都存在很多问题，二者综合反映在条文中。关于实体规定方面，按照文化发展、繁荣市场经济和融入国际的要求，在现有基础和框架下，《著作权法》有必要进行较大的调整，在立法宗旨、保护对象、权利主体、法律功能、权利体系设计、权利归属、保护期限、著作权登记、权利利用与处分、邻接权、权利限制、著作权合同、技术措施、法律责任、归责原则、侵权赔偿、著作权集体管理、行政执法、司法，以及著作权纠纷的调解制度、与国际条约的关系等方面，都需要进行体系化的调整，否则不足以胜任经济与社会发展的需要。还有因应数字技术出现的问题，如计算机程序、技术措施、临时复制、向公众传播权等制度，也应当认真应对。

为便于说明，谨以现行《著作权法》第 1 条为例作些分析。众所周知，《著作权法》第 1 条的任务是开宗明义，规定该法的本质、宗旨、指导思想、法律原则和职能，这是该法的“宪法”性条款。它反映一个国家对待知识产权制度的认识水平、根本态度和政策，绝不是毫无实质意义的摆设。如何表述这一条，具有指标意义。现行《著作权法》第 1 条规定：“为保护文学、艺术和科学作品作者的著作权，以及与著作权有关的权益，鼓励有益于社会主义精神文明、物质文明建设的作品的创作和传播，促进社会主义文化和科学事业的发展与繁荣，根据宪法制定本法。”该条条文的表述集中反映了 20 多年前的社会背景、价值取向、理论水平和立法能力。按照我们现在的知识、眼界、法律追求、立法技术和逻辑安排，可以指出诸多可以修改的地方。比如：（1）“作品”一词足可涵盖所有作品形式，不必再列举文学、艺术、科学；（2）“著作权”是该法的核心术语，实践中著作权人不限于作者，现行法律条文的描述局限于“作者的著作权”是不准确的；（3）除创作、传播外，法律还保护与鼓励对作品的“正当使用”行为；（4）社会主义精神文明、物质文明的范围是有局限的，难以涵盖我国当下的文化与物质建设现状。因此，中国人民大学的建议稿将第 1 条修改为：“为保护著作权以及与著作权有关的权利，鼓励作品的创作、传播和正当使用，促进社会文化的发展，根据宪法制定本法。”对这一条，认识并不相同，国家版权局以及三个建议稿也见解不一，有的稿子原封未动，人大的稿子作了修改。

四、《著作权法》修改工作应当秉承积极、稳妥、科学、理性的精神

关于修改的任务与原则，阎晓宏副署长提出了很好的意见，他认为修改的标准是“当与不当”，并提出坚持中国特色与国际条约的统一、外国经验与中国制度的统一、立法原则与法律条款的统一。

“当与不当”标准看似主观，实则有界限可以划分，标准有两个：一是是否合于逻辑，二是是否符合实际需要。比如，现行《著作权法》第 6 条规定：“民间文学艺术作品的著作权保护办法由国务院另行规定。”这是 1990 年新中国第一部《著作权法》就规定了的内容。但是，时至今日国务院仍然没有出台这个规定办法。今天看来，原因很简单：首先，在逻辑上对这类作品的利用行为，不适合用私权手段规范。其次，用《著作权法》规范这类社会关系难以施行，《著作权法》已实施 20 多年，民间文学的使用实践对《著作权法》并无需求。最后，有关国家如日本、韩国的实践，已经为这类作品的流传实施了不同于私权手段的有效的特殊办法，可供我们借鉴。当然，对如何对待《著作权法》的这一条规定，仍存在不同的认识，还可以继续讨论。但有一点可以明确，衡量当与不当，一定要遵循理性、客观、法治的原则，不可以凭感情用事，也不宜有其他标准。凡是违反理性，不合法治原则的规定，最终会被法律所剔除。应当坦诚，二三十年前，我们在计划体制条件下，在市场经济的沙漠上草创知识产权制度，囫囵吞枣、照猫画虎，无知与错误在所难免。今天，在国情已发生了翻天覆地的变化，建设完全市场社会和创新型国家的形势下，完全不必背负幼稚甚至错误的历史包袱。《著作权法》原第 4 条的历史命运就是这一道理的最好佐证。

修法应当明确两个任务：一是完善法律的体系化，前面已经提

到，现行《著作权法》无论从实体功能、法律技术上，还是从语言逻辑上，都有进一步专业化、体系化的任务。二是突出修改重点。同时要从实际出发，千头万绪，抓住重点，修改好重要的制度。至于最终修改幅度多大，是大改、中改、小改，没有人可以未卜先知，大家希望力所能及地做好。修法结果最终取决于立法机关对《著作权法》和我国技术、经济、文化发展现实的矛盾的理解，对与国际社会相衔接的认识和对所谓"中国国情"的解读、定性，对社会公平正义的认知，对知识产权正当性的认可，对知识产权制度本质与功能的认同，以及理论指导、经验总结、立法技术、立法程序，还取决于立法者的眼界、责任心和决心。在修改过程中，权利人、产业的诉求和公众等各方利益的平衡以及国际关系等因素，也是修法必然要考量的重要因素。

与《专利法》、《商标法》、《反不正当竞争法》相比，《著作权法》无论是调整的社会关系上，还是立法技术本身，都远为复杂。新中国出台第一部《商标法》、《专利法》分别用了3年和5年时间，出台《著作权法》则用了11年时间。数字技术以及相关产业的发展对经济和社会生活的影响，作用最大、影响最复杂、最全面、最深刻的也是著作权制度，因此，这次修改《著作权法》仍然是一个复杂的系统工程。

此外，修订工作应当理性看待业界对征求意见稿条文设计的反响。国家版权局的征求意见稿公布以后，引起国内外的普遍关注。国内有些领域反应尤其强烈，有的艺术家、产业界人士对个别条文的设计提出了强烈的批评。既有针对制度设计提出的批评与质疑，也有针对制度的具体运作情况所作的评价。

修法的进度，须处理好急与缓的辩证关系。修法兹事体大，牵一发而动全身。若不慎，则失之毫厘，谬以千里。因此，既要有紧迫感，又要从容不迫。战略上要有紧迫感，战术上要从容不迫，稳扎稳打。要秉持法治理念和专业精神，力求概念准确、制度合理、体系严谨科学、符合国情、面向国际、用语精当，我们有充裕的时间可以把它做得更好，精益求精。另外，修法是事涉全体国民核心利益和社会根本秩序的基础工作，不可以掺杂任何部门或个人的利益。切勿把修法工作“工程任务化”，切勿赶工期、赶进度，不要搞“大跃进”。无数的实践证明，凡是按照这种思维模式完成的东西，都经不起历史检验。同时，也要力戒修法工作“部门政绩化”，修法要完全按照自身的需求与逻辑安排进度，不要与国家的政治生活事件挂钩，不搞献礼，不作秀。

从长远看，要让《著作权法》与时俱进，还应当考虑建立适应技术、经济和社会发展的立法的长效机制。

《著作权法》应当具有纲领性、前瞻性。囿于我国目前的立法体制和机制，《著作权法》没有条件两三年就修改一次。因此，这次修改实际是在为 2015 年以后的社会生活设计著作权法，也就是为创新型社会提供法律保障。一部落后的著作权法律制度，不可能有效地促进和推动创新。因此，修法必须有超前意识。否则，法律会成为创新型社会的障碍。

五、让知识产权成为一种信仰

我国自建立知识产权制度以来，一直面临修改的压力。表面上看，压力来自发达国家，但归根结底源于我们的制度不能适应技术和经济的迅速发展。今天，我国经济与世界经济已经须臾不可分。我国的知识产权制度已成为国际知识产权制度体系的组成部分，其优劣牵动全球利益。如果知识产权制度长期落后于技术经济的发展，不但影响自身的利益，也会影响我国经济赖以发展的国际经济环境。因此，适时地修改知识产权制度，以保障经济的健康、较好发展，是天经地义的事情，也是现代国家共同奉行的普世价值。

我国在知识产权问题上，从上到下，从官方到民间，从学界到产业界，总体上说，还缺乏普遍共识。必须看到，知识产权制度是同人类工业经济与生俱来的法律文明，它不是资本主义的专利，而是伴随工业社会和市场经济的新型财产制度，凡是要进入工业文明的社会，无论民主国家，还是集权国家，无论北半球、南半球、西方，还是东方国家，不论自觉还是被迫，都必然或必须接受知识产权制度。因此，知识产权制度的正当性是不容置疑的。我国社会长期处于农业经济，传统财产制度均与劳动相关，所有财产的载体形态，都局限于以劳动成果为基础。与之相适应的财产观念和法律文化，本能地抗拒以创造成果为核心基础而产生的作为私权的知识产权制度，这是不健康、不全面的，限制了我们的发展。总之，我们的国家、社会、国民，总体上还没有做好迎接知识产权这种属于市场经济和工业文明的崭新的财产制度的思想、文化和制度准备。这显然是一项长期的任务。法律是一种信仰。从这个意义上来说，知识产权也是一种信仰。现代社会，知识已成为经济、文化发展的原始动力，知识产权制度逐渐成为财产制度的核心，属于社会的核心价值。权利意识，特别是知识产权意识，在现代国家理应成为国民常识，也是一个社会文明程度的重要标志。在我国，却是稀缺的国民素质之一，亟待普及。知识产权的核心价值就是诚信，没有诚信，就没有基本的道德和秩序，就没有国家、社会、个人的安全。因此，知识产权法是法治建设，也是道德建设。我国国民的诚信素质重建，若能从知识产权法治开始，可能是一个合适的起点。

我国著作权法律制度面临的困惑

——写在著作权法修订之际

宫士友*

引　言

我国著作权法律制度主要由法律、行政法规、部门规章以及司法解释构成。实践中，著作权法律制度面临着诸多困惑。1992 年制定的《实施国际著作权条约的规定》是现行有效的行政法规，其内容是保护外国作品著作权人的合法权益。该规定赋予外国权利人的权利远高于我国权利人，有些权利在我国加入的国际著作权条约中也难觅踪影，与著作权法严重不符。2001 年 10 月 27 日，修订后的著作权法开始施行，该法依照《世界知识产权组织版权条约》（以下简称 WCT）和《世界知识产权组织表演与录音制品条约》（以下简称 WPPT）的规定，赋予了权利人一项新权利——信息网络传播权，但没有顾及该权利与其他权利，如复制权、发行权等已有权利的关系，造成对信息网络传播权的不同解读。2002 年，修订后的

* 作者简介：宫士友，中国人民大学法学院博士研究生，国务院法制办公室。

《计算机软件保护条例》刚施行不到 3 个月，就有“两会”代表提出议案或者提案，强烈要求修改该条例。自 1991 年起，“民间文学艺术作品的著作权保护办法由国务院另行规定”的内容就牢牢占据着《著作权法》第 6 条的位置。20 年过去了，该办法仍未问世，专家、学者莫衷一是。

著作权法律制度的特点决定了其极易受到新传播技术的影响。数字技术、网络技术的发展正在掀起一场传播革命，权利人权利的扩张、各方利益的不同诉求、层出不穷的侵权形式，正在考验着我国现行的著作权法律制度。

困惑之一：著作权权力体系需要重构吗？

数字技术的发展使得作品、表演、录音录像制品的载体趋于一致。网络环境下，无论是文字、摄影、电影等作品，还是表演者的表演以及录音录像制品，其载体都统一表现为电子数据文件，这既不同于纸张、胶片等载体，也不同于以模拟信号格式存储的表演、录音录像等磁介质载体。与传统的印刷、复印、拓印、录音、录像等复制方式相比，对电子数据文件的复制变得十分容易，只需要借助计算机的几个指令，任何人都可以毫不费力地实现对含有作品、表演、录音录像制品的电子数据文件进行复制。这种复制没有数量限制，复制一份与多份没有本质区别，只是下达的指令不同而已，这无疑动摇了复制权作为传统著作权权利体系核心的位置。此外，对电子数据文件的复制不是有形形式，人们是看不见的，这对传统著作权理论关于作品是以某种有形形式复制的智力成果的定义提出了挑战。

由于作品、表演、录音录像制品可以以电子数据文件的形式存在，对其传播就变得十分容易，只要将以电子数据文件形式保存的作品、表演、录音录像制品上传到与互联网相联的计算机硬盘上[1]，任何上网用户均可以利用互联网信息共享的特点，对该作品、表演、录音录像制品进行浏览、欣赏、下载。换言之，在网络环境下，任何上网用户都可以成为传统环境下的电台、电视台或者图书出版者。

传统环境下权利人享有的向公众提供作品复制件的权利（发行权），以及展览美术作品、摄影作品复制件的权利（展览权），在网络环境下都表现为将含有作品的电子数据文件上传到与互联网相连的网络服务器上，由上网用户予以点击的过程。由于计算机能够再现电子数据文件中含有的美术、摄影、电影以及以类似摄制电影方式创作的作品，只要在计算机上点击含有美术、摄影、电影以及以类似摄制电影方式创作的作品的电子数据文件，就等于行使了放映权。可见，网络环境下对作品、表演、录音录像制品的点击、下载，不仅传播了作品、表演、录音录像制品，还行使了传统意义上的复制权、发行权、展览权、放映权等权利。

此外，WCT 第 12 条、WPPT 第 19 条要求缔约各方规定适当和有效的法律补救办法，制止任何未经许可故意去除或改变权利人的权利，管理电子信息的行为。所谓权利管理电子信息，是一种说明作品及其作者、表演及其表演者、录音录像制品及其制作者的信息以及作品、表演、录音录像制品权利人的信息和使用条件的信息，这些信息可以是数字或者代码。与著作权人享有的“表明作者身份”的署名权相比，权利管理电子信息并未改变署名权的实质，只是其内容比仅仅在作品上署名更丰富、更全面，是网络环境下署名内容的扩充。这就要求修改权利人的署名权，以适应网络环境的特点。

① 一般是网络服务器，但有些特殊软件也能把上网用户使用的计算机硬盘上的信息捕获。

困惑之二："信息网络传播权"是一项独立的权利吗？

著作权法关于信息网络传播权的定义来源于 WCT 第 8 条——向公众传播的权利和 WPPT 第 14 条——提供录音制品的权利的表述。依照著作权法的规定，信息网络传播权是指以有线或者无线方式向公众提供作品，使公众可以在其个人选定的时间和地点获得作品的权利，这个权利不同于著作权人以及与著作权有关的权利人享有的发行权、复制权、出租权等权利。后者是单一行为，而前者是多种行为的组合。一件作品要在信息网络上传播，首先必须进行数字化[①]；其次，数字化后的作品必须复制到网络服务器的硬盘上；最后，存储在硬盘上的作品要置于能够被上网用户在自己选定的时间、地点进行访问的状态。这三个步骤构成了"上传"。上传作品并没有使其在信息网络上传播，但是，公众可以在个人选定的时间和地点获得这些上传的作品。此时，权利人的信息网络传播权即行使完毕。因为，作品一旦被上传，除采取技术措施外，权利人便无法控制他人的浏览甚至下载，这是互联网信息共享的特点决定的。

可见，信息网络传播权的实质不是传播，而是通过网络向公众提供作品的权利，并且包含了复制权。因此，有必要对信息网络传播权作进一步斟酌。

---

① 当然，现在的许多作品是用计算机完成的，不存在再次数字化的问题。

困惑之三：技术措施是著作权及相关权利人的新增权利吗？

WCT 第 11 条和 WPPT 第 18 条规定，缔约各方应当规定适当的法律保护和有效的法律补救办法，制止规避由权利人为行使条约所规定的权利而使用的，对其作品、表演、录音制品进行未经该权利人许可或未由法律准许的行为加以约束的有效技术措施。据此，《著作权法》第 47 条规定，未经许可，避开或者破坏权利人为其作品、录音录像制品等采取的保护著作权或者与著作权有关权利的技术措施的，属于侵权行为，应当承担相应的民事、行政甚至刑事责任。但是，著作权法在规定著作权人或者与著作权有关的权利人享有的专有权中，并没有包括采取技术措施的权利。《计算机软件保护条例》也作了类似规定。按照知识产权权利法定原则，既然法律没有明确采取技术措施是权利人的专有权，那么避开或者破坏技术措施的行为，就不应当归于侵权行为。“技术措施”是数字技术、网络技术快速发展的产物，是法律手段之外的一种保护权利人权利的技术手段。WCT 和 WPPT 允许权利人“采取有效技术措施”，目的是为了保障权利人行使法律赋予的人身权或者财产权，而本身并不属于人身权或者财产权，只能归为法律设定的一项禁止性规定。“避开或者破坏技术措施”不应列入侵权范围，而属于一种违法行为，应当承担相应的法律责任，主要是行政责任或者刑事责任。技术措施具有“拒绝一切、接受一切”的特性。在强化权利人依法享有的著作权以及与著作权有关权利的同时，也阻断了公众合理访问和使用作品、表演、录音录像制品的渠道，使得为公共利益设定的合理使用、法定许可等制度被架空。根据著作权法律制度一贯坚持的利益平衡原则，技术措施在有效保护权利人依法享有权利的同时，也不能剥夺公众依据法律、行政法规应该享有的权利。著作权法在保护权利人采取技术措施的同时，没有规定相应的豁免制度，尽管《信息网络传播权保护条例》第 12 条规定了 4 项免责事项，但仍不能防止权利人通过技术措施形成对作品、表演、录音录像制品的绝对垄断性保护。为了保障公众使用作品的基本需要，促进技术进步，维护公共秩序和国家安全，有必要研究更加宽泛的避开或者破解技术措施的豁免制度。

困惑之四：《信息网络传播权保护条例》违法吗？

国务院制定《信息网络传播权保护条例》（以下简称《信息条例》）是授权立法。但是，将《信息条例》与著作权法的规定相比较可以看出，《信息条例》关于信息网络传播权的规定、技术措施保护的范围以及为了扶助贫困增加的权利限制，突破了著作权法的有关规定：

一是关于信息网络传播权的规定。著作权法在赋予著作权人、表演者、录音录像制作者的权利时，并没有统一规定为“信息网络传播权”。《著作权法》第 10 条规定了著作权人享有信息网络传播权及其权利内容；第 37 条第 1 款规定了表演者对其表演享有许可他人通过信息网络向公众传播并获得报酬的权利；第 41 条第 1 款规定了录音录像制作者对其制作的录音录像制品享有许可他人通过信息网络向公众传播并获得报酬的权利。《信息条例》第 26 条则统一规定了著作权人、表演者、录音录像制作者享有的信息网络传播权，表明表演者、录音录像制作者享有的通过信息网络向公众传播的权利，与著作权人享有的信息网络传播权是同一种权利。立法者本意可能并不希望说明著作权人与表演者、录音录像制作者享有的通过信息网络向公众提供的权利有何不同，比如，《著作权法》第 47 条第 1 项将“未经著作权人许可，通过信息网络向公众传播其作品”列入侵权行为，而没有使用侵犯信息网络传播权的表述，这是由于立法技术的原因而产生了差异。但是，分析“通过信息网络向公众传播”的表述，并不一定得出是在行使信息网络传播权，因为这里的“信息网络”的概念并不明确。实践中，除了有双向传播信息的互联网外，还存在大量单向传播信息的广播网、有线电视网等，这些网络都是用来传播信息的，可以称为信息网络，而通过后者向公众传播作品，则是在行使著作权法规定的广播权。

二是关于技术措施的保护。《著作权法》第 47 条第 6 项将故意避开或者破坏权利人采取的技术措施的行为列入侵权行为。而《信息条例》第 4 条第 2 款除了禁止上述“直接”行为外，还禁止“故意制造、进口或者向他人提供主要用于避开、破坏技术措施的装置或者部件，或者故意为他人避开或者破坏技术措施提供技术服务”的“间接”行为。显然，《信息条例》扩大了对技术措施的保护范围。《最高人民法院关于审理涉及计算机网络著作权纠纷案件适用法律若干问题的解释》第 6 条规定，“网络服务提供者明知专门用于故意避开或者破坏他人著作权技术保护措施的方法、设备或者材料，而上载、传播、提供的，人民法院应当根据当事人的诉讼请求和具体案情，依照著作权法第四十七条第（六）项的规定，追究网络服务提供者的民事侵权责任”。可见，该司法解释对技术措施的保护也作了扩大解释。

三是为扶助贫困对权利人所作的限制。《信息条例》第 9 条规定，通过信息网络向农村地区的公众免费提供中国公民、法人或者其他组织已经发表的与扶助贫困有关的作品和适应基本文化需求的作品，网络服务提供者可以通过公告的方式征询权利人的意见，并支付报酬，但不得直接或者间接获取经济利益。这项规定有其现实的合理性，但是著作权法没有此项规定，是《信息条例》新增的。著作权作为一项民事权利，对著作权人的权利行使作出限制应当属于基本民事制度，依照《立法法》第 8 条的规定，基本民事制度只能制定法律。

困惑之五：《计算机软件保护条例》规定的合理使用无效吗？

2002年1月1日，修订后的《计算机软件保护条例》（以下简称《计算机条例》）开始施行。该条例将合理使用的范围由“因课堂教学、科学研究、国家机关执行公务等非商业性目的的需要对软件进行少量的复制”，缩小为：“为了学习和研究软件内含的设计思想和原理，通过安装、显示、传输或者存储软件等方式使用软件。”同时规定：未经权利人许可，复制或者部分复制著作权人的软件的，属于侵权行为。《计算机条例》一经公布，便在社会上引起强烈反响，有人认为此条例对软件的保护是“超世界水平保护”[①]，当年就有“两会”代表提出议案或者提案，强烈要求修改该条例。最高人民法院2002年10月12日通过的《关于审理著作权民事纠纷案件适用法律若干问题的解释》第21条规定，未经许可或者超过许可范围商业使用计算机软件的，属于侵权行为，而对教学、科研的复制或者部分复制软件则不追究法律责任。这样，该司法解释就将《计算机条例》关于合理使用的规定架空了，实际上是“法官造法”。《计算机条例》是根据《著作权法》第58条的授权规定由国务院制定的，是授权立法。固然，《计算机条例》关于软件合理使用的规定值得商榷，需要进一步完善，但这仍属于国务院的立法权限，只能通过修改《计算机条例》加以解决，而不能直接按照司法解释执行，否则，授权立法就成为一纸空文。

① 寿步：“新软件保护条例给中国人带来了什么？——论中国软件著作权保护”，载新浪科技 http：//www.sina.com.cn，2002年4月8日。

困惑之六：《实施国际著作权条约的规定》还有存在的必要吗？

1992年9月25日，国务院公布《实施国际著作权条约的规定》(以下简称《规定》)，并于9月30日起施行。《规定》的制定是履行1992年1月17日中美达成的知识产权谅解备忘录的要求，其立法宗旨是："为了实施国际著作权条约，保护外国作品著作权人的合法权益。"该《规定》共22条，含实质内容的有15条。2001年10月27日，修订后的著作权法开始施行。著作权法将《规定》中的许多内容予以吸收，如外国著作权人保护范围、外国著作权人未发表作品的保护期限、外国人计算机程序的保护、外国人汇编作品的保护、外国人录像制品构成电影作品的保护、外国著作权人的公开表演权和传播权、外国电影电视作品的著作权人的公开表演权、外国作品的表演录音或者广播等，但是，《规定》中也有一些内容不仅超出了著作权法的规定，也与《TRIPS协议》的要求不一致，如《规定》第14条允许外国著作权人所有作品都享有出租权；第18条规定，外国人录音制品的保护期限同作品相同，而且享有公开表演权、出租权等。

依照2000年7月1日施行的立法法的规定，《规定》中已被著作权法吸收的内容，应当以著作权法的规定为准，超出著作权法规定的内容应当失效。可见，《规定》实质上已经被废止。

困惑之七：如何实现网络环境下权利人、传播者、使用者之间的利益平衡？

著作权制度的基本矛盾是如何在保护权利人的独占权利以承认其创造价值的同时，又能使负载著作权的知识产品为社会充分利用。这一矛盾伴随着每一次新技术革命的发生而不断加剧。数字技术、网络技术的发展，为作品的创作与传播提供了新的手段，意味着权利人的权利再次扩张。权利人为了保护自己的利益，借助技术措施，许可付出对价的公众浏览、下载自己的作品；对避开或者破坏自己的技术措施、未经许可通过网络传播自己作品的行为，依法追究法律责任。这种著作权制度给守法的网民带来的高成本和不方便，已经成为产生大量违法行为的主要原因之一。权利人因维护权利的成本过高，期望得到的利益难以实现，因而对法律的权威性提出质疑。对传播者而言，一方面，通过传播权利人的作品获得了利益，促进了网络技术的发展；另一方面，传播侵犯权利人权利的作品，扩大了侵权的范围，加重了权利人的受害程度，传播者奉行的“技术中立”原则受到质疑。这使得基于印刷技术、广播电视技术建立起来的权利人、传播者与使用者三者之间的利益平衡被打破，需要根据互联网等新技术的特点，重新调整三者的权利义务关系。但是，截至目前，世界各国尚未就网络环境下著作权保护水平达成一致意见，即使欧美等发达国家也难以就此达成共识。

我国制定《信息条例》时就是否规定临时复制进行过激烈争论。一些权利人组织认为，《信息条例》不应只涉及向公众传播权，还应当包括复制权，而“复制”的概念是指任何方式、任何形式的复制，无论该复制是直接的还是间接的，是永久的还是暂时的。实际上，禁止临时复制的真正目的是制止网民在线使用作品，因为，被众多网民浏览过的音乐、论文、图书等，在传统环境下的销量大为减少，影响了权利人的经济利益，但法律禁止网民非营业性在线使用作品不具有可行性。此外，在《信息条例》制定过程中，以图书馆为代表的公共文化机构从履行公共文化传播职能的角度出发，强烈要求为图书馆等公共文化机构建立网络环境下的特别豁免制度。但是，出版界、权利人认为，相对于个人使用，图书馆等机构的使用对权利人的影响特别巨大，对公共文化机构的豁免范围成为了矛盾的焦点，这种尖锐的矛盾贯穿于《信息条例》制定的全过程。

结　语

我国现行著作权法律制度是在应对加入世界贸易组织的背景下修订完成的。由于修法工作比较仓促，在来不及分析传统环境下著作权制度与网络环境下著作权制度异同的情况下，该法只强调了信息网络的特殊性，赋予了著作权人以及与著作权有关的权利人相应的权利。由于对信息网络传播权和技术措施的规定不甚明确，对“间接”避开或者破解技术措施的危害认识不深，对网络环境下需要对权利人的权利作出哪些限制尚不明了，因此，没有从根本上解决著作权制度如何同时适应传统环境和网络环境问题。我国著作权法律制度的“一法带六条例”的特点是中国特色，但“多子”未必“多福”①，网络环境下的著作权制度需要进一步系统化、规范化。修改著作权法时应当充分借鉴和吸收国务院制定的配套法规的相关规定，使法律的规定更加全面、系统。法制的公平正义决定了分配、协调与平衡各主体利益是法律规范最重要的价值判断和考量。

① 郭禾：“关于现行著作权法修订问题的随想”，载《中国版权》2011年第4期。

著作权法作为公共政策的重要工具和平衡各方利益的重要利器，必须立足建立著作权法律制度的根本目的，既要鼓励创新，保护权利人的利益，又要鼓励传播，满足公众对知识的需求，实现权利人、传播者与使用者的利益平衡。只有把权利人、传播者和使用者作为利益共同体来看待，立足国情，解决实际问题，才能满足各方的利益诉求，也才能使设计出的制度具有生命力。

三网融合下广播权与信息网络传播权的重构

——兼析《著作权法（修改草案）》前两稿的相关规定*

焦和平**

一、问题的提出

三网融合也称“三网合一”，是指目前的电信传输网、广播电视传输网、计算机互联网在向宽带通信网、数字电视网、下一代互联网演进过程中，其技术功能趋于一致，业务范围趋于相同，最终实现网络互联互通、各种资源共享的新型信息传播技术。在三网融合下，一台高清电视机除了能收看传统的电视节目，还可以登录网站浏览、下载歌曲影视；一台电脑除了能上网浏览、下载歌曲影视，还能收看传统电视节目；一部手机除了能打电话、发短信，还可以收看电视节目、无线上网……也就是说，用户可以通过电视、手机、电脑任何一个终端获取本来只能通过其他终端才能获得的信

* 《著作权法（修改草案）》3 稿已于 2012 年 10 月形成，但因未向社会公开，且与 2 稿相关内容一致，因此在此不作专门分析。

** 作者简介：焦和平，西北政法大学《法律科学》编辑，知识产权学院教师。

息，此时电视兼容电脑，电脑涵盖电视，电信网、广电网、互联网彼此互相兼容。2010 年 1 月 13 日，国务院常务会议提出了推进三网融合的阶段性目标，即 2010 年至 2012 年重点开展广电和电信业务双向进入试点，2013 年至 2015 年总结推广试点经验，全面实现三网融合发展，这预示着以电信传输网、广播电视传输网、计算机互联网相互兼容合并为代表的“三网融合”已成为我国信息传播领域和社会经济发展的大趋势。①

在为人们的生活和工作带来巨大便利的同时，三网融合也对我国《著作权法》中的广播权和信息网络传播权提出了新的挑战。以最能体现三网融合技术的互联网电视机为例，用户通过该款电视机不仅可以收看一般的电视节目，还可以上网随意点播和定时收看网络影视大片，而这些电视节目和网络内容的传播都是通过一个传播终端——互联网电视机进行的。这就使得通过互联网电视机的作品传播行为变得异常复杂：既有无线传播，也有有线传播；无线传播中既有传统的无线电波传播，也有现代的 WiFi 无线网络传播；有线传播中既有传统的有线电视传播，也有以互联网宽带进行的有线网络传播；这些无线或有线传播既可以通过交互式进行，也可以通过单向式进行。那么，这些纷繁复杂的作品传播行为在立法上应如何定性？我国现行《著作权法》规定的广播权和信息网络传播权是典型的技术主义立法路径的产物，即“根据特定传播媒介设定特定权利”。在此立法路径下，广播权专为“广播技术”创设仅用于规范以“广播”传播作品的行为；信息网络传播权专为“网络技术”创设仅用于规范以“信息网络”传播作品的行为。但如前所述，在三网融合下，广播和网络已经可以互联互通，上述各种传播行为都可以跨广播和网络进行，在这种背景下对作品的传播基于“广播”或

① 2011 年 5 月 8 日，武汉移动与武汉广电共同签署“三网融合 · 共建 G3 数字家庭”战略合作协议，这在全国属首批，标志着三网融合正式走入寻常百姓家。参见“武汉率先实现三网融合，电视可直接上网”，载《中国日报》2011 年 5 月 9 日。

"网络" 所作的区分已经没有实际意义，由此便提出现行立法规定的广播权与信息网络传播权在三网融合的技术背景下如何修改乃至重构的问题。2012 年 3 月 31 日和 7 月 30 日，国家版权局先后公布了《著作权法（修改草案）》第 1 稿和第 2 稿，其中对广播权和信息网络传播权都进行了修改，那么这些修改草案能否解决实践中已经存在的问题？能否应对三网融合乃至将来未知新技术的挑战？应当如何建构我国未来的广播权与信息网络传播权的规范模式？本文拟就此展开讨论，并提出对广播权和信息网络传播权进行重构的设计，以期为正在进行的新一轮《著作权法》修改提供参考。

二、三网融合前广播权与信息网络传播权面临的规范难题

（一）广播权的规范难题

如前所述，我国现行《著作权法》中的广播权专为"广播技术"创设用于规范以"广播"方式传播作品的行为，但即便如此，仍有一些利用广播技术传播作品的行为无法涵盖于广播权的控制范围。根据现行《著作权法》的规定，广播权"即以无线方式公开广播或者传播作品，以有线传播或者转播的方式向公众传播广播的作品，以及通过扩音器或者其他传送符号、声音、图像的类似工具向公众传播广播的作品权利"。可以看出，广播权所规范的"有线传播"仅限于以有线方式对已经广播的作品所进行的"间接（二手）传播"，而不包括"直接（第一手）传播"即有线直接广播。由此引发出的问题是：在有线电视已经基本普及的今天，如果某有线电视台未经许可直接播放他人作品被起诉，对该行为应该如何定性？

实践中有法院认为侵犯放映权[1]，也有法院认为侵犯广播权[2]，还有法院认为侵犯电视播映权[3]；理论上也有学者认为侵犯机械表演权[4]。很显然，从文义解释的角度分析，该种“有线直接广播”并不属于广播权所规范的“有线广播”行为，也很难纳入“放映权”或“机械表演权”的控制范围，由此造成专为控制“广播”行为而设的广播权却难以规范这种行为的难题。不仅如此，广播权还难以规范对有线直接传播的作品的无线转播、有线转播和扩音器转播等转播行为。

从历史解释的视角分析，广播权的这一规范难题似乎可以追溯到《保护文学艺术作品伯尔尼公约》（以下简称《伯尔尼公约》），因为前者直接来源于后者。后者第11条之二规定，广播权是指“文学和艺术作品的作者，享有授权进行下列使用的专有权：（1）播放或以其他任何无线发送信号、声音或图像的方式公开传播其作品；（2）由原广播组织之外的其他组织以任何有线方式或转播方式公开传播该作品的广播电视节目；（3）以扬声器或其他任何类似设备传送信号、声音或图像的方式公开传播该作品的广播电视节目”。可以看出，《伯尔尼公约》中广播权规范的第（2）种行为是“由原广播组织之外的其他组织以任何有线方式或转播方式公开传播该作品的广播电视节目”，该规定将“有线”传播（转播）的“间接性”表述得更为清楚。据此有观点认为我国广播权的上述规范难题源于《伯尔尼公约》而不是我国《著作权法》，因此这似乎是一个国际性问题而并非我国所独有。但事实情况是，由于《伯尔尼公约》中的广播权确立于有线电视技术诞生之前，在有线电视技

---

① 参见云南省昆明市中级人民法院民事判决书（2008）昆知民初字第110号。

② 参见“中影寰亚音像制品有限公司诉湖南教育电视台侵犯著作财产权纠纷案”，载 http：//www. fsou. com/html/text/fnl/1177535 /117753504. html，2012－4－23。

③ 参见福建省厦门市中级人民法院民事判决书（2008）厦民初字第306号。

④ 万勇：“论中国著作权法的表演权”，载《电子知识产权》2007年第6期，第16页；姚红：《中华人民共和国著作权法释解》，群众出版社2001年版，第63页。

术产生后确实也面临无法规范“有线直接广播”的难题，但此问题在 1996 年世界知识产权组织制定的《世界知识产权组织版权条约》（以下简称 WCT）中通过“向公众传播权”已经得以解决（下文将专门论述），因此这一问题在国际条约中已经不复存在。遗憾的是，2001 年我国修改《著作权法》时 WCT 就已经制定并颁布，而且有线电视当时在我国也已经出现并在城市大量普及，但 2001 年修改后的《著作权法》既未参照 WCT 制定向公众传播权，也未回应技术发展扩张《伯尔尼公约》中广播权的适用范围，[①] 而是仍然照搬已经被 WCT 所发展了的《伯尔尼公约》第 11 条之二的规定，由此造成了我国广播权的上述规范难题。

（二）信息网络传播权的规范难题

2001 年我国《著作权法》修改时增加了一项“信息网络传播权”，专门用于规范以“信息网络”方式传播作品的行为，但即便如此，仍有一些利用网络技术传播作品的行为无法被涵盖。根据现行《著作权法》的规定，信息网络传播权“即以有线或无线方式向公众提供作品，使公众可以在其个人选定的时间和地点获得作品的权利”。可以看出，信息网络传播权规范的“网络传播行为”具有“交互式”的特点，即“公众可以在其个人选定的时间和地点获得作品”，由此使得近年来日趋流行的单向式网络传播行为（又称“非交互式”，即公众只能在特定的时间或地点获取作品，而没有个人选择余地）无法涵盖于内。用户在时间上没有个人选择余地的单向式网络传播行为主要有两种表现形式：一种是网络定时播放行为，另一种是网络同步直播行为。此类行为如何定性在司法实践中

① 当时已有学者提出将广播权定义为“以有线或者无线方式公开传播作品，以及通过放音机、电视机等技术手段与机械设备营利性公开传播作品的权利”，该定义正好可以将“有线直接广播”涵盖于内。参见沈仁干：“关于修改现行著作权法的思考”，见唐广良主编：《知识产权研究（第八卷）》，中国方正出版社 1999 年版，第 41 页。

也充满了争议，有法院认为侵犯“信息网络传播权”，也有法院认为侵犯“放映权”，还有法院认为侵犯“应当由著作权人享有的其他权利”，理论上也观点不一。[①] 用户在地点上没有个人选择余地的单向式网络传播行为主要表现为通过局域网传播作品，比较常见的就是一些较大的单位或者经营性网吧在其设置的内部局域网传播作品，其共同特点是，单位的员工或网吧的消费者只能到该单位或网吧获取作品。实践中，网吧经营者因在其经营场所内的局域网上非法传播影视作品被起诉的案件时有发生，对于此类行为如何定性也充满了争议，有法院将其定性为侵犯“复制权”，也有法院将其定性为侵犯“放映权”，还有法院将其定性为侵犯“信息网络传播权”、“机械表演权”或“其他权利”等。笔者认为，造成以上两类单向式网络传播行为在司法实践中的法律适用难题的原因在于，我国立法在移植 WCT 第 8 条“向公众传播权”时，以偏概全地将该条强调的网络传播行为的一部分——“交互式”网络传播行为，作为该条规定的“向公众传播权”的全部内容予以照搬，形成了我国现行《著作权法》规定的仅能规范交互式网络传播行为的信息网络传播权的定义，从而导致了对单向式网络传播行为无法涵盖的局面。[②]

---

① 焦和平：“论我国著作权法上‘信息网络传播权’的完善”，载《法律科学》2009 年第 6 期。

② 关于我国“信息网络传播权”与 WCT“向公众传播权”差异的详细分析，可参见焦和平：“论我国著作权法上‘信息网络传播权’的完善”，载《法律科学》2009 年第 6 期。

三、三网融合下广播权与信息网络传播权面临的新挑战：以互联网电视为例

前文已述，在三网融合下，用户可以通过电视、手机、电脑任何一个终端获得本来只能通过其他终端才能获取的信息，此时电视兼容电脑，电脑涵盖电视，电信网、广电网、宽带网彼此互相兼容，近几年出现的“互联网电视机”就是三网融合技术在电视这一传播终端的典型表现。互联网电视机是网络技术与电视技术结合的产物，其在整合电视与网络两大传播媒介过程中，既保留了电视形象直观、生动灵活的表现特点，又具有了互联网按需获取的交互式特征，是综合两种传播媒介优势而产生的一种新的传播形式。在功能上，互联网电视既可以作为一般电视机接收电视节目，又可以成为电脑终端获取互联网上的内容①。这样，通过互联网电视机传播作品的行为就打破了三网融合前广播与网络原有的壁垒，形成“一个传播终端、六类传播行为、三种法律定性”的复杂局面。

“一个传播终端”是指所有传播行为最终都经由互联网电视机这一终端进行，所有被传播的作品也都由互联网电视机这一个终端接收。“六类传播行为”是指用户通过互联网电视机这一传播终端获取作品时涉及六种类型的传播行为，具体如下：（1）有线直接广播。由于互联网电视机本身仍然具备普通电视机的功能（否则就成为一个徒具电视机形状的电脑显示器了），而接收有线电视节目仍

① 现在的技术已经发展到甚至无须专门的互联网电视机，任何普通的电视机加上一个智能机都可进行。例如，精伦电子股份公司推出的“精伦 H2 云影音智能机”，在连接任何一款普通的电视机和网线后，就可以达到互联网电视机的效果。参见精伦电子官方网站关于该产品功能的介绍，载 http：//www. tv365. com /activity/h2/index. htmlonHome，访问时间：2012 年 4 月 12 日。

然是普通电视机的基本功能，此时电视台通过有线电视播放作品在《著作权法》上属于“有线直接广播”行为。(2) 无线广播。传统的无线电视也包括卫星电视，目前，我国各省级广播电台、电视台都有自己的卫星广播和卫星电视。“就卫星广播而言，它是广播组织借助卫星所进行的传播，其传送的信号主要是无线电波，因此卫星广播可以包含在无线广播之中。”[①]通过电视机收看无线电视节目也是传统电视机的基本功能，此时广播电视组织通过无线电波和卫星播放作品在《著作权法》上属于“无线广播”行为。(3) 有线交互式网络传播。这种传播行为有两个特点：一是这里的“有线”是指有线网络，而不是传统的有线电视；二是这种传播方式是交互式的，即通过连接网线的互联网电视机，用户可以在自己选定的时间和地点获取作品，这在《著作权法》上属于“有线交互式网络传播”行为。(4) 有线单向式网络传播。这种传播行为也有两个特点：一是通过有线网络进行；二是这种传播方式是单向式的，其在《著作权法》上属于“有线单向式网络传播”行为。(5) 无线交互式网络传播。互联网电视机不但可以连接网线进行“有线上网”，还可以通过内置的无线上网卡实现“无线上网”，这种具备无线上网功能的互联网电视机目前市场上就有销售。[②] 这种传播行为的特点在于：一是通过无线网络进行，二是采用交互式，在《著作权法》上属于“无线交互式网络传播”行为。(6) 无线单向式网络传播。这种传播行为与上述第（5）种行为的不同在于，采用单向式方式通过无线上网在特定的时间传播作品，在《著作权法》上属于“无线单向式网络传播”行为。

---

① 胡开忠、陈娜、相靖：《广播组织权保护研究》，华中科技大学出版社 2011 年版。

② 例如 TCL、夏普公司生产的互联网电视机，其具备一般电视机的功能，又具备网络的功能，可以有线或无线上网，参见“彩电迎来网络时代液晶电视可无线上网”，载深圳新闻网 http：/ /otv. Lmtw. com /pnews /201104 /64763. html，访问时间：2012 年 1 月 12 日。

对互联网电视机这“一个传播终端”上发生的所有传播行为进行细化和区分具有三个方面的意义：其一，这种区分不是从理论上或者逻辑上推导得出的，而是现实中确实存在的，从《著作权法》角度对其进行区分和梳理是进一步进行法律定性的基础；其二，通过这一细化和区分可以反映出三网融合下广播和网络传播的多样性与复杂性，促使立法者对三网融合下广播权与信息网络传播权面临的新问题予以足够的重视；其三，由于这六类传播行为在法律上各自具有不同的意义，因此必须逐个区分，分别定性。在现行《著作权法》框架下，上述通过互联网电视机的六类传播行为具有以下三种法律定性，相应地也会导致三种不同的法律后果：第一种法律定性是既不符合现行《著作权法》中“广播权”的规定，也不符合“信息网络传播权”的规定，由此导致的法律后果是“无法可依”[①]。这一定性涉及上述第（1）类“有线直接广播”、第（4）类“有线单向式网络传播”和第（6）类“无线单向式网络传播”，这三类行为正是目前广播权和信息网络传播权面临的规范难题，前文第一部分对此已经作过详细分析，此处不再赘述。第二种法律定性是符合现行《著作权法》中“广播权”的规定，因此导致的法律后果是落入“广播权”的控制范围。上述第（2）类“无线广播”行为即属于此种情形，因为广播权所规范的“无线广播”正是通过无线电波采取“单向式”方式进行的作品广播或者传播。第三种法律定性是符合现行《著作权法》中“信息网络传播权”的规定，其法律后果是落入“信息网络传播权”的控制范围。上述第（3）类“有线交互式网络传播”、第（5）类“无线交互式网络传播”即属于此种情形，因为信息网络传播权控制的正是“以有线或无线方式向公众提供作品，使公众可以在其个人选定的时间和地点获得作品”的“交互式”信息网络传播行为。

① 当然，从解释论上仍可以适用“其他权利”这一兜底条款，但这毕竟是一种权宜之计。

上述三网融合下出现的“一个传播终端、六类传播行为、三种法律定性”的复杂局面对现行著作权制度的挑战表现在以下三个方面：（1）增加了法律适用的难度。例如，对于未经许可通过互联网电视非法传播他人作品的行为，权利人要根据侵权人传播作品时所利用的传播技术（有线还是无线、广播还是网络）以及所采取的传播方式（交互式还是单向式）来判断属于上述“六类行为”的哪一类，从而选择正确的“诉因”作为请求权基础进行起诉，这样的判断即使对于法律专业人士而言也是比较困难的，更何况不具备专业知识的著作权人。对于法院而言，同样要根据传播技术和传播方式认定侵权人侵权行为的性质，前文已述，仅仅一个“单向式”网络传播行为就曾引起法院对其定性的多种分歧，更遑论六类传播行为的分别定性了。因此，这种复杂的“法律游戏”不但徒增了法院审理案件的难度，而且在目前网络侵权泛滥成灾的背景下极不利于著作权的保护。（2）增加了作品的授权难度。目前，要通过广播或者网络合法地传播他人作品，除了要取得一系列行政许可外，作品的传播者还必须获得著作权人的授权。为了能够获得合法有效的授权，广播电视组织和网络内容服务提供者必须仔细甄别各类传播行为，并一一取得授权，以免其获得的授权不完整或者不准确而面临被诉“侵权”的风险。这种复杂的授权成本和可能的法律风险增加了作品利用的难度，有可能会间接地“逼迫”作品使用人放弃合法授权转而采取非法方式使用作品。（3）不利于作品的国际交流和著作权的国际贸易。当前，强力推动文化产业发展繁荣已经成为我国“十二五”时期的重要发展战略，其中就包括“走出去”战略和“引进来”战略，前者是指将我国优秀的作品推向海外，后者是指将海外的优秀作品引进我国。从法律视角上，无论是“走出去”还是“引进来”实质上都是著作权国际贸易，而著作权贸易的对象就是著作权的各项具体“权利”，因此权利的类型、权利的名称以及权利内容的简洁性、互通性则成为影响著作权国际贸易的重要因素。前文已述，在三网融合下要想获得我国作品的合法授权，要根据传播媒介和传播方式区分不同的权利类型，会涉及“六类传播行为、三种法律定性”，但很多国家没有如此繁杂的权利类型，甚至一些国家立法中就没有“信息网络传播权”或者“广播权”，因此上述法律适用的复杂局面既不利于我国作品向国外输出，也不利于国外作品向我国引进。

四、“广播”与“网络传播”规范模式的比较法观察

（一）国际条约

我国《著作权法》关于广播权的规定直接来源于《伯尔尼公约》第11条之二，因此首先应对《伯尔尼公约》的相关规定进行考察。正如前文所述，广播权是在《伯尔尼公约》1928年罗马修订文本中被首次规定，那时的无线电传播技术刚出现不久，有线传播也仅限于将无线广播信号通过有线电缆传送给特定区域的受众，尚未出现有线电视技术，更没有数字和互联网技术，因此广播权仅包含了无线电传播和有线转播。但随着有线电视技术的出现和发展，特别是20世纪后期互联网技术的发展，《伯尔尼公约》已经不能适应新的情况。由此世界知识产权组织认为：“由于新技术的发展导致不同于传统方式的传播方式的出现，因而有必要补充、澄清某些《伯尔尼公约》中的权利义务，以扩展向公众传播的权利，全面覆

盖向公众传播的作品种类和传播方式。”[①]在这种背景下，WCT 应运而生。

WCT 对《伯尔尼公约》的发展主要体现为第 8 条的“向公众传播权”，其内容为：“文学和艺术作品的作者应享有专有权，以授权将其作品以有线或无线方式向公众传播，包括将其作品向公众提供，使公众中的成员在其个人选定的地点和时间可获得这些作品。”关于该“向公众传播权”的涵盖范围，《WCT 草案说明》的解释是：“‘以有线或无线方式向公众传播’是指通过发行以外的各种方法和形式向公众提供作品，它既可以通过模拟技术，也可以通过数字技术，既可以基于电磁波，也可以借助光缆传输得以实现。”[②] 其中的“模拟技术”“电磁波”“光缆”就包括了无线电广播和有线直接广播；而“数字技术”则对应的是数字互联网技术。“这样，WCT 第 8 条规定的向公众传播权就包括了以无线、有线和互动方式传播作品的权利。”[③] 从以上分析可以看出，WCT 通过制定“向公众传播权”弥补了《伯尔尼公约》的不足，在该权利下，不但我国现行《著作权法》规定的广播权和信息网络传播权所规范的行为可以被涵盖，而且不能为广播权所规范的“有线直接广播”、不能为信息网络传播权所规范的“单向式网络传播”也被涵盖于内。这样就使得所有通过广播和信息网络传播作品的行为都属于向公众传播权的控制范围。

---

① WIPO doc. Basic Proposal For The Substantive Provisions Of The Treaty On Certain Questions Concerning The Protection OfLiterary And Artistic Works To Be Considered By The Diplomatic Conference, CRNR /DC /4, Aug1996, notes10. 14. [2012 - 2 - 14]. http: www. wipo. int /edocs /mdocs /dipl /conf /en /crnr_ de /erne_ dc_ 4. pdf.

② WIPO doc. Basic Proposal For The Substantive Provisions Of The Treaty On Certain Questions Concerning The Protection OfLiterary And Artistic Works To Be Considered By The Diplomatic Conference. CRNR /DC /4, Aug1996, notes10. 16. [2012 - 2 - 14]. http: www. wipo. int /edocs /mdocs /dipl /conf /en /crnr_ de/erne_ dc_ 4. pdf.

③ 李明德、闫文军、黄晖、郃中林：《欧盟知识产权法》，法律出版社 2010 年版。

（二）欧盟法

欧盟于 2001 年 5 月 22 日在其通过的《协调信息社会中版权和相关权指令》（以下简称《欧盟版权指令》）中也依照 WCT 规定了“向公众传播权”，其内容为：“作者享有授权或禁止任何通过有线或无线方式向公众传播其作品的专有权，包括将其作品向公众提供，使公众中的成员在其个人选择的时间和地点可以获得这些作品。”① 对于该“向公众传播权”的控制范围，除了与 WCT 的理解保持一致外，《欧盟版权指令》在其“序言”第 23 段中还特别作了进一步解释，即“对该权利应作广义的理解，它覆盖了所有向传播发生地之外的公众进行传播的行为，该权利应当包括就某一作品通过有线或无线形式向公众进行的包括广播在内的任何此种传输或传播”②。该解释则更直接强调将“广播”涵盖。因此，“根据这个解释也可以看出，（欧盟版权）指令所规定的‘向公众传播权’具有非常广泛的含义，包括了以有线、无线、广播、互动的方式，将作品传播给社会公众”。③ 可见，欧盟也采取了与 WCT 相同的做法，即其“向公众传播权”所规范的“向公众传播”行为既包括各种“广播”行为，也包括各种“网络传播”行为，从而将我国现行立法所规定的广播权和信息网络传播权完全涵盖。

（三）美国法

对于“广播”和“网络传播”的规范，美国的做法比较独特。在美国版权法中，并没有一项专门规范“广播”行为的广播权，也

---

① Directive 2001 /29 /EC of the European Parliament and of the Council Directive on the Harmonization of Certain Aspects Copyright and Related Rights in the Information Society, 2001 O. J. （L167） 10, article3.

② Ibid. Recitals para. 23.

③ 李明德、闫文军、黄晖、郃中林：《欧盟知识产权法》，法律出版社 2010 年版。

没有一项专门规范“网络传播”行为的“向公众传播权”或“信息网络传播权”，其对于“广播”和“信息网络传播”行为的规范采取将发行权和公开表演权结合使用的方式。以公开表演权为例①，根据《美国版权法》第101条的规定，表演是指“以朗诵、表演、演奏、舞蹈或动作的方式，直接地或者以设备或程序来表现该作品，或者在涉及电影或音像制品时，以连续的方式表现其形象或让人听到有关的伴音”。其中的“以设备或程序来表现该作品……或者在涉及电影或音像制品时，以连续的方式表现其形象或让人听到有关的伴音”就包括了“广播”和“网络传播”。因为“这里的‘表演’不仅有我们一般理解的‘活’表演，如演员的演唱、舞蹈等，还有‘机械’表演，如以录音机、录像机、广播、电视和卫星传播等设备来‘表演’作品”。② 可见，在美国版权法中，其公开表演权可以同时规范各种“广播”行为和“信息网络传播”行为，也是一种将广播权和信息网络传播权合并立法的模式。

（四）其他立法例

将广播权与信息网络传播权合并立法的模式在其他很多立法例中也有体现。例如，根据《法国知识产权法典》第L122－1条的规定，公开表演权中的“表演”是指：“以任何方式向公众传播作品，包括公开朗诵、音乐演奏……及在公共场所转播远程传送的作品。”其中的“远程传送”是指通过所有电信传播方式，当然包括“广播”和“信息网络传播”。对此，世界知识产权组织前助理总干事米哈依·菲彻尔也认为，法国的公开表演权不仅涵盖《伯尔尼公约》所规定的公开表演作品的行为，而且也包括在《伯尔尼公约》

① 关于美国版权法中以发行权规范“网络传播”行为的分析，参见焦和平、马治国：“信息网络传播权与发行权的冲突与协调”，载《法学杂志》2010年第9期。

② 李明德：《美国知识产权法》，法律出版社2003年版。

中作为单独权利类型出现的广播权和向公众表演权。[①] 除此以外，哥伦比亚《版权法》第 12 条（c）款以及第 76 条（d）款规定的“向公众传播权”包括了公开表演权、广播权和向公众传播权的内容。西班牙《著作权法》第 20 条第 1 款也规定了“向公众传播权”，其第 2 款将“公开传播”解释为包括放映、无线广播、有线广播、网络传播等各种传播行为。意大利《著作权法》在规定“向公众传播权”时也将“向公众传播”定义为“使用任何远程手段进行的传播”。根据世界知识产权组织《WCT 和 WPPT 的条款适用调查》统计，在 2003 年 4 月 1 日，有 39 个成员国加入了 WCT，其中有 19 个国家通过制定涵盖广播权和信息网络传播权的“向公众传播权”来规范“广播”和“信息网络传播”行为。[②]

五、问题成因的进一步追问：技术主义立法路径之反思

从表面上看，无论是广播权对于“有线直接广播”的规范难题，还是信息网络传播权对于“单向式”网络传播行为的规范难题，乃至三网融合下由互联网电视机所表现的“一个传播终端、六类传播行为、三种法律定性”的复杂局面，都可直接归结于传播技术的迅猛发展。但这只是问题的一个方面，从更深层次的角度分析，如果广播权没有将其规范对象仅限于“广播”而是更加开放；如果信息网络传播权没有将其规范对象仅限于“交互式”传播而是

---

① ［匈］米哈依·菲彻尔：《版权法与因特网（上）》，郭寿康等译，中国大百科全书出版社 2009 年版。

② Survey on Implementation Provision of the WCT and the WPPT, Standing Committee on Copyright and Related Rights, NinthSession Geneva, June 23 to 27, 2003, Prepared by the Secretatriat［2012 - 2 - 14］. http: / /wipo. int /edocs /mdocs /copy-right /en /sccr. pdf.

更加前瞻，则不会面临本文提出的诸多问题。由此便提出是否有必要对我国《著作权法》一直以来采取的“技术主义立法路径”进行反思问题。所谓“技术主义立法路径”是指，立法对于著作财产权利的设定不是以权利所规范的行为为标准，而是“根据一种传播媒介来设定权利，没有考虑这种传播媒介的技术特征是否有必要在法律上构成一种独立的利益类型”,[①]或者“把著作财产权与传播技术紧密相连，甚至把传播技术本身当作著作财产权”。[②] 在我国现行《著作权法》中，技术主义立法路径表现得非常明显，机械表演权、放映权、广播权和信息网络传播权的定义均依赖于特定传播媒介的表述。

例如，机械表演权规范的“机械表演”被定义为“用各种手段公开播送作品的表演”；放映权规范的“放映”被定义为“通过放映机、幻灯机等技术设备公开再现美术、摄影、电影和以类似摄制电影的方法创作的作品”；广播权规范的“广播”被定义为“以无线方式公开广播或者传播作品，以有线传播或者转播的方式向公众传播广播的作品，以及通过扩音器或者其他传送符号、声音、图像的类似工具向公众传播广播的作品”；信息网络传播权规范的“信息网络传播”被定义为“以有线或者无线方式向公众提供作品，使公众可以在其个人选定的时间和地点获取作品”。从这几项权利的定义可以看出，不同的传播技术是它们划分的唯一标准，这就是技术主义立法路径的直接体现。

技术主义立法路径存在的第一个弊端是，这种立法路径违背了“技术中立”的立法原则。根据“技术中立”的立法原则，一种行为的法律定性不应当取决于其借以实施的技术手段，而应当取决于行为自身的特征和后果。但技术主义立法路径忽略了行为本身，本

① 李琛：“论我国著作权立法的新思路”，载《中国版权》2011年第5期。

② 陶双文：“网络传播权将导致著作财产权重整”，见周林：《知识产权研究（第十八卷）》，知识产权出版社2007年版。

末倒置，将技术本身作为法律规范的对象，其极端表现就是“把知识产权混同于技术，把上层建筑混同于生产力，目光限于技术领域，动辄用技术思维、技术语言、技术指标描述知识产权战略，颠倒彼此，必有碍知识产权战略的健康实施”。①

技术主义立法路径存在的第二个弊端是，技术发展的历史表明，传播技术的发展变革是永无止境的，从印刷技术、录音录像技术、广播电视技术、数字网络技术乃至今天的三网融合技术无不证明了这一点，将某项权利限定于某种特定的传播技术迟早要被新的技术所替代，而“根据新媒体创设新权利”的应对思路必然会因技术的飞跃而疲于奔命。因此，这种技术应对型立法注定永远无法跟上技术的发展，如果不采取新的思路，必将陷入频繁修法的怪圈。

技术主义立法路径存在的第三个弊端是，这种随着新技术增加新权利的做法最终将导致这些权利在数量上烦琐众多；在体系上庞杂臃肿；在关系上叠床架屋、冲突交叉。我国现行《著作权法》规定的具体权利有 16 项，这 16 项权利不但本身晦涩难懂、过于繁杂琐碎，而且彼此之间的界限并不分明，存在相互重合和交叉的问题。例如，《著作权法》将机械表演权规定为“用各种手段公开播送作品的表演的权利”，但“各种手段”在文义上可以将利用广播、放映、网络等其他技术手段进行的公开播送作品的表演的行为包括在内，从而引起表演权与其他权利在适用范围上的冲突与交叉。《著作权法》将放映权规定为“通过放映机、幻灯机等技术设备公开再现……的权利”，但由于该条在将“以放映机、幻灯机”作为公开再现作品的典型性“放映”行为予以列举的同时，又使用了“等技术设备”的兜底性表述，使其在文义上可以将其他利用技术传播作品的行为包括在内。例如，对于司法实践中“非交互式”网络传播行为的规范难题，有学者就认为“完全可以考虑一下此案是

① 刘春田：“奠定现代文明社会的重要基石”，载《中国版权》2009 年第 4 期。

否侵犯著作权人的放映权”。①

六、重构设计：以权利整合应对技术融合

（一）《著作权法（修改草案）》第1稿、第2稿相关规定评析

2012年3月31日国家版权局公布了《著作权法（修改草案）》第1稿，其中第11条第2款第7项和第8项分别规定了修改后的广播权和信息网络传播权的定义。第7项规定：“播放权，即以无线或者有线方式向公众播放作品或者转播该作品的播放，以及通过技术设备向公众传播该作品的播放的权利。”第8项规定：“信息网络传播权，即在信息网络环境下，以无线或者有线方式向公众提供作品，包括直播、转播或者使公众可以在其个人选定的时间和地点获得作品的权利。”与现行《著作权法》相比，《著作权法（修改草案）》第1稿关于广播权的修改主要有三个方面的变化：第一，在名称上将“广播权”改为“播放权”；第二，将原广播权中有线方式的传播对象从“广播的作品”改为“以有线方式向公众播放作品”，即增加了“有线直接广播”的内容；第三，将“通过扩音器或者其他传送符号、声音、图像的类似工具……”改为“通过技术设备……”关于信息网络传播权的修改主要有两个方面的变化：第一，增加了“直播、转播”这两种传播方式，即增加了“单向式网络传播”的内容；第二，增加了“在信息网络环境下”的内容。

可以看出，《著作权法（修改草案）》第1稿关于广播权与信息网络传播权的修改，积极回应了司法实践中存在的“有线直接广

① 孙雷：《邻接权研究》，中国民主法制出版社2009年版。

播”和“单向式”网络传播的规范难题，填补了广播权和信息网络传播权的规范漏洞，使这两种行为可以纳入新的“播放权”和“信息网络传播权”的控制范围，这是《著作权法（修改草案）》第一稿的进步之处。但不容忽视的是，这样的修改方案在立法理念和立法技术上仍然存在以下问题：其一，在立法理念上遵循的仍是一种“临时补救型”的被动应对立法思路。这种思路表现为修法仅仅是着眼于对当下最突出、最紧急问题的“修补”，其对于广播权和信息网络传播权的修改仅仅是为了补救实践中“有线直接广播”和“单向式”网络传播的法律适用难题，而缺乏应有的全局观、主动性与前瞻性。我国此次著作权法修改的背景与前几次均不同，1990年制定《著作权法》、2001 年第一次修改《著作权法》以及 2010年第二次修改《著作权法》均是在国外压力的背景下为了履行国际义务的一种被动立法，因此属于“达标性”立法，只要满足最低限度的标准即可。但此次修改“既非基于加入国际公约的需要，也非源于国际社会的压力，而更多的是立足本土国情做出的主动性安排”，因此不能仅满足于一时应景式的最低限度补救问题，而是应具有一定的前瞻性。这种“临时补救型”立法思路的后果就是没有对三网融合技术作出足够回应，以至于本文提出的三网融合下的问题仍然没有完全消除。虽然三网融合技术才刚刚兴起，由此引发的问题还不是太明显，但在问题已现端倪的情况下如不及时回应就会重蹈当年应对互联网技术不足的覆辙。对此已有学者提出预警：“20 年前互联网刚兴起之时，由于业界缺乏应有的认识和相应的措施，造成了现在的互联网版权纷乱现象，在三网融合之初以及融合之后，如果不能有效地把版权保护工作的相关问题和对应措施尽可能地考虑周全，势必会给版权保护工作带来更大的麻烦，同时也必将给三网融合工作和相关产业的发展形成掣肘。”① 其二，在立法技术上采取的仍然是技术主义的立法路径，因此不可避免地存在矛盾和冲突。具体表现为，修改后的信息网络传播权采用了几乎和 WCT“向公众传播权”同样的表述。② 而前文已述，WCT“向公众传播权”的涵盖范围同时包括广播权与信息网络传播权，是一种典型的将二者合并立法的模式，以此推论，我国修改后的信息网络传播权也应当涵盖广播权，即与修改前的定义相比，“交互式”网络传播不再是其规范的唯一内容，而仅为其调整对象之一（这一点从定义所使用的“包括”“或者”这些表述可以直接反映），除此之外还包括“直播”“转播”以及其他“以无线或者有线”方式传播作品的行为，而后者正好落入修改后的播放权所控制的“以无线或者有线方式向公众播放作品”的范围，由此就产生修改后的信息网络传播权与播放权在内容上的重叠交叉。

值得注意的是，修改后的信息网络传播权增加了“在信息网络环境下”这一限定，反映出立法者有意将传播行为是否发生在“信息网络环境下”作为播放权与信息网络传播权的区分标准之一，即发生在“信息网络环境下”的“无线或者有线”传播为信息网络传播权的控制范围，反之则为播放权的控制范围，但这一限定不仅不能达到区分的效果，反而使权利混淆交叉问题暴露得更加明显。首先，《著作权法（修改草案）》第 1 稿本身、现行《著作权法》及《著作权法实施条例》都没有对“信息网络”作出界定，使得何为

① 此为中国版权协会常务理事长张秀平在“2010 年中国版权年会”上的发言，参见肖虹：“关注三网融合与版权保护——2010 年中国版权年会在深圳举行”，载《中国版权》2011 年第 1 期。

② 不同之处仅在于增加了“直播”“转播”。但在笔者看来，这一增加是没有意义的。因为即使不增加“直播”和“转播”，它们也可以被包括在修改后的信息网络传播权的前半句“以无线或者有线方式向公众提供作品”中，因为后半句“使公众可以在其个人选定的时间和地点获得作品”这一“交互式”要求仅是修改后的信息网络传播权规范的行为之一，而不是全部，因此单向式的“直播”与“转播”无须强调当然属于修改后的信息网络传播权的调整范围，这也是修改前后信息网络传播权定义的最大不同。

“信息网络”无法从法律层面进行判断；其次，已有的规范性文件都将“广播”包括在“信息网络”的范围内。例如，国家广电总局2004年颁布的《互联网等信息网络传播视听节目管理办法》第2条将“信息网络”定义为“移动通信网、固定通信网、微波通信网、有线电视网、卫星或其他城域网、广域网、局域网等”。最高人民法院于2012年4月22日公布的《关于审理侵犯信息网络传播权民事纠纷案件适用法律若干问题的规定（征求意见稿）》第2条也规定：“本规定所称的信息网络，包括以计算机、电视机、电话机等电子设备为接收终端的计算机互联网、广播电视网、移动通信网。”司法实践中，在中国音乐著作权协会诉广州网易计算机系统有限公司、北京移动通信有线责任公司侵犯著作权纠纷案中，法院也将信息网络传播权解释为“通过互联网或其他有线或无线的信息传输网络向公众提供作品的权利”①。可以看出，在已有的规范性文件和司法实践中，“信息网络”并非仅指“互联网”，而是包括了“广播电视网”，由此使得“信息网络”不但不能成为区分信息网络传播权与播放权的要素，反而增加了二者的混淆程度，这正是技术主义立法路径的结果。

2012年7月30日，国家版权局又公布了《著作权法（修改草案）》第2稿，该稿对第1稿中“播放权”的定义基本没有变化，但将“信息网络传播权”的定义修改为：“以无线或者有线方式向公众提供作品，使公众可以在其个人选定的时间和地点获得作品，以及通过技术设备向公众传播以前述方式提供的作品的权利。”与第1稿相比，该定义有三个方面的变化：一是删除了“在信息网络环境下”的限定；二是删除了“包括直播、转播或者”的表述；三是增加了“以及通过技术设备向公众传播以前述方式提供的作品”的内容。该定义的进步之处在于：一是纠正了将“在信息网络环境下”作为判定播放权与信息网络传播权标准之一的错误规定；二是

① 参见北京市第二中级人民法院民事判决书（2002）二中民初字第03110号。

去掉“包括直播、转播”这些重复性赘语，使立法语言更为准确、简洁。但这一定义仍然没有走出“临时补救型”被动应对立法理念和技术主义立法路径的窠臼，因此难免存在以下问题：第一，仍着眼于修补现行立法的规范漏洞，对三网融合技术的回应不足。第二，将信息网络传播权的控制范围仅限于交互式传播，又回到了修改前现行立法的规定，由此形成交互式传播由信息网络传播权调整、单向式传播由播放权调整的架构。但同属于通过互联网传播他人作品，交互式传播和单向式传播在行为方式、所利用的传播媒介、造成的侵权后果完全相同的情况下，却将其割裂为两种行为，对其分别定性从而适用不同的法律规定，不但徒增法律适用和作品授权的难度，而且与人们日常生活认知亦相差甚远。第三，“以及通过技术设备向公众传播以前述方式提供的作品”的表述要么属于重复规定，要么与播放权混淆。该规定仅对“通过技术设备传播”的对象作了限定，即“以前述方式提供的作品”，而“前述方式”就是“以无线或者有线方式向公众提供作品，使公众可以在其个人选定的时间和地点获得作品”（交互式），而对“通过技术设备传播”本身采用何种方式没有明确。实践中“通过技术设备传播”的方式无非有两种：交互式或单向式。如果“通过技术设备”采用交互式传播“以前述方式提供的作品”，则完全可以涵盖于前半句的交互式规定中，虽然这里强调传播的对象是“以前述方式提供的作品”，而不是“通过技术设备”直接传播作品，似乎可以与前半句相区分，但由于其仍然属于交互式传播可以被涵盖在前半句的文义范围内，从而造成重复规定。相反，如果“通过技术设备”采用单向式传播“以前述方式提供的作品”，则属于播放权的控制范围，因为后者的定义就包括通过技术设备以单向式向公众传播“作品的播放”，从而造成信息网络传播权与播放权的混淆。

（二）重构方案及理由

基于以上分析，笔者认为，应当将我国现行立法规定的广播权与信息网络传播权整合为一项权利，名称为“远程传播权”，其定义如下：“远程传播权，即以任何无线或有线方式向远端公众传播作品的权利。”笔者提出这一重构方案是基于以下理由：

第一，这一重构方案可以填补目前广播权与信息网络传播权存在的规范漏洞。在“远程传播权”的定义下，广播权所无法规范的“有线直接广播”、信息网络传播权所无法规范的“单向式”网络传播都可以被纳入“以无线或有线方式”中，从而可以被“远程传播权”所涵盖。当然，这是重构广播权与信息网络传播权时首先要考虑的、也是最低限度的要求。

第二，这一重构方案具有前瞻性，不仅可以解决三网融合下的问题，而且足以应对将来未知新技术的挑战。一方面，在这一重构方案中，前述因三网融合带来的“一个传统终端、六类传播行为、三种法律定性”的复杂局面，在“远程传播权”下就简化为“一个传播终端、一类传播行为、一种法律定性”。即所有通过互联网电视机这一个传播终端的行为，都可以归结为“以无线或者有线”方式传播作品这一类行为，从而在法律上都落入“远程传播权”的控制范围，因此这一重构方案足以应对因三网融合产生的各种法律问题。另一方面，在这一重构方案中，不仅我们现在已知的“有线或无线方式”（包括直接传播或转播、交互式或单向式、广播或互联网乃至电信网等），而且即使将来出现了其他形式的“有线或无线”新技术形态，仍然可以为“远程传播权”所控制。因为“有线或者无线”前的“任何”二字就是为以后的未知传播新技术留下适用空间，这样就将现在和以后可能出现的所有远程传播行为都包括在内，而“将版权传播统一规定为一种广泛的权利对于适应未来技术发展而言也是合适的，灵活的、技术中立的权利可以包含现在还无法预见的行为”。①

第三，这一重构方案是技术主义立法路径向行为主义立法路径的回归。前文已述，现行立法中广播权与信息网络传播权存在的规范难题以及面对三网融合时的应对不足，正是长久以来著作权立法所采取的技术主义立法路径的结果。但是“任何对传播技术的限定都会被技术未来的发展所超越”②，因此著作权立法不能被动地一味追随技术，在设定权利时应该着眼于传播行为本身的特征而不是所借助的传播媒介，以使设定的权利能够适应未来技术的发展，具有一定的前瞻性和包容性。在“远程传播权”中，除了保留“有线或者无线”外，现行立法和修改草案中使用的直播、转播、交互式、单向式等技术性表述都被去掉，这样就使“远程传播权”保持了技术上的中立。虽然该定义中也使用了“有线或无线”这样的表述，但这仍然是一种行为主义立法路径的定义方式。因为“有线或者无线”是一种逻辑周延的表述，除了有线和无线不会再有第三种“线”，使用“有线或无线”的表述仅仅是为了强调传播不是现场传播，而是一种远程传播，因此对于所有远程传播行为而言，“有线或无线”等于没有任何技术限制。

第四，这一重构方案具有充分的比较法依据。前文已述，在比较法上很多国家都采取了将“网络传播”和“广播”采用一种权利控制的方式，要么采取广泛的“向公众传播权”方式，如 WCT、欧盟法；要么采取广泛的“表演权”方式，如美国、法国。因此，本文提出的将广播权和信息网络传播权合并为一项“远程传播权”并非是标新立异，而是对多数国家成熟做法的借鉴。

第五，这一重构方案之所以将新的权利称为“远程传播权”，

---

① Andrew Christie & Eloise Dias. The New Right of Communication in Australia. The Sydney Law Review, Vol. 27, (2005), 237 – 241.

② see Andrew Christie, Simplifying Australian Copyright Law: The Why and the How? [2012 – 3 – 20] http://www.ag.gov.au/www/agd/agd.nsf/Page/Copyright _ CopyrightLawReviewCommittee _ CLRCReports_ SimplificationoftheCopyrightAct1968.

是为了将此项权利与那些控制将作品向现场公众传播的权利相区别，例如表演权和放映权。后两者权利虽然也属于广义上的传播权的范畴（即都是以无形方式传播作品），但它们都属于将作品传播给现场观众的行为。而“广播”和“网络传播”涉及的是将作品传播至远端供公众接收的行为，即属于非现场的远程传播行为。就“广播”而言，电视台播放的效果不在于使现场的观众能够观赏电影，而是将电影转化成电磁波通过无线信号发射装置传送到远端去，由远端的接收装置还原成电影声音和图像予以播放，网络传播也是如此。世界知识产权组织在制定 WCT 时就明确指出，“‘向公众传播权’中的‘传播’意指向未在传播起源地的公众进行传输”。[①] 因此，将合并后的权利称为“远程传播权”既是为了区别于现行立法已经存在的表演权和放映权，也是为了与国际公约保持一致。

七、结论与展望

1997 年世界知识产权组织刚通过 WCT 时，郑成思教授就曾预言：“将来，随着受网络服务影响而比重越来越大的听（观）众点播广播服务的发展，这点（广播与网络）不同之处可能将被冲淡。”[②] 三年多前，笔者也曾撰文提出，随着传播技术的发展，传统广播电视系统与互联网之间的界限将会越来越模糊，在两者最终达到融合的状态时，广播权将会被信息网络传播权吸收而形成涵盖范围更广的新权利。而今，这一时代已经到来，这就是三网融合时代。三网融合时代的特征是传播技术的融合，传播技术的融合会导致传

① 许超：“关于网络传播与著作权的关系”，载 http://www.dhbc.net/datalib/2003/TheoryStudy/DL/DL-70846。

② 郑成思：“两个新的国际版权条约评介”，载《外国法译评》1997 年第 4 期。

播行为的融合，而传播行为的融合必然导致传播权利的融合。面对三网融合时代的到来，顺应技术发展趋势，借鉴国际立法的成熟经验，打破现行立法在广播与网络之间存在的“壁垒”，构建一个包容广播权和信息网络传播权的“远程传播权”应当成为我国著作权立法未来的发展方向。

理论检讨与制度设计

论作品修改权[*]

刘有东[**]

我国《著作权法》将修改权与发表权、署名权和保护作品完整权并列作为一项著作人格权，目前的国际公约和多数国家的著作权法中未在著作人格权中明确列举修改权，有少数国家规定了与我国修改权相近似的权利，但是二者的内涵和外延却有一定的差别，这也在一定程度上导致了我国知识产权法学界对于修改权独立存在的价值产生了怀疑。在对与修改权相近的权利考察后，我国通说认为保护作品完整权和改编权可以涵盖修改权的内容。本文认为，通说是建立在对修改权的错误理解和机械地考察外国法的基础之上，作为对作者利益全方位保护系统的分支，修改权有其存在的意义，其内涵和行使也与其他著作权有所区别。

一、修改权价值探析

探讨修改权是否具有独立存在的价值，首先应该将之与相近的

---

* 本文原载于《现代法学》2010 年第 3 期。

** 作者简介：刘有东，西南政法大学民商法学院知识产权研究中心主任，副教授。

权利进行对比，在我国《著作权法》中，与修改权相近的权利当属保护作品完整权与改编权。根据立法规则，一项权利所保护的利益必须与其他权利所保护的利益有所区别，否则就没有独立存在的价值。在应然层面，修改权如果作为一项独立的著作人格权，就意味着修改权的内容不能被保护作品完整权和改编权的内容所涵盖，甚至它们所保护的利益尽量不能有交合。否定修改权具有独立存在价值的观点认为：在他人经过授权而为的修改中只要没有歪曲和篡改就不会损害到作者的精神利益，完全可以用著作财产权中的改编权来进行规范；未经授权的修改也可以根据在修改作品过程中是否进行了歪曲和篡改来判定该行为是否既侵犯了改编权，也侵犯了保护作品完整权，还是仅侵犯了改编权。如果这样来看，修改权的内容可以分拆而并入到保护作品完整权和改编权之中，完全没有独立存在的必要。那么，修改权所保护的利益是否能够被保护作品完整权和改编权所保护的利益所涵盖呢？笔者持否定的观点，笔者认为，修改权有其独立存在的价值，那些否定其独立存在意义的观点是误读了修改权。

（一）修改权与保护作品完整权

我国通说认为修改权[①]与保护作品完整权[②]同属一种权利的正反面：从正面讲，作者有权自行修改或者授权他人修改自己的作品；从反面讲，作者有权禁止他人修改、增删、歪曲、篡改自己的作品。[③] 大多数国家将修改权的内容包含在保护作品完整权中，仅有

---

① 我国《著作权法》第 10 条第 1 款第 3 项规定：修改权，即修改或者授权他人修改作品的权利。

② 我国《著作权法》第 10 条第 1 款第 4 项规定：保护作品完整权，即保护作品不受歪曲、篡改的权利。

③ 郑成思：《知识产权法》，法律出版社 1997 年版，第 380 页；韦之：《著作权法原理》，北京大学出版社 1998 年版，第 61 页；孟祥娟：《版权侵权认定》，法律出版社 2001 年版，第 117 页。

少数国家将这两层意思分别予以规定。[①] 按照通说的观点，委实无须将修改权作为一项独立的权利类型，其没有独立存在的意义。我们从权利都是垄断性的观点出发，大多数权利都可以从正反两个方面来考察，正面是只有自己可以这样做和可以授权他人这样做，反面是可以禁止他人未经授权这样做，这也就是我们所说的权利的积极行使和权利的消极行使。基于我国《著作权法》关于修改权的定义，从正面来看，作者有权自行或者授权他人修改其作品；从反面观察，作者有权禁止他人未经许可而修改其作品。而保护作品完整权是一项消极的权利，作者基于该权利可以禁止他人对其作品进行歪曲和篡改。就否定修改权具有独立存在价值的观点来看，歪曲和篡改本身也可以视为一种对作品的修改。德国著名知识产权法学者迪茨教授在对我国《著作权法》的分析中也认为：是否有必要在保护作品完整权之外再规定修改权，可能产生疑问，因为这项权利只是保护作品完整权的“主动”或者“积极”方面。如果作者拥有其作品最终外貌的权利，他可以自己修改或者授权他人修改其作品，或者被动地制止修改或者歪曲和损毁。因此，将两个方面的权利（修改权和保护作品完整权）合并为一条是足够的。[②]

笔者认为，上述观点混淆了这两项权利的功能。实际上，保护作品完整权侧重保护作者的思想和观点与其作品所表达出来的思想和观点的同一性，作者将其思想和观点通过作品呈现在人们面前，他人不得进行歪曲和篡改从而导致受众对于作者的思想和观点产生误解。而修改权则侧重保护作者的创作自由，当作者的思想或者观点发生变化时，应当允许作者自行或者授权他人对其作品进行改动以维持作品与作者思想、观点的一致性。基于此，歪曲篡改与修改

① 吴汉东等：《西方诸国著作权制度研究》，中国政法大学出版社 1998 年版，第 114 页。

② ［德］A. 迪茨：“迪茨教授关于修改中国著作权法的报告草案”，见郑成思：《知识产权研究（第 10 卷）》，中国方正出版社 1999 年版，第 202 页。

存在着质的差别：

其一，根据《现代汉语词典》的解释，歪曲是指故意改变事实或者内容，篡改是指用作伪的手段改动或者曲解。这也是保护作品完整权所禁止的歪曲和篡改的含义。而修改权所规范的修改与此不同，它应指未作歪曲和篡改地对于作品的改动，更多具有修正的意思。

其二，对作品的歪曲和篡改不一定是对作品本身的改动，虽未对作品进行改动，但是在利用作品过程中损害到作者精神利益的情况下也可能构成歪曲和篡改，例如用调侃、取笑甚至侮辱性的腔调来演唱严肃歌曲等。而修改则必须要对作品本身进行改动。

其三，歪曲和篡改是针对作品内容的改动或者曲解，通过这种改动或者曲解可能使公众无法了解作者真实的思想和观点。而修改则既可以针对作品的内容也可以针对表现内容的形式。这是因为，作品是内容与表现形式的统一体，有独创性的内容和有独创性的表现形式均能获得著作权制度的保护，这二者均体现了作者的个性。对于作品内容进行增删只要没有构成歪曲和篡改只可能侵犯作者的修改权，而仅对于作品表现形式的改动一般并不会使受众误解作者的思想和观点，故不会侵犯保护作品完整权。一部优秀的作品，其内容和表现形式均应是优秀的，很难想象一部立意高远的作品，由于作者的表达能力有限导致可读性很差，其还会得到受众的认可。由诺贝尔文学奖得主加西亚·马尔克斯创作的魔幻现实主义作品《百年孤独》内容庞杂、人物众多、情节曲折离奇，再加上神话故事、宗教典故、民间传说以及作家独创的从未来角度来回忆过去的新颖倒叙手法，使得该作品获得广泛的赞誉。如果用平直的正叙手法来对该作品进行修改，虽然对于该作品的内容未作变动，不构成歪曲和篡改，但是该小说的可读性就会下降很多，作者的精神利益也会受到消极的影响，故在此情况下只可能侵犯作者的修改权而不会侵犯作者的保护作品完整权。如果取消修改权，就只有在保护作品完整权中来保障作者的这种精神利益，这就需要对保护作品完整权作扩张解释，笔者认为是没有必要的。

其四，歪曲和篡改行为要出于行为人的故意，如果基于对某作品错误理解而为的改动，就不应理解为侵犯保护作品完整权。而侵犯修改权却不一定出于行为人的故意。例如，出版社在出版作者的作品时，由于编校质量太差导致在文字语言、标点符号等方面存在大量的错误，使作者的精神利益受损，也可能会导致作者的社会评价降低，在此情况下，应为侵犯修改权而不是侵犯保护作品完整权。

只有在未经授权对作品的内容或者形式进行了改动，并在改动作品过程中对作品内容也进行了歪曲或者篡改的时候才会同时侵犯修改权和保护作品完整权。例如，对作品内容未经作者授权进行增删，而且该增删导致作者的观点无法正确表达等。

（二）修改权与改编权

改编权，即改变作品，创作出具有独创性的新作品的权利。改编是演绎方式的一种，是在对原作进行改动但是未改变原作基本内容的前提下创作出新作品，该作品的著作权由改编人享有。郑成思先生认为："改编"这个术语，是外文著作权术语翻译成中文的极不成功的一例。"编"字将这种行为的对象只限制在文字作品之上，而用在美术作品之上就显得不当。而英文中相应的词是"Adapation"，除中文"改编"的含义之外，还有"改制""适应"的意思；德文中相应的词是"Bearbeitung"，也另有"加工""耕作"的意思。在著作权领域，将之译为"改制"或者"加工"可能更合适些。[①] 对于文字作品而言，改编包括将小说改编成剧本、将长篇小说改编成短篇小说、将小说改编成漫画、将叙事诗改编成小说等；对于美术作品而言，改编包括将油画改作成铅笔画等；对于音乐作品而言，改编包括将交响乐、京剧唱腔改成流行乐曲等。

---

① 郑成思：《知识产权法》，法律出版社 1997 年版，第 405 页。

改编权与修改权保护的作者的利益不同，改编权作为一项著作财产权，意味着改编作品是作者的经济利益之所在。而修改权作为作者的一项著作人格权，其主要维护的是作者思想、观点与作品的一致性，这体现了作者的精神利益。改编权是作者对作品的“改编”进行控制的权利，修改权是作者对作品的“修改”进行控制的权利。改编与修改存在诸多的差异，主要体现在以下几个方面：

其一，无论何种改编均要求改编者在尊重原作基本内容的基础之上，通过独创性的智力劳动而创作出新的作品。而对于作品的修改则不需要有独创性，即修改后的作品不必然是一个新作品。由于修改不必然产生新的作品，这就意味着一般情况下对于作品的改动要比改编对作品的改动小得多。正如有学者所说：修改权所说的修改是指作者变更作品部分内容，它以不改变作品基本内容、风格和性质为度，若与原作大不相同，则属于重新创作而不是修改权的行使。①

其二，改编是对于原作品内容的表现形式作出了改变，不在于其内容与原作有差异，而在于表现形式与原作不同，较为常见的是作品类型的改变，如小说改编成剧本、诗歌改编成小说、小说改编成连环画等。而修改是对作品本身作出的改动，其涉及作者的观点和叙事风格、方法等。修改既可以对作品内容作出变更，如修正自己的观点；也可以对内容的表现形式作出变更，但是对表现形式作出变更绝不会改变作品的类型。

其三，改编的目的大多是为了更方便地利用作品从而创作出新的作品，如将小说改编成剧本从而改变了作品的用途；而修改的目的往往是修正自己的思想、观点或者出于精益求精的考虑。

当然，在实践中有时不太容易分辨修改和改编，如对于作品的表现形式作出了改变，但同时又没有变更作品的类型或者用途，究竟是修改抑或改编？这就需要对上述二者的区别进行综合考量。

---

① 谭启平、蒋拯：“论著作人身权的可转让性”，载《现代法学》2002 年第 2 期。

（三）修改权独立存在的必要性

作品完成后，随着时间的推移、科学的进步、社会观念的更新和社会环境的变化等，作者的思想和观点也可能发生相应地改变，作者可能会对自己以前创作的作品进行修正，来完整、真实地反映自己最新的思想和观点。正如利普希克所言："即使作品已被披露，作者仍保留着修改的权利。这是创作权必然产生的结果：在再版或重印之前，作者从精益求精的角度考虑，可能认为有修改或说明某些概念、改进文风、增删文字的必要。C. 穆谢和 S. 拉达埃利认为，对于一位作家或艺术家来说，很难接受一部作品已彻底完成这种看法，他们还援引 J. L. 博尔赫斯关于这方面的论述：只有迷信或厌倦才会产生最后文本的概念。"①

由于思想、观点发生变化或者从精益求精的角度考量，作者对自己作品的修改显然与其精神利益有关，而如果他人基于具有合法使用作品的权利而拒绝作者对其作品进行修改，显然会损害到作者的利益。例如，作者与出版社签订了出版合同，合同有效期为 10 年，在这 10 年之内作者的思想或者观点发生了变化，从而希望出版社出版原书的修订版以反映其最新的思想或者观点，而出版社以出版合同未作约定为由拒绝出版修订版，仍然继续出版原版。如果没有修改权，作者的权利就不能对抗出版社的债权，作者业已改变的思想和观点就不能通过这种形式传达给公众，作者的精神利益也可能因此而受到损害。另外，如果他人对作者的作品进行了修改，导致作品的可读性大大下降，但是并未构成歪曲和篡改，也未因为修改其作品而产生演绎作品，显然作者不能用保护作品完整权和改编权来进行救济。

很多国家事实上也是保护作者的修改利益的，其中一部分国家

① ［西班牙］德利娅·利普希克：《著作权与邻接权》，联合国译，中国对外翻译出版公司 2000 年版，第 128 页。

将之作为明确的、法定化的著作人格权，另一部分国家规定在给作品使用者使用作品课以一定的限制的条款中，这同样也达到了保护作者这部分精神利益的目的。如德国《著作权法》第62条（禁止修改）第1款规定："即使按照本节规定可以使用作品，也不得对作品进行修改。"其意在即使根据法律的规定不经作者许可即可使用作品的情况下，原则上也不得对作品进行修改，这事实上也说明是将其作为著作人格权保护的范畴。笔者认为该规定与收回权一道构成了德国著作权法上的修改权。日本《著作权法》的规定也大致如此，此不赘述。

综上，笔者认为，作者对其创作的作品所具有的修改利益、保持作品完整性利益和改编利益是不同的，同一个修改行为可能同时侵犯了修改权和保护作品完整权或者改编权，这是因为行为人所侵犯的利益是不同的，出于对作者利益的全方位保护考量，修改权有其独立存在的价值。

二、修改权内涵构建

根据修改权的定义，修改权可以包括修改决定权和修改禁止权。前者是指作者有权自行或者授权他人修改其作品；后者是指基于修改权，作者有权禁止他人对其作品进行违背其意志的修改。关于后者，未将修改权法定化的国家往往将其置于保护作品完整权之中，但是，由于修改与歪曲篡改不同，并不能将所有未经许可的修改囊括在歪曲篡改之内。故相对而言，不如将修改权法定化国家对于作者的修改利益保护得周全。

（一）修改决定权

作品反映了作者的思想和观点，当作者的思想和观点发生变化时，或者基于精益求精的角度考虑，应当允许作者自行或者授权他人对其作品进行改动以维持作品与作者思想、观点的一致性，或者增强其作品的被认可度。基于该理由，作者在下列两种情况下对其作品进行的修改属于修改决定权的具体表现：

其一，作品完成后未被公开前，作者的思想或者观点与创作该作品时的思想或者观点有了改变，或者发现该作品有不足之处而决定的修改。该种修改属于作者创作自由的体现，而此时作品仍然控制在作者手中，其自行或者授权他人对于作品进行修改当然可以，也不会受到任何阻碍。而如果他人看到该未被公开的作品擅自进行修改，只要没有将该作品公开也不会损害到作者的利益，这是“无传播无权利”的延展，即“无传播即无侵权之可能”。如果他人将该作品擅自修改后并将修改的作品公之于众，则既侵犯了作者的发表权也侵犯了其修改权，若在修改的过程中又进行了歪曲或者篡改，还侵犯了作者的保护作品完整权。这种情况较少，当非修改权主要调整的范围。

其二，作品被公开之后，作者的思想或者观点与创作该作品时的思想或者观点有了改变，或者发现该作品有不足之处而决定的修改。作者授权他人对作品而为的公开，作者可以基于其修改决定权而要求修改其作品。这种情况在出版当中表现得非常明显。笔者认为，修改权主要规范的应该是这种行为。

如果作者认为其作品完全不合时宜，无法通过修正来进行修改，希望将作品收回，这就涉及收回权的问题。韦之先生认为：如果对修改权作极端的理解，便可认为作者享有收回作品的权利，即制止自己的作品继续扩散的权利。①

收回权，也称追悔权、撤回权。对于收回权的理解我国学界有两种不同的认识：一种观点认为，收回权是收回作品复制品的权利，使作品重新被自己控制。例如，有学者认为，收回权即收回作

① 韦之：《著作权法原理》，北京大学出版社1998年版，第62页。

品权，是指作者有权收回已经复制发行的作品，其目的是修改作品或终止作品的复制发行。[①] 与此相似，也有学者认为，作品的收回意味着作品被作者重新置于自己的完全控制之下，是否再重新问世或者是否从此之后在世间彻底消失，完全取决于作者的意志。[②] 另一种观点认为，收回权是收回作品的使用权，来阻止作品的进一步利用。例如，利普希克认为收回权是在作品根据合同被披露之后，已不再符合作者的努力或精神信念时，作者从商业渠道中将它收回的权利，也是作者拥有的终止某种已被许可的使用形式的权利。[③] 笔者赞同第二种观点。作品的复制件一旦被公众获得，其对这些作品的载体享有所有权，法律若认为收回权是收回作品复制品的权利会造成事实上的无法实现。在立法中规定了收回权的国家基本上都是认为收回的是作品使用权，如法国、德国、日本等。依谢怀栻先生的看法，收回权实质上是一种“特别解约权”。[④] 由于行使收回权会给相对方造成一定的经济损失，故必须在予以补偿的前提下方可行使。

笔者认为，收回权属于修改决定权的范畴，唯有这样才能有效地保护作者的精神利益。有学者认为，我国《著作权法》立法者当初无意保护收回权。[⑤] 其主要原因在于作者行使收回权要受到多方面的限制，例如要有正当理由、应赔偿作品使用者因此受到的损失等。正因如此，事实上很少作者有能力行使该权利。即便在德国，作者行使收回权的情形也较为少见。笔者认为，特定的权利人有无能力行使该权利与法律是否应规定该权利属于不同的范畴，不能因

---

① 李明德、许超：《著作权法》，法律出版社 2003 年版，第 80 页。

② 费安玲：《著作权法教程》，知识产权出版社 2003 年版，第 96 页。

③ ［西班牙］德利娅·利普希克：《著作权与邻接权》，联合国译，中国对外翻译出版公司 2000 年版，第 129 页。

④ 谢怀栻：“论版权法中的精神权利”，见中国版权研究会：《版权研究文选》，商务印书馆 1995 年版，第 146 页。

⑤ 韦之：《著作权法原理》，北京大学出版社 1998 年版，第 62 页。

为某些权利人难于行使该权利就在法律上忽视作者这个群体在这方面的利益。

从某种意义上讲，修改决定权主要体现了对他人权利的对抗性，除非法律另有规定，他人不得依据自己的权利来对抗作者对于作品的修改。

（二）修改禁止权

修改禁止权，顾名思义，即作者有权禁止他人未经许可对其作品而为的修改。根据上文所述，由于修改权与保护作品完整权和改编权的立法目的不同，修改与歪曲、篡改和改编也存在质的差异，不能用禁止他人对其作品歪曲篡改和改编来代替修改禁止权。

三、修改权行使探讨

（一）修改权行使的主体

修改权的立法目的主要在于维持作品与作者思想、观点的一致性，它体现了作者的精神利益，专为作者而设，故具有人身专属性特征，不得转让，原则上他人也不得代为行使。修改权的效力主要在于排除他人对作者修改自由的干涉，作者死亡之后，自然无修改意图可言，除非其在生前明确授权他人代为修改，作者的继承人不得依据自己的意志修改作品，除作者明确授权外，作者的继承人也不得代为行使。[①] 这在德国《著作权法》第42条的规定中表现得尤为明显："权利继受人应当在证明了作者生前曾经有权撤回并在作

① 李琛："被误读的修改权"，载《中国专利与商标》2004年第3期，第71页。

出撤回的意思表示时受到妨碍或者在表达最后遗愿时作出了处分的情况下，才能作出撤回的意思表示。本撤回权不得预先予以放弃。”另外，需要注意的是，允许他人对作品进行修改并不影响修改权的人身专属性，授权他人修改是作者行使修改权的具体表现，这只针对于个案，而且双方约定的期限或者修改行为已经完成之后，该他人则不能再行修改。

但是，为了体现著作权法的立法宗旨，促进作品的传播，最大限度地实现作品本身的价值，维持私人利益与公共利益的平衡、作者与相关他人利益的平衡，在特殊情况下修改权可以由他人行使。根据我国现行法的规定，以下五种情况修改权由他人行使：其一，作者身份不明作品的修改权由作品原件的所有人行使；其二，著作权（署名权除外）由法人或者其他组织享有的职务作品的修改权由该法人或者其他组织行使；其三，电影作品和以类似摄制电影的方法创作的作品的修改权由制片者行使；其四，除法人或者其他组织被视为作者情形外，由他人执笔，本人审阅定稿并以本人名义发表的报告、讲话等作品，修改权由报告人或者讲话人行使；其五，当事人合意以特定人物经历为题材完成的自传体作品，当事人没有约定著作权权属的，修改权由该特定人物行使。

（二）修改权行使的条件

对于已经授权他人公开使用的作品的修改权之行使，由于涉及该他人的权利，可能对其利益有消极的影响。不论将修改权法定化的国家，还是在对出版者权利予以限制以维护作者修改利益的国家，均设定了行使该权利的条件，只有在作者补偿了合法的作品使用者因为其修改作品而导致的损失之后方可行使修改权。我国《著作权法》虽未对此进行规定，但在学理上和司法实践中也应作如此解释。我们以出版为例根据情形的不同来进行分析：

其一，如果作者将稿件提交至出版社并已经签订出版合同，作者在出版社未出版前提出修改的要求，出版社应予允许，若出版社以签订了出版合同为由拒绝作者的修改而强行将该未修改的作品出版则应为侵犯了作者的修改权。如果此时作者的修改损害到出版社的利益，作者应当补偿出版社因此而产生的损失。意大利《著作权法》第129条就规定："作品在出版前，作者可作他认为适当的修改，但是不得改变作品的性质和用途，也要承担因修改而造成的费用的支出。"

其二，作品出版后，由于作者的思想或者观点发生了变化，希望对该作品进行修正，以维持作品与作者思想和观点的一致性，出版社拒绝其修正请求是否侵犯作者的修改权呢？这在学术著作中颇为常见，学者将自己的学术研究成果公开发表后又产生了不同的见解，或发现有重大谬误需要修正的情况即是如此。笔者认为，在作品出版后，作者基于修改权可以请求出版者增添更正表或勘误表，在同意补偿出版者因此支付费用的前提下，出版者原则上不得拒绝，否则即为侵犯作者的修改权。

针对上述第二种情形，作者也可以在出版合同有效期内在出版者再版该作品时基于其修改权提出修改要求。法国《知识产权法典》第L. 121-4条规定："尽管使用权已转让，甚至转让作品已经出版，作者对受让人仍享有追悔或收回的权利。作者必须在事先赔偿因追悔或收回给受让人造成的损失后，才能行使该权利。在行使追悔或收回权利后，作者决定发表其作品的，必须优先将作品的使用权向最初选定的受让人以最初确定的条件报价。"很多国家针对这种情况给出版者在再版时设定了一定的义务来保障作者的修改权。如日本《著作权法》第82条规定："出版者再次出版作品时，作者在正当范围内可对该作品进行修改或者增删。出版者再次出版该作品时，每次均必须预先通知作者。"意大利、瑞士等国也有类似的规定。我国也有学者认为作者在再版作品时有权修改其作品是修改权的具体体现，如沈仁干先生认为：作品再版时，作者有权对作品的原版进行修改。剧本上演后，剧作者听取了观众的反映后有权对剧本进行修改。[1] 笔者也持此种观点，即作品再版之前作者可以基于自己的修改权要求对作品进行修改。再版时作者对于作品的修改可能会给出版者带来一定额外费用的支出，虽然作者基于修改权有权对作品进行修改，但是由于出版者享有债权利益，行使自己的权利给他人造成的损失要给予补偿或者对修改权的行使为一定的限制，这在很多国家的立法中均有所体现。如法国、意大利、瑞典、西班牙、丹麦、芬兰、挪威等国。[2] 出版者在作者补偿了因修改作品而给其造成的损失后不得拒绝作者对作品的修改要求，如果出版者强行将原版出版则侵犯了作者的修改权。

（三）修改权行使的限制

作者行使修改权时由于可能涉及其他人的权利，为了平衡各方的利益关系，除了要补偿因为作者行使修改权而给他人的合法利益造成的损失之外，这项权利还要受到诸多的制约。

我国现行法明确规定的对于修改权的限制有以下三项：其一，报社、期刊社可以对作品作文字性修改、删节；其二，著作权人许可他人将其作品摄制成电影作品和以类似摄制电影的方法创作的作品的，视为已同意对其作品进行必要的修改；其三，计算机软件使用者为了把计算机软件用于实际的计算机应用环境或者改进其功能、性能而进行必要的修改无须取得计算机软件著作权人的许可。

除了上述我国立法明文规定的对于修改权的限制之外，笔者认为还应包括以下几项：

其一，委托作品的作者不得违反作品的使用目的对作品进行修改。委托人委托作者创作某作品是为了某种特定目的使用该作品，当作者决定接受委托人的委托时，就可以推定该作品要按照委托人

① 沈仁干、钟颖科：《著作权法概论》，商务印书馆 2003 年版，第 79 页。

② ［西班牙］德利娅·利普希克：《著作权与邻接权》，联合国译，中国对外翻译出版公司 2000 年版，第 127～128 页。

的要求进行创作。在创作完成后，除非另有约定或者在充分补偿委托人损失的情况下，作者不得违背该作品的使用目的对其进行修改。

其二，在作品原件被转让的情况下，原件所有权人可以拒绝作者提出的修改要求。如果作者拟对作品作出的修改不符合原件所有权人购买原件的意图或者可能会使该原件的价值下降，为了保护原件所有权人的利益，在其不同意或未获得必要经济补偿的情况下，作者不得对该作品进行修改。

其三，作品合法使用者为了使工程设计图、产品设计图能够具体地、更好地应用，对其进行修改不应视为侵犯作者的修改权。

其四，权利人对建筑作品作必要的修改不应为侵犯作者的修改权。建筑作品涉及建筑、结构、给排水、供热通风、电气等多个专业，如果建筑作品的设计本身与其他方面发生冲突和矛盾，可以在不经作者许可对建筑作品进行修改。在建筑物的扩建、改建、修缮或者翻新活动中，为适应建筑物安全、美观、城市规划新的要求或者在建筑物业主以及其他合法使用人的合法使用要求的情况下不得已而为的修改，不需要取得作者的许可。

其五，合法利用美术作品、摄影作品的使用者因改变尺寸以及由于复制工序等原因而为的必要的修改不应为侵犯作者的修改权。

虽然可能因为某种原因导致对于作者的修改权进行限制，但是，由于修改权体现了作者的精神利益，因此，对修改权的限制也应当有一定的限度，来更好地平衡作者、作品使用者、社会公众之间的利益关系，在划定各方利益主体的权利范围时必须要遵守“诚实信用”这一民法帝王原则。原则上，不得已而为的修改，不得出现使公众对原作的认识可能与作者的原意发生矛盾。在这一点上，法国的司法判例表明了法官比较一致的看法：虽然作品的形式必须有所改变，但是，尊重作者人格权的基本精神不能改变。① 在国际

① ［法］克洛德·科隆贝：《世界各国著作权和邻接权的基本原则》，高凌翰译，上海外语教育出版社 1995 年版，第 47 页。

上，解决这一矛盾的方法是：在不得已而为的且对于作品的修改严重违背作者精神利益的情况下，作者可以要求将其署名从作品之上删除。如美国《纽约州艺术文化法》（New York Arts and Cultural Affairs Law）第14.03条第2项之a规定：如果艺术作品非为作者所为且未经作者同意的变更、损坏、割裂或修改，可能造成作者名誉受损的，得将其署名从该作品中移除。

四、小　　结

我国秉承大陆法系国家作者权体系的二元论立法，著作权分为保障作者经济利益的著作财产权和保障作者精神利益的著作人格权。在我国《著作权法》所规定的四项著作人格权中，唯修改权之存废争议颇大。学界通说认为该权利没有独立存在的必要，在司法实践中对修改权的认定也存在诸多的差异，这些都与对该权利的错误认识有关。笔者认为，修改权有独立存在的必要，它最大的价值在于当作者思想和观点变化时得根据此项权利来维护作品与其思想、观点的一致性，这与保护作品完整权和改编权的立法目的迥异，不能被这二者所包含。基于修改权，作者在补偿因其修改作品而给他人造成的损失之情况下，能够对抗他人的合法权利，这体现了对作者和创作的尊重。也正因为可能涉及他人的合法权利，故应对于修改权的行使设定一定的条件并为一定的限制，以合理地平衡各方的利益关系。

论视听作品作者的利益分享权

——以《中华人民共和国著作权法》第三次修改为中心 *

周　园　邓宏光 **

视听作品①是《著作权法》第三次修改的重要内容，国家版权局拟定的三个修订版本都规定了视听作品作者原则上享有利益分享权，即视听作品的作者有权分享视听作品的相关收益。该规定将对视听作品产业产生重大影响，它打破了视听作品产业长期以来形成的利益平衡格局，如果规定不当，可能打开“潘多拉魔盒”，危及整个视听作品产业，不可不察。我们有必要从产业发展的角度，审视视听作品作者利益分享权及其条款设计。

---

* 本文原载于《法商研究》2013 年第 3 期。

** 作者简介：周园，重庆理工大学知识产权学院讲师；邓宏光，西南政法大学教授、博士生导师。

① 《著作权法》修改过程中将“电影作品和以类似摄制电影的方法创作的作品”改为“视听作品”，主要理由是视听作品的表述更加简洁，且更为国际社会普遍使用，参见国家版权局：《关于〈中华人民共和国著作权法〉（修改草案）的简要说明》，载 http：//www. ncac. gov. cn/cms/cms/website/gjbqjnew/layout3/index. jsp？ channelId ＝ 3502&siteId ＝ 309&infoId＝740608），2013－01－03。本文为行文方便，以下将“电影作品和以类似摄制电影的方法创作的作品”称为“视听作品”。

一、视听作品作者利益分享权的修法动态

当下，《著作权法》第三次修改正在紧锣密鼓地进行中，国家版权局在2012年3月、7月和11月拟定了《中华人民共和国著作权法（修改草案）》①（以下简称为《草案第一稿》）、《中华人民共和国著作权法（修改草案第二稿）》②（以下简称为《草案第二稿》）和《中华人民共和国著作权法（修订草案送审稿）》（以下简称《送审稿》）三个版本，它们都规定了视听作品作者的利益分享权。

视听作品作者的利益分享权条款，旨在修改现行《著作权法》对视听作品著作权权利的规定。《著作权法》第15条规定，视听作品的作者包括编剧、导演、摄影、作词、作曲等，他们对视听作品享有署名权和获取报酬的权利。但视听作品的作者能否分享视听作品后续使用所获得的收益，取决于他们与制片者的合同约定，除非双方明确约定按视听作品收益的比例获取报酬，否则只能拿一次性的劳动报酬。概言之，根据现行《著作权法》的规定，视听作品作者以拿一次性劳动获酬为原则，以享有利益分享权为例外。

目前，修改视听作品著作权权利规定的基本思路，是让视听作品作者原则上享有利益分享权，让他们不仅可以因参与制作视听作品而获得劳动报酬，而且还应当分享视听作品的后续使用收益。例如，《草案第一稿》第16条第1款规定："如当事人无相反书面约定，视听作品著作权由制片者享有，但编剧、导演、摄影、作词、作曲等作者享有署名权。"第3款规定："编剧、作词、作曲等作者有权就制片者使用或授权他人使用该视听作品获得合理报酬，合同

---

① http：//www. ncac. gov. cn/cms/html/309/3502/201203/740608. html.

② http://www. ncac. gov. cn/cms/cms/upload/info/201207/759779/134155751827383085. doc.

另有约定除外。”《草案第二稿》第17条第2款和第3款规定：“视听作品的著作权由制片者享有，但原作作者、编剧、导演、摄影、作词、作曲等作者享有署名权”，“原作作者、编剧、导演、作词、作曲作者有权就他人使用视听作品获得合理报酬”。《送审稿》第19条第2款和第3款规定：“电影、电视剧等视听作品的作者包括导演、编剧以及专门为视听作品创作的音乐作品的作者等”，“电影、电视剧等视听作品的著作权中的财产权和利益分享由制片者和作者约定。没有约定或者约定不明的，著作权中的财产权由制片者享有，但作者享有署名权和分享收益的权利”。

从以上规定可以看出，国家版权局在拟定视听作品作者利益分享权条款时，对权利的主体范围、权利的请求对象、权利的性质是法定权还是约定权以及权利主体是以享有该权利为原则还是为例外等方面，曾经左右摇摆，以至于在条款的具体表述和制度设计上不尽相同。本文试图从以上这些角度进行分析，以期为完善我国相关条款尽绵薄之力。

为了更直观地展现这些条款之间的异同，我们在此将《著作权法》第15条的规定与三个修改版本相关规定作一个简单的列表比较。

视听作品作者利益分享权利的制度设计之比较

	在条文中的表述	视听作品的作者	视听作品利益分享的主体	视听作品著作权的归属	利益分享权利是否可约定	请求对象
现行规定	有权按照与制片者签订的合同获得报酬	编剧、导演、摄影、作词、作曲等	所有作者	著作权属于制片者，不可约定	以不享有为原则，以约定享有为例外	制片者
草案第一稿	有权就制片者使用或授权他人使用该视听作品获得合理报酬	编剧、导演、摄影、作词、作曲等	编剧、作词、作曲等作者	著作权以制片者享有为原则，约定为例外	以享有为原则，以约定排除为例外	制片者

续表

	在条文中的表述	视听作品的作者	视听作品利益分享的主体	视听作品著作权的归属	利益分享权利是否可约定	请求对象
草案第二稿	有权就他人使用视听作品获得合理报酬	原作作者、编剧、导演、摄影、作词、作曲等	原作作者、导演、编剧、作词、作曲五类作者	著作权由制片者享有，不可作相反约定	不可作相反约定	视听作品的使用者
送审稿	作者享有分享收益的权利	导演、编剧以及专门为视听作品创作的音乐作品的作者等	所有视听作品的作者	著作权以制片者享有为原则，以约定为例外	以享有为原则，以约定排除为例外	制片者

二、视听作品作者利益分享权的权利性质

从《著作权法》三个修改版本的规定可以看出，视听作品作者利益分享权是向制片者请求，还是以视听作品的使用者为请求对象，是一个存在争议的问题。该问题涉及视听作品作者利益分享权的性质：它是一种独立的著作权？还是源于著作权的报酬请求权？抑或是基于与制片者签订合同而产生的债权？我们认为，视听作品作者利益分享权是基于与制片者签订的合同而产生的权利。

视听作品作者的利益分享权，虽有“权利”之头衔，却非传统意义上的著作权。著作权的基本特征之一是专有性，即法律没有规定或未经权利人许可，任何人不得使用其作品。[①] 对视听作品作者的利益分享权而言，权利人无法限制他人对作品的使用，只能待他

① 吴汉东：《知识产权基本问题研究》，中国人民大学出版社 2009 年版，第 22 页；李明德、许超：《著作权法》，法律出版社 2003 年版，第 4 页。

人使用该作品后收取报酬，缺乏专有权的基本特征。从这个意义上而言，视听作品作者利益分享权并非传统意义上的著作权。

视听作品作者利益分享权，本质上就是获取报酬、分享收益的权利。从作者与制片者之间的法律关系看，作者所享有的利益分享权，不是源于其对视听作品的著作权，而是因为其与制片者签订的合同。因为，从视听作品制作过程看，制片者是整个活动的中心，它是整个活动的发起人、组织者和责任人。所有参与视听作品创作的人，都是由制片者邀请并支付报酬，他们与制片者之间是典型的合同关系。视听作品利益分享权的性质应当在作者与制片者具有合同关系的语境下进行分析。利益分享本质上是合同报酬，属于合同权利义务关系的范畴。因此，对视听作品利益分享权的性质，可以从合同解释的角度进行分析。

一般而言，在解释合同条款时，应当根据合同所使用的词句、合同的有关条款、合同的目的、交易习惯以及诚实信用原则，确定该条款的真实意思。① 如果说作者参与视听作品的创作是为了获取报酬，那么，制片者支付报酬的目的就是为了获得对视听作品的使用权，制片者通过支付报酬而获得了视听作品作者对视听作品的著作权。当然，这种获得方式是法定转让（许可）还是推定转让（许可），值得再商榷。但至少从《著作权法》体系解释的角度看，在订立合同目的可合理预见的范围内，制片者有权免费使用该视听作品。因为制片者与视听作品作者的紧密程度，介于雇主与雇员和委托人与受托人之间。在雇佣关系中，雇员与雇主之间存在紧密的人身关系。员工在工作岗位中创作的作品为职务作品，单位至少享有特定期限内的排他性优先使用权，并有权对第三人使用该作品请求支付报酬，② 如果该作品符合“由法人或者其他组织主持，代表法人或者其他组织意志创作，并由法人或者其他组织承担责任”的条

① 《合同法》第 125 条。

② 《著作权法》第 16 条和《著作权法实施条例》第 12 条。

件，单位被视为该作品的作者，并享有完整的著作权。[①] 在委托关系中，委托人和受托人是平等的、独立的民事主体。双方可以就委托作品的归属作出约定，未约定或约定不明确的，委托作品著作权属于受托人，但“委托人在约定的使用范围内享有使用作品的权利；双方没有约定使用作品范围的，委托人可以在委托创作的特定目的范围内免费使用该作品”。[②] 视听作品的作者在与制片者签订协议时，都已知悉制作视听作品的目的在于使用该视听作品，这种使用包括了电影放映、音像、电视、网络、国际版权等最惯常的使用方式。对于这些视听作品的最惯常使用方式，制片者有权免费使用，也有权许可他人使用。被许可人在该范围内使用视听作品，只要获得制片者的授权，就无须再征得视听作品作者的许可，也不必再向其支付费用。从这个角度来说，《草案第二稿》规定视听作品的作者“有权就他人使用视听作品获得合理报酬”，但未对“他人使用”作合理限定，其范围涵盖了所有视听作品最常见的使用方式，与产业实际不符，也与著作权合同的解释规则相冲突，还可能与《著作权法》的相关规定不协调。

反之，如果认定视听作品作者分享利益的权利源于作者所享有的著作权，那么，其请求权对象是视听作品的使用者，在实践中将不必要地增加视听作品传播者的风险和成本。这种风险主要体现为两点：一是视听作品利益分享权主体的不确定性。视听作品的作者除了导演、编剧、作词、作曲者外，还包括“等作者”，但“等”到哪里为止？没有明确的答案。即便对于那些已经列举出来的作者类型，例如编剧，也可能因为有些作者未署名而无法事先确定具体的作者。二是无法事先确定利益分享的比例和标准。这种不确定性必然增加交流的成本，引起纷争，甚至极有可能导致大量的诉讼。

---

① 《著作权法》第11条第3款。

② 《最高人民法院关于审理著作权民事纠纷案件适用法律若干问题的解释》（法释［2002］31号）第12条。

可以试想，任何人只要使用了视听作品，就可能有无数视听作品利益分享的权利人陆陆续续上门索要“合理报酬”，成本骤增。[①] 对视听作品的作者而言，他们为了实现其利益分享权，要监督他人使用视听作品的情况，并分别与相关使用者交涉报酬支付事宜，成本也将大增。虽然权利主体的分散化和义务主体的碎片化，可以通过著作权集体管理组织制度加以缓解，但缓解并非解决之道。另外，我国虽然建立了一些著作权集体管理组织，但其相关作者的广泛性和内部管理的科学性都有待提高，[②] 能否堪此大任，尚须时间检验。因此，如果视听作品作者的利益分享权是源于其著作权，并可以向视听作品的使用者请求支付，那么，将导致视听作品传播成本剧增，从而可能遭致视听作品传播者的集体反对并最终成为压垮该制度的“最后一根稻草”。《草案第二稿》规定视听作品作者“有权就他人使用视听作品获得合理报酬”，将可能因为视听作品作者范围以及“合理报酬”的不确定性而引发大量诉讼，从而阻碍视听作品的传播。

总之，根据视听作品作者与制片者的法律关系，可以推断出视听作品作者分享收益权本质上是合同权利。由此，视听作品作者在行使利益分享权时就只能以制片者为请求对象。

三、视听作品作者利益分享权的权利主体

从《著作权法》三个修改版本的规定可以看出，它们对视听作

---

① 张玉敏、李杨：“‘个人使用’的著作权法定位及政策选择”，载《西南民族大学学报（人文社会科学版）》2011 年第 1 期。

② 吴汉东：“《著作权法》第三次修改的背景、体例和重点”，载《法商研究》2012 年第 4 期。

品作者利益分享权的权利主体存在较大的分歧，主要体现为两点：第一，视听作品作者的范围多大？例如，《草案第二稿》将原作作者作为视听作品的作者，而其他版本则未作如此规定；再如，所有的版本都用“等”字作兜底性规定，那么，“等”到哪里为止？第二，是否视听作品的所有作者都享有利益分享权？《草案第一稿》将导演和摄影排除在外，《草案第二稿》则将利益分享权的主体限于五类作者，而《送审稿》却将视听作品利益分享权扩大到了所有的作者。我们认为，这两个问题都与视听作品的性质息息相关。

原作作者是否为视听作品的作者，与视听作品的演绎作品属性相关。视听作品，大多以已有小说或戏剧为基础改编成剧本后再拍摄而成，是典型的演绎作品。演绎作品的著作权人“行使著作权时不得侵犯原作品的著作权”，[①] 因为，在演绎作品上，“既应有演绎者的著作权，又应有已有作品作者的著作权，受双重权利的控制”。[②] 因此，视听作品制片者使用小说、音乐和戏剧等已有作品制作视听作品，应当取得著作权人的许可。但不能因此认定小说、音乐和戏剧等已有作品的作者都是视听作品的作者，因为演绎作品是一件独立的作品，其著作权由演绎者享有。对此，《伯尔尼公约》第 14 条之二第 1 款也明确规定：“在不损害已被改编或复制的作品的版权的情况下，电影作品应作为原作受到保护”，将电影作品与被改编的作品独立出来。反之，如果按照《草案第二稿》的规定，将原作作者作为视听作品的作者，那么，他与视听作品的其他作者是一种“合作作品”的关系吗？显然不是，因为合作作品必须以行为人有合作的意愿和行为为前提。正因为如此，我们认为，《送审稿》第 19 条第 1 款规定：“制片者使用小说、音乐和戏剧等已有作品制作视听作品，应当取得著作权人的许可”，将已有作品的作者

---

① 《著作权法》第 12 条。

② 陈锦川：“关于设计视听作品著作权纠纷的几个问题（下）”，载《中国版权》2010 年第 1 期。

与视听作品的作者区别开来，较为合理。

所有的版本在规定视听作品作者时都使用了“等”字作为兜底性的规定，那么，“等”到哪里为止？该问题与法律如何处理视听作品这种特殊的合作作品有关。视听作品具有合作作品的属性，但又不同于一般的合作作品。它具有以下特点：（1）摄制过程复杂，①参与人数众多，需要许多创作者、艺术家和辅助工作人员的协助，如改编者、对白的作者、作曲者、导演、演员、布景师、主任摄影师、摄影师、录音师、服装制作师、化妆师、理发—假发师、相关人员的助理、见习导演、制片者、执行制片者、合作制片者和制片主任等；②（2）投资大，风险高，成则赚得满钵盂，败则亏得血本无归；③（3）使用形式不同，有特殊的商业运作模式。由于视听作品的创作参与者人数众多，在确定视听作品作者时将面临两难选择：是否所有作出创造性贡献的人都是作者？还是只有作出突出性贡献的人才是作者？

虽然原则上“创作作品的人”都是作者，但要界定哪些人仅仅是为他人创作进行辅助性工作，哪些构成《著作权法》意义上的创作，并非易事。因此，在界定视听作品的作者时，各国的规定差异非常大。例如，在英国，制片者和总导演是电影作品的合作作者；④

---

① 摄制视听作品一般要经过将原作作品改编成为剧本，导演阅读和理解剧本后准备出“导演阐述”，导演准备出“分镜头剧本”后进行拍摄，将完成镜头列出“电影镜头排本”，剪辑师对镜头进行剪辑等步骤（参见郑成思：《知识产权论》，法律出版社1998年版，第233页）。

② ［西班牙］德利娅·利普希克：《著作权与邻接权》，联合国译，中国对外翻译出版公司2000年版，第102页。

③ 例如，2011年放映的《失恋33天》，投资不足1000万元，票房超过3.5亿元，“净利润”超过1.4亿元。2012年放映的《人在囧途之泰囧》，投资3000万元，票房过10亿元。严重亏损的电影也比比皆是，例如，环球电影公司1995年出品的《未来水世界》投资2亿美金，票房收入只有3500万美金；我国投资9000万元的《刺陵》只收回2881万元；许多电影在影院都是一日游，甚至根本上不了影院。

④ 《英国版权法》第9条第（2）款（ab）项。

俄罗斯规定导演、电影剧本作者、作曲者为视听作品的合作作者；[①] 意大利规定原著作者、编剧者、作曲者和艺术导演被看做是电影作品的合作作者；[②] 在法国，原作作者、剧本作者、改编作者、对白作者、专门为视听作品创作的配词或未配词的乐曲作者和导演推定为视听作品的合作作者；[③] 在日本，原作作者，负责制作、导演、演出、摄影、美术等工作，对电影作品整体制作作出了独创性贡献的人，都是电影作品的作者；[④] 德国甚至没有规定哪些人为视听作品的作者，却将视听作品的保护期限规定为自“主导演、剧本著作人、为相关电影著作配乐的作曲家”中最后死亡者死亡之日起70年后归于消灭。[⑤]《伯尔尼公约》对此也没有给出答案，甚至完全回避了谁是视听作品的作者这一问题：它绕过了“视听作品的作者”，而直接规定“确定视听作品版权的所有者，属于被要求给予保护的国家法律规定的范围”。[⑥] 正因为无法确定视听作品作者的范围，各个版本中都用“等作者”作为兜底性表述，具有合理性。

在处理视听作品利益分享权的权利主体与视听作品的作者之间的关系时，《草案第一稿》“漏列”了“导演和摄影”，《草案第二稿》“省略”“等作者”，但似乎很难为这种“漏列”或“省略”行为找到充分的理由。我们认为，现行《著作权法》和《送审稿》采取“列举＋兜底”的表达方式，平等对待所有的作者，赋予他们相同的利益分享权，在逻辑上似乎更严谨。然而，这种表达方式，使得利益分享权的权利主体过于模糊，以至于我们无法事先确定权利人的范围，在实践中极有可能引发纷争。

将视听作品利益分享权定性为合同权利，是解决视听作品利益

---

① 《俄罗斯民法典》第1263条第2款。

② 《意大利著作权法》第44条。

③ 《法国知识产权法典》第L.113－7条。

④ 《日本著作权法》第16条。

⑤ 《德国著作权法》第65条。

⑥ 《伯尔尼公约》第14条之二第2款a项。

分享权主体不确定的最佳方式。因为，作为合同权利，其内容需当事人磋商约定，其权利也只能向合同相对人请求。对视听作品利益分享权而言，如果定性为合同权利，那么可以通过合同来确定权利主体的范围，而且即便对权利主体存有争议，也因为“合同的相对性”，这种争议仅限于视听作品作者与制片者之间，为第三人构筑了一道有效的“防火墙”，防止视听作品利益分享权主体的不确定性给社会造成不必要的影响。

四、视听作品作者利益分享权的权利样态

如果视听作品的作者与制片者签订的合同中未约定或未明确约定视听作品利益分享权，视听作品的作者是否享有利益分享权？对于该问题，《著作权法》三个修改版本与现行《著作权法》截然相反：根据《著作权法》第15条的规定，只有当事人在合同中明确约定才能享有利益分享权；而《草案第一稿》和《送审稿》则规定，视听作品作者以享有利益分享权为原则，以不享有为例外，《草案第二稿》甚至规定视听作品作者的利益分享权是一种不允许

作出相反约定的法定权利。[①] 我们认为，视听作品作者除非与制片者明确约定享有利益分享权，否则不应当享有该权利，即视听作品作者利益分享权以不享有为原则，以享有为例外。

如果单纯从理论层面看，视听作品作者以享有利益分享权为原则还是为例外，两种立法模式之间并无高下优劣之分。因为，利益分享权本身只不过是一种利益分配规则而非利益创造机制，社会财富不会因为分配方式的改变而增加或减少。因此，必须从实践的角度比较两种模式的合理性和可行性。

从我国实践看，现行《著作权法》采取的视听作品作者利益分享权以享有为例外的模式，具有合理性和可行性。因为“著作权法关于视听作品各主体间权属的分配和规定是清晰的，实践中也较少产生因具体界定不明而导致的困惑”，[②] 而且该模式也为作者享有视听作品利益分享权预留了足够的操作空间。例如，导演冯小刚、演员章子怡和文章以及电视节目《中国好声音》中的三位明星评委，都是依据《著作权法》第 15 条的规定，与制片者约定按照票房分

---

① 《草案第二稿》第 17 条第 3 款规定：“原作作者、编剧、导演、作词、作曲作者有权就他人使用视听作品获得合理报酬”，该表述与《草案第一稿》第 16 条规定相比，删除了“合同另有约定除外”（《草案第一稿》第 16 条第 1 款规定：“如当事人无相反书面约定，视听作品著作权由制片者享有，但编剧、导演、摄影、作词、作曲等作者享有署名权。”第 3 款规定：“编剧、作词、作曲等作者有权就制片者使用或授权他人使用该视听作品获得合理报酬，合同另有约定除外。”）这种立法动态，可作两种解释：第一种解释是，删除“合同另有约定除外”，是因为获得报酬的权利作为一种财产权利，通过合同作出相反约定是当事人应有的权利，无须专门表述；第二种解释是，删除该表述的原因，在于将这种权利定性为法定权利，不允许当事人通过合同作相反的约定。从国家版权局对《草案第二稿》的简要说明来看，可能采第二种解释为妥，即二次获酬权为法定权利。因为，简要说明对《草案第二稿》第 17 条第 2 款规定的解释是“将视听作品整体著作权归属由原草案中可以约定的规定，改回为现行法中直接赋予制片者的规定”，也就是说，删除《草案第一稿》中“可以约定”之规定，意味着“当事人不能自己约定”。根据这种推理，第 3 款未规定当事人可以通过合同进行约定，反过来即意味着，当事人不能通过合同作相反约定。

② 陈锦川：“关于设计视听作品著作权纠纷的几个问题（上）”，载《中国版权》2009 年第 6 期。

账的方式计算报酬。[①] 可见，现行《著作权法》第15条的规定能够满足社会实践的需要，且法律调整的结果井然有序。这种以作者不享有视听作品利益分享权为原则、以约定享有为例外的立法模式，显然经受住了时间和实践的考验，其合理性和可行性毋庸置疑。

与此相反，作者享有视听作品利益分享权为原则的立法模式，可能不具有可操作性。虽然作者享有视听作品利益分享权在理论上具有合理性，因为它体现了作者报酬源于作品收益且与作者的贡献度挂钩的基本原理，然而，从实践层面看，它可能形同虚设，原因在于：其一，视听作品作者的贡献度大小不一，贡献度越小的作者可能越不适合按照视听作品收益比例来分成；其二，法律不可能确定视听作品各类作者对视听作品的贡献度，也不可能划定达到多大贡献度的作者可享有视听作品利益分享权；其三，法律无法确定各类作者的利益分享比例，分配比例只能由当事人通过合同约定；其四，作者缺乏监督视听作品收入和成本的必要手段，即便有这些手段，其成本也非常高。正因为如此，虽然《法国知识产权法》第L. 132-25条和第L. 131-4条规定作者报酬按每一使用方式的一定比例付给，但第L. 131-4条第2款又规定了6种“一次性获酬”的情形。从相关文献反映的情况看，几乎所有视听作品的作者都不选择按照收益比例获酬，而更愿意采用一次性获酬的计算方式。[②]

作者享有视听作品利益分享权为原则的立法模式，不仅不便于操作，而且可能导致作者和制片者“双输”的结果。对制片者而言，在其与作者未作出明确约定时，要求其按照视听作品收益的比例支付作者报酬，至少增加了与每一个作者协商甚至诉讼的成本，增加了聘请第三方机构统计视听作品的收益与支出的成本，以及增

① 参见“导演不满只拿固定片酬，‘二次获酬’诉求‘二’吗?”，载 http://ent.qq.com/zt2012/views/42.htm。

② 华蕊芳：“视听作品的作者权利（上）”，载 http://blog.sina.com.cn/s/blog_63d9aa90010151 7n.html，访问时间：2012年10月4日。

加了泄露其商业秘密的风险。对视听作品的作者而言，连张艺谋这种大牌导演，都无法保证票房收入，[①] 再加上国产片 80% 都亏本的现实，[②] 绝大多数视听作品作者按照视听作品利益分享权模式拿到的酬劳很可能比直接拿片酬要少得多。另外，按照视听作品利益分享权模式，作者拿到相应的报酬，可能需要两三年甚至更久的时间。因此，视听作品的绝大多数作者都会“很明智”地选择放弃收益分成的报酬计算方式。

《著作权法》作为上层建筑，它应当尊重和反映社会现实，视听作品作者利益分享权条款也不应例外。视听作品作者分享视听作品的收益并非常态，也不符合视听作品作者和制片者的普遍意愿，而且视听作品作者原则上享有利益分享权的立法模式不具有可行性。因此，我们认为我国《著作权法》第三次修改时，应当摒弃三个修改稿的立法模式，回归到现行《著作权法》的“视听作品作者的利益分享权以不享有为原则，以双方明确约定享有为例外”之立法模式。

五、结束语

从以上分析可以看出，视听作品作者的利益分享权本质上就是获取报酬和分享收益的权利，它不是一种独立的著作权，也不是基于作者的身份或作者对视听作品所享有的著作权，而是源于作者与

① 张艺谋是市场波动性较大的导演，既有《英雄》等佳片的票房神话，也有《金陵十三钗》（投资高达 6 亿元，税后分成票房收入只有 2.4 亿元，亏损 3.6 亿元）等票房悲剧。参见王琼：“网传十大亏本国产电影榜，张艺谋冯小刚位列一、二”，载《重庆晚报》2012 年 12 月 24 日。

② 张世韬：“2012 年内地票房 168 亿，国产片亏损比例超 80%”，载《重庆晚报》2013 年 1 月 3 日。

制片者签订的合同。这决定了视听作品的作者只能以制片者为请求对象，而不能向该视听作品的使用人请求支付报酬。基于合同平等和合同自由的原则，任何视听作品的作者都可以与制片者约定视听作品的利益分享权，但该权利以双方合同有明确约定为前提，未约定或约定不明则无此权利。

从视听作品作者利益分享权的权利主体、法律性质和权利生存机制等角度看，《著作权法》第 15 条的规定似乎比《著作权法》修改稿相关条款更科学、更合理。正如美国法官 Holmes 所言："除非从调整现状中能够获得明显的利益，否则，（立法）这种笨重而昂贵的机器就不应当开动。如果不能取得良好的效果，法律的干涉就是一种罪过。"① 鉴于此，我们建议不对《著作权法》第 15 条第 1 款作实质性修改。

① Oliver Wendell Holmes, Jr., The Common Law, 77 (Mark DeWolf ed., 1963).

著作财产权客体结构中的使用行为

——审视著作权法权利作用“焦点”的一个阐释进路*

李　杨**

一、知识产权客体的多重构造体系阐释

国内民法学界的权利客体理论自形成通说以来，一般将其涵括为物、行为、智力成果（有表述为智力成果和商业标志）、人身利益及财产权利等，但鲜对客体从不同结构层面上加以体系描述，这种一股脑式的“平面”罗列给人感觉逻辑上存在难以驾驭的尴尬。传统权利客体理论的尴尬表明，民事法律关系的种类纷繁复杂，其客体的多样性是由实际情况决定的，很难人为地将其划一起来。对于权利客体的这种复杂现象，早有学者涉足研究并提出了一些颇有见地的观点，特别值得一提的是德国法学家卡尔·拉伦茨教授提出

* 该文原载于《法制与社会发展》2012 年第 3 期。

** 作者简介：李杨（1979—），男，南昌航空大学文法学院讲师，西南政法大学博士研究生，研究方向为知识产权法。

的“权利客体双重构造理论”①，对后世影响甚大。在此基础上，我国台湾地区学者王泽鉴先生、中国政法大学王涌教授及苏州大学方新军教授都对此观点有所承继和发展，为权利客体的双重构造理论确立了坚实的理论基础和学术价值。② 民法权利客体的双重构造理论给我们的启示是：知识产权客体是否也存在民法当中权利客体的双重结构?

从财产权的权利作用来看，除侧重对资源使用的非流通性支配和功能实现这一静态具象的平面结构以外，还应强调资源动态中的利益配置与流转作用，即承认财产权自身的可处分性。所以，信息财产的价值性或知识产权作用的发挥并不仅限于对抽象物——信息的使用及支配上，还包括在流通（交易、许可使用等）过程中的利益配置和市场增值，实现的是信息资源在市场经济中的产业化、市场化及传播应用。③ 可见，从知识产权的权能结构体系（包括支配、使用、处分等）上认清知识产权的权利内容很有必要，而这在另一层面解构的正是知识产权客体的构造体系。由此，知识产权客体是一种多重构造体系，这种多重构造体系与有体财产权客体的构造体系既有联系又有区别。知识产权客体构造体系如下图所示：从处分客体（即拉伦茨理解的第二顺位的权利客体）来看，有体物由于其特定属性，交换中的给付方将会丧失对物的现实占有，有体物（特别是动产）也不可能同时被不同的主体现实占有和直接使用。物权转让被理解成是对具体物的转让抑或对权利的转让，其争议也印证

---

① ［德］卡尔·拉伦茨：《德国民法通论（上册）》，王晓晔等译，法律出版社 2003 年版。

② 王泽鉴：《民法总则（增订版）》，中国政法大学出版社 2001 年版，第 205～206 页；王涌：“私法的分析与建构——民法的分析法学基础”，中国政法大学 1999 年博士学位论文，第 92 页；方新军：“权利客体论——历史和逻辑的双重视角”，厦门大学 2007 年博士学位论文，第 148～177 页；方新军：“权利客体的概念及层次”，载《法学研究》2010 年第 2 期。

③ 李杨：“经验抑或逻辑：对知识产权客体与对象之争的反思”，载《大连理工大学学报（社会科学版）》2011 年第 2 期。

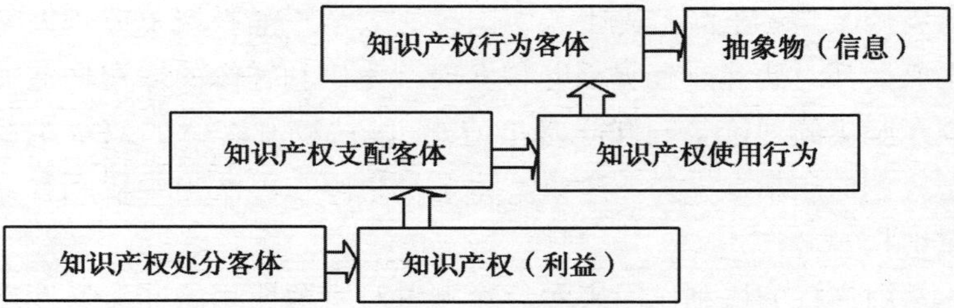

知识产权客体构造示意图

了为什么罗马法乃至英美法系国家会出现“财产”与“财产权”二词混用的困顿。[①] 在拉伦茨看来，物权处分的客体实为物权本身，比如物权转让，转让的是物权，只不过物伴随物权，同时发生了转移。[②] 而抽象物——信息则不同，“作为知识产权保护对象的信息可以同时在相同或不同的地方被许多人直接使用，而且这种使用不会给该信息造成损耗……”[③] 如果说对物权转让的客体究竟是物还是权利尚且存疑的话，那么在知识产权处分中把知识产权（利益）本身作为客体则更为直观。实际上，在知识产权的转让过程中，最重要的是转让主体如何将信息资源所负载的法律上的利益（即知识产权本身）转让给受让方，而不是转让抽象物——信息。如果说我们转让商标权，则其转让客体实为商标权，因为作为抽象物的商标本身，既无须转让也无法转让，任何人都能接触得到。知识产权信托、质押等处分方式也印证了这一点。

如上图所示，知识产权客体构造体系除涵盖知识产权处分客体

① 梅夏英：《财产权构造的基础分析》，人民法院出版社2002年版。

② 这里的“处分”主要指“法律的处分”。“处分”在私法上包括“法律的处分”和“事实的处分”，法律的处分是指变更、限制或消灭对于物之权利，事实的处分是指变更或消灭其物。参见［德］卡尔·拉伦茨：《德国民法通论（上册）》，王晓晔等译，法律出版社2003年版，第378页。

③ 张玉敏：《走过法律》，法律出版社2005年版。

以外，还存在知识产权支配客体与行为客体之分。这里的支配客体乃知识产权使用行为，而行为客体（有学者称之为对象）才是抽象物——信息。应该看到，与有体财产权类似的是，知识产权除了明确信息作为一种社会资源的产权归属以外，更承载着一种如何合理配置这种社会资源的功能。而在合理配置社会资源的过程当中，是脱离不了以使用行为为规范方式的。诚如有台湾地区学者认为：

人类竞相取得社会生活资源，难免发生纠纷。如何规范俾期防患于未然并解决纠纷于已然，方法上有二端：一则着眼人类社会生活中之“行为”，规范其取得社会生活资源之途径，并禁止其逾越分寸，二则着眼于社会生活“资源”，以资源之合理分配为手段，期达防患解决之目的。……着眼于人类社会生活之行为者，是为行为本位，着眼于人类社会生活之资源者，是为资源本位。[①]

在该学者看来，在处理社会生活资源的社会关系中，行为本位与资源本位存在着相辅相成的关系，“资源之分配，常有人类行为之介入，因之，即使单从人类社会生活之资源观察，依旧不能脱离人类之行为一因素”[②]。可见，就将抽象物——信息作为一种社会资源加以配置的知识产权而言，仍脱离不了通过规范知识产权使用行为来实现这种产权功能。而这正是知识产权客体研究的内涵之一，即知识产权客体存在知识产权支配客体——使用行为这一构造因子。早在上世纪九十年代中期，国内知识产权学界就有学者在区分知识产权客体与对象的基础上提出了类似观点，认为“法律所规定的对智力成果和工商业标记的各种利用和支配行为，才是知识产权

① 曾世雄：《民法总则之现在与未来（第2版）》，元照出版有限公司2005年版。
② 同上。

客体”。[①] 此后，该学者修正了自己的观点，认为知识产权的客体是指“基于对知识产权的对象的控制，利用和支配行为而产生的利益关系或称社会关系，是法律所保护的内容”[②]。客观上，该学者从本质上认清了知识产权客体并不是一个“平面”结构，并在此基础之上认识到应该区分客体与对象，为我们认清知识产权客体的构造体系做出了重大贡献。然而，正由于知识产权客体存在着复杂现象，导致用一个统一概念来诠释知识产权客体构造体系的任何尝试都具有内在局限性。

在知识产权客体的构造体系中，实有一种立体结构，发挥着知识产权不同权能的各自对应作用。如知识产权处分客体，对应知识产权的处分权能发挥着作用，指向知识产权利益本身；知识产权支配客体，对应知识产权的支配权能发挥着作用，规范着知识产权的使用行为，以确立信息资源的何种利用方式为权利主体所约束、何种使用行为是法权所允许或豁免，界定着知识产权的作用边界；知识产权行为客体（即对象），对应知识产权有关作用对象的使用权能发挥着作用，规范着支配性使用行为所指涉对象的具体范围。

也许有人会问：即使知识产权客体真的存在一种多重构造体系，那么支配客体为什么不直指抽象物本身，而是使用行为？诚如有体物之所有权一样，虽承认对社会生活行为方式的规范，但一般认为支配的仍是有体财产本身，而不问其利用行为方式。可见，区

---

① 刘春田先生曾撰文认为，“法律所规范的是对智力成果或工商业标记的利用、控制、支配行为。由于对智力成果或工商业标记进行商业性的利用、控制和支配，才给权利人带来了各种财产的或人身非财产的利益。……所以，法律所规定的对智力成果和工商业标记的各种利用与支配行为，才是知识产权的客体。”详见刘春田：“简论知识产权”，见郑成思主编：《知识产权研究（第一卷）》，中国方正出版社1996年版，第41～50页。

② 刘春田先生认为，“对象是具体的、感性的、客观的范畴，是第一性的……客体是抽象的、理性的范畴，是利益关系即社会关系，是第二性的……法律关系的客体是对象即法律事实与一定的法律规范相互作用的结果。”详见刘春田主编：《知识产权法（第二版）》，高等教育出版社2003年版，第6页。

分知识产权支配客体与行为客体又有何意义？实际上，正如前述，这恰恰是知识产权客体与有体财产权客体存在差异的地方。就有体物而言，比如在考虑所有权问题时，由于有体物本身具有物理边界和物质特征，导致我们在对其实施物理性接触的利用行为时，都是以这个物理性存在的有体物作为中心来考量的，有体物本身就构成所有权的客体边界。有学者将这称为构成权利作用的“焦点”（focal point），而客观事实却是，“所有权虽然是指向有体物的权利，但实际上仍然是对于人们利用行为的权利”。[①] 正因为有这个物质性存在的有体物作为权利作用的“焦点”，所以所有权一般不会逾越此界限被无限扩张，当有扩张的倾向时，我们就会产生质疑——这是否还是所有权？

有不少学者曾质疑抽象物（信息）是否真实存在。[②] 抽象物（信息）不像有体财产那样有着自己的物理边界，它看不见、摸不着，不占据一定的物理空间，具有非物质性（无物质性存在）。同时，抽象物又具有可共享性，可以同时在相同或不同的地方被许多人直接使用，而且这种使用不会给该信息造成损耗，与有体物有别。信息这个抽象物正是经法律力支配之下才得以发展成另一个抽象概念——知识产权，可谓是二位一体的抽象概念体系。[③] 可见，从物理边界来看，知识产权行为客体（对象）缺乏有体财产那样的

---

① ［日］田村善之：“‘知识创作物未保护领域’之思维模式的陷阱”，李扬、许清译，载《法学家》2010年第4期。

② 德霍斯先生认为，抽象物是一种历史陈述，其目的就是要对知识财产合理性构建阐释平台，通过假设抽象物是固有的独立存在物，法律即可简单地利用这样一种法律上的虚构，而这一虚构是许多真实权力得以存在的依据，参见［澳］彼得·德霍斯：《知识财产法哲学》，周林译，商务印书馆2008年版，第163页；田村先生也质疑知识产权之抽象物的真实存在，认为它仅是虚拟出来的东西，并警惕这种知识创作物保护模式存在的陷阱，参见［日］田村善之：“‘知识创作物未保护领域’之思维模式的陷阱”，李扬、许清译，载《法学家》2010年第4期。

③ 抽象物和知识产权二者都是抽象概念，将知识产权体系理解为“二位一体”的抽象概念体系未尝不可。

权利作用“焦点”，也即在权利的设定方式上难以限定，可以被无限地人为创设出支配他人使用行为方式的权利，这进一步印证了在闭合的国际知识产权体制中，知识产权的期限、权利内容及行为客体（对象）范围为什么会一再扩张。除去发达国家跨国企业院外游说并推动以 TRIPs 协议为代表的国际知识产权强化保护的驱动力作用以外，造成这一困境的最主要原因莫过于抽象物（信息）有别于有体物，从物理边界上不具权利作用“焦点”这一客观现实。

所以，在知识产权客体的构造体系中，除了知识产权行为客体——抽象物（信息）作为研究知识产权保护的传统路径以外，知识产权支配客体——使用行为也应成为解决知识产权保护什么、保护到什么程度的有效方式选择之一。换言之，“任何合理的知识产权法和政策必须注重人类行为的具体模式——即调整人类活动的连接点，因而法律和政策没有必要调整所有知识创作物的利用行为，知识产权只能限制某些人类行为。”①

二、著作财产权的权利作用“焦点”审视

如前所述，作为知识产权的行为客体（或对象）——抽象物，不像有体财产那样有着自己的物理边界，它看不见、摸不着，不占据一定的物理空间，不会发生物理性损耗，这些导致知识产权行为客体（对象）缺乏有体财产那样的权利作用“焦点”。但现实中，法律却一直尝试沿用有体财产的物权逻辑，将抽象物拟制为一种与有体物类同的，可以确立保护边界的东西。放到著作权法中，这种预设的前提是：作品与有体财产一样，有着自己的范围和边界，而

① ［日］田村善之：“‘知识创作物未保护领域’之思维模式的陷阱”，李扬、许清译，载《法学家》2010 年第 4 期。

著作权法的保护对象就是此范围内私有领域的东西。这种拟制的物权逻辑导致著作权法假定作品是可以划定边界的，并人为创设了诸如“独创性”“思想表达二分法”等作品保护标准。然而，这种人为设置的“焦点”更多制造的是表述模糊的历史性概念，却难言圆满。有学者甚至将其表述为“语义学和历史性的一种误谬”，是“版权政治学的发明物，是各种不同权力的力量角逐结果”。[①]

伴随着诸如计算机程序、标题、字体等特殊对象被考虑纳入著作权法保护的作品范围，“独创性”“思想/表达二分法”内涵之确定性一再受到挑战。就“独创性”而言，用“独立创作”“作者个性”“智力创作”等来解释“独创性”，无异于用“独创性”来解释“独立创作”“作者个性”“智力创作”，并无清晰标准，在很大程度上可谓一种循环论证。[②] 同时，“思想/表达二分法”指涉著作权法保护作者具有独创性的思想表达，而非思想本身。可是，当思想与表达难言区分或思想只有一种或几种有限的表达方式的时候，著作权法可能既不保护思想，也不保护有限的表达。[③] 有学者甚至指出，根据 TRIPS 协议第 9 条第 2 款、WCT 第 2 条的规定，“思想”与工艺流程、步骤、方法、数学概念等并列使用，若从语义学理解，二分法之“思想”（idea）与“表达”（expression）的划分并不周延，如果严格按二分法的保护标准界定，著作权法就必须保护工艺流程、步骤、方法、概念等，这在逻辑上不成立。如果将“思想”和“表达”作隐喻意义理解的话，“思想”成了著作权法不保护的东西，“表达”成了著作权法保护的东西，在该学者看来，也

① James Boyle. Shamans, *Software and Spleens*: *Law and the Construction of the Information Society*. Harvard University Press, 1996.

② 李雨峰：“版权制度的困境”，载《比较法研究》2006 年第 3 期。

③ 这种情况被称之为“思想观念与表达的合并”，见李明德：《美国知识产权法》，法律出版社 2003 年版，第 139 页。

将导致事实上的循环论证。[①] 此外，更有学者认为“思想/表达二分法”被意识形态化了，它成了一种事后描述，是法官为自己的价值判断寻找合理性基础。当法官认为诉争对象不值得保护时，就把它解释成思想；而当认为应当受到保护时，就把它解释为表达。[②] 客观上，我们应承认“独创性”“思想/表达二分法”标准的模糊性和局限性，任何作品都是用符号再现的思想表达的一系列组合，“当我们承认保护的范围并不限于实际采用的语言或符号时，我们就必须承认保护的范围包含了观点、思想或者信息的联合”[③]。

实用主义者否认存在财产自洽性的基本原理，他们认为“财产就像一个制度的壳，它被用来涵盖一系列由历史和文化决定的关系”[④]，作为财产的作品亦如此。在他们看来，“有（经济）价值便有权利”的财产权理论本身就具备经验上的合理性基础——财产就是财产，它是资本的重要形式。然而，财产权决不是孤立地存在，它包含一定程度的共识，即是一种“公共认可的产物”。构成“偷窃”（如“盗版”所隐喻的那样）的原因不是既定的，而应该是社会选择的结果。诚如斯密德所言：“一个人不能在别人认为自己的行为是正当的情况下，仅从自己的立场出发把别人的行为说成是偷窃。”[⑤] 概言之，权利是一种建立在彼此认同基础上的公共选择结果。作品本身具有可共享性和有益外部性，仅出于对权利人创作及投资成本给予必要回报的考量，法律才对作品人为地设置以有体财产为参照的稀缺性。作品本不应像有体财产那样，可以为私人所独占。言及有体财产可以被独占，是从它的物理结构性能层面理解

---

① 李雨峰：“思想/表达二分法的检讨”，载《北大法律评论（第8卷·第2辑）》，北京大学出版社2007年版。

② 李琛：“树·阳光·二分法”，载《电子知识产权》2005年第7期。

③ 李雨峰：“思想/表达二分法的检讨”，载《北大法律评论（第8卷·第2辑）》，北京大学出版社2007年版。

④ ［澳］彼得·德霍斯：《知识财产法哲学》，周林译，商务印书馆2008年版。

⑤ ［美］A. 爱伦·斯密德：《财产、权力和公共选择——对法和经济学的进一步思考》，黄祖辉等译，上海人民出版社2006年版。

的，体现的是个人效用基础上的工具性作用。然而，可以被独占，并不意味着应该被独占。法律在处理社会关系时，都需要对权利划定合理的边界，以实现参与性主体之间的利益平衡与分配正义。是故，著作权在实现权利人收回投资并获取合理回报的同时，还应满足推动民主政治以及促进文化繁荣的社会总体需求。这就要求著作权法在确定财产权的边界时，应从著作权人的单一主体模式转变为著作权人、传播者、使用者的多元主体模式，即需要在多元参与性主体之间公平、合理地分配相关利益，从而实现著作权作为财产权的“分配伦理”。

长期以来，我们习惯性地将有体物的财产权观念类推至作品，却忽略了著作财产权与所有权之间的权利作用“焦点”差异。这种以所有权“保护对象”为参照的拟物化类推逻辑会引发以下问题：首先，它使著作财产权呈现出一种开放式的专有权模式，从而使著作财产权有条件延伸至他人对作品的任何使用行为当中。而这有可能造成个体私权与公共利益之间过度的内在紧张关系，从而使著作权法指向的公共福利目的难以实现。其次，这种“拟物化”类推逻辑容易使著作财产权陷入行为客体（对象）范围等同于财产权保护范围的思维误区。这一类推逻辑预示着使用者对行为客体（对象）范围内的任何使用行为都是侵权行为，只不过基于对公共利益的考虑，特定使用行为的侵权责任才可以被法律豁免。然而，著作权法对著作财产权和权利限制的利益平衡设置，本身就是为了确立著作财产权的边界和保护范围，其根本目的旨在著作权人、传播者、使用者等参与性主体之间公平、合理地分配相关利益。换言之，归入著作权限制情形的使用行为，并非著作财产权保护范围内或著作财产权可支配、控制的使用行为，无所谓从现有著作财产权中挤出来的公共利益“恩泽”，又何来侵权“豁免”之说？可见，至少在知识产权领域，行为客体（对象）范围与财产权保护范围并不能完全等同。①

著作权法强调人与人之间的“主体间性”（intersubjectivity）②，反映的并非是单纯的作者与作品关系，而是作者与后续作者之间、作者与公众之间的关系。所有权虽然可以说是一种指向有体物的权利，但本质上仍是发生在所有权人与他人之间的，所有权人约束他人使用行为的权利。只不过有体物自身的财产内在结构更倾向于“个人效用”的发挥，法律才使所有权呈现出一种近似于财产独占的支配权能。③ 从这个意义上讲，所有权的权利作用“焦点”指向保护对象（如有体物）本身，所有权的保护范围或权利边界主要以物质性存在的有体物作为划定的中心和切入点。著作财产权则不同，正如前述所言，它更侧重于实现作品“公共效用”指向的公共福利目的，这使法律在设置著作财产权的权利作用“焦点”时，除了要划定行为客体（对象）的范围以外，更倾向于以使用行为作为权利保护范围的主要依据。对著作财产权而言，与其说法律保护的是作品，毋宁说保护著作权人基于作品利用方式而产生的利益。说著作权保护什么样的内容、保护到什么程度，无非是确立著作权人可以自行或控制他人（后续作者、公众）对作品的某种利用方式——使用行为。他人行为被归于法定豁免或许可情形，即构成著作权的限制或例外（英美法的合理引用或合理使用）；超越了法定豁免或许可的行为方式，即可能构成侵权。就著作权的保护范围而言，难以脱离支配客体——使用行为轨迹。从著作权的权利内容来

① 有观点将作品表述为“保护对象”，然而在笔者看来，“保护对象”一词容易形成对“拟物化”财产权逻辑的路径依赖，虽同指“作品”，但“行为客体（对象）”的表述更为中立。

② “主体间性”最早由拉康提出，他认为，主体是由其自身存在结构中的“他性”界定的，这种主体中的他性就是“主体间性”。社会学意义上的“主体间性”强调社会主体的人与人之间的关系。

③ 当然，所有权人这种近似于财产独占的支配性权利也不是毫无限制的，当与公共利益发生抵触时，将视特定情形负有一定的容忍或放弃义务，如相邻关系、征收征用等。

看，各国立法都以使用行为类型作为分类的主要标准，如根据我国《著作权法》第 10 条的相关规定，著作权的具体内容分别包括发表权、署名权、修改权、保护作品完整权、复制权、发行权、出租权、展览权、表演权、广播权、信息网络传播权等 17 类，这些著作权内容的具体权项主要以具体的使用行为类型作为划分标准。就著作权的权利限制或例外规定而言，各国立法也都以使用行为类型作为划分依据，同时辅之于“三步检验法”这一行为检验标准。如我国《著作权法》第 22 条之合理使用规定，包括个人使用、评论引用、教学研究使用、国家机关公务使用、免费表演等 12 类，即以他人的特定使用行为作为法定豁免情形。在列举式规定的基础上，《著作权法实施条例》第 21 条采用统领填充式的“三步检验法”（也是一种使用行为路径的判断标准）作为权利限制或例外的裁判准则。[①] 即使像采用因素主义的美国版权法，“合理使用”原则也主要从使用行为本身（包括使用的目的和性质、使用的数量及质量、使用对版权作品潜在市场或价值的影响等要素）来加以考量的。[②] 可见，权利支配客体（使用行为）路径始终贯穿于著作财产权的权利作用“焦点”思路当中。

可见，仅从著作财产权行为客体（对象）出发，期望能人为设立“独创性”“思想/表达二分法”的著作权对象保护标准的想法，并不能一劳永逸地解决著作财产权的权利作用“焦点”困境。进一步讲，即使行为客体（对象）路径能发挥著作财产权保护边界的部分作用力，那也仅是作为著作财产权保护范围的参考依据，著作财

① 《中华人民共和国著作权法实施条例（2002 年）》第 21 条规定：“……使用可以不经著作权人许可的已经发表的作品的，不得影响该作品的正常使用，也不得不合理地损害著作权人的合法利益。”

② 《美国版权法》第 107 条规定：“在任何具体案件中认定对作品的使用是否为合理使用时，应考虑的要素包括：（1）使用的目的和性质，包括使用是具有商业性质，还是为了非赢利的教育目的；（2）版权作品的性质；（3）使用的数量和质量在版权作品整体上所占的份量；以及（4）使用对版权作品的潜在市场或价值的影响。”

产权保护对象范围内的使用行为不一定就是侵犯著作财产权的行为，著作财产权保护对象范围和著作财产权保护范围并非同一概念。法律仅出于推动文化繁荣、科学进步的公共福祉目的，才赋予著作权人有限的支配性权利。著作财产权的支配权能并非指向独占之作品，而是限制他人对作品的某些使用行为。易言之，著作财产权是控制作品某些使用方式并获取经济利益的“法律之力”。为了确立著作财产权的合理边界，我们在权利作用“焦点”上既要考虑行为客体（对象）范围问题，更应侧重于以“使用行为”作为权利作用“焦点”的切入点和核心依据。要真正地解决著作财产权的保护边界问题，必须尝试在遵循行为客体（对象）思路的同时，从支配客体——使用行为层面进行考察，审视著作权法的发展愿景。

三、反思著作财产权的支配客体：使用行为的定性与价值判断

（一）使用行为定性之传统规则的价值偏向与闭合趋势

作品使用行为是否合法，美国在传统上主要通过合理使用原则加以判断。故在一般意义上，我们说美国实行的是一种开放式的权利限制制度。根据《美国版权法》第107条规定，判断对作品的使用是否属于合理使用，是法官对合理使用原则四要素综合运用的结果。然而，合理使用原则四要素的“平行”设计却使法官在把握使用行为定性的侧重点方面易于产生分歧，进而使立法失去必要的可预见性。更严重的是，由于深受新自由主义经济学的观念影响，法官在综合运用合理使用四要素对使用行为进行定性时，更倾向于泛化使用行为的“商业性”和“市场影响”内涵，致使天平往往偏向著作权人的私人利益。在索尼案中，联邦最高法院将出于“时移”

(Time Shifting) 目的的个人复制视为一种合理使用。在联邦最高法院看来，“时移”性复制虽不是转换性使用行为，但对著作权人利益未构成实质性损害，同时还有助于公众对广播电视信息的自由接触，具有积极的社会价值。同时，“‘转换性’（transformative）与‘非转换性’（non-transformative）使用的性质区分可以用来把握平衡，但它不是绝对的”。[①] 由此可知，使用行为是否具备“转换性”并非认定是否合理的唯一标准，而应综合使用目的、市场影响等各种情况。然而，在随后发生的美国地球物理学联合会诉德斯考公司一案中，第二巡回法院却判定被告研究人员基于存档目的对学术论文的个人复制属于侵权行为。在法官看来，因为被告研究人员未将复制的文档用于公开发表的研究内容，故其复制目的并非是为了学术研究，而仅是“可能有助于学术研究的‘中间步骤’”。同时，“对作品的非转换性复制并未给原作品增添些许价值”，故被告研究人员的复制行为欠缺认定为合理使用的正当性基础。[②] 同时在立法层面上，美国 1997 年通过的《反电子盗窃法》明确规定“经济收益”涵括“获取或期望获取任何具有价值的东西，包括其他的版权作品”，[③] 从而进一步为泛化使用行为“商业性”的观点提供了有力的法律依据。在本世纪初对数字版权产生重大影响的纳普斯特(Napster) 案中，第九巡回法院从 P2P 用户的累计行为出发，将基于个人使用目的的网络下载行为泛化为商业性使用。法官认为：

直接经济利益并不能论证商业性使用。相反，反复以复制方式利用版权作品的价值，即便未公开销售，也可能构成一种商业性使

① See Sony Corporation of America v. Universal City Studios, Inc., 464 U.S. 417, 455 (1984).

② See American Geophysical Union v. Texaco, Inc., 60 F.3d 913, 920, 923 (2d Cir. 1995).

③ 英版原文是“The term ‘financial gain’ includes receipt, or expectation of receipt, of anything of value, including the receipt of other copyrighted work”, see Copyright Law of the United States and Related Laws (2009) Contained in 17 U.S.C. §101, Added between “display” and “fixed”.

用。商业性使用可以是为了节省购买授权复制件的费用，而在未授权的情况下对作品实施的重复性利用“复制”。[①]

随后在 Arista 唱片公司诉 MP3Board 公司一案中，法官进一步认定个人使用者通过网络搜索引擎搜寻并下载音乐资源因“在未支付对价的基础上从著作权作品利用中获取利益”，故构成对著作权作品的商业性使用。[②] 由此可见，使用行为“商业性”被泛化后形成的结论是，“营利与非营利的关键区别并不是看使用的唯一动机是否为了金钱利益，而是看用户是否在没有支付一般性价额的情况下从使用版权资料的行为中获益”[③]。相反，在坎贝尔（Campbell）一案中，法官强调“‘转换性’是合理使用分析的核心要素”，从而将以营利为目的的作品戏仿（parody）行为判定为合理使用。[④] 在裁判者看来，合理使用原则更侧重于对诸如戏仿之类的转换性使用的合理性判断，即便此类转换性使用是以营利为目的。对此，有学者批评道：“合理使用原则被人为预设成一种不适宜复制之合理性解释的规则，它忽视了某些复制（如个人复制）行为不以营利为目的，并未给著作权人造成实质性的商业影响。”[⑤]

就判定使用行为是否合法的“三步检验法”规则而言，国际公约的创设实属无奈之举。由于著作财产权的具体限制情形在各成员国之间无法达成一致意见，公约只能寄期望于各成员国依各自特定的公共政策目的，对这一递进式的抽象规则来作出解释。换言之，各国设置哪些具体限制情形，仍主要由各成员国来发挥自由裁量权。当然，各国对具体限制情形的列举式规定仍应符合国际上普遍

---

① See A & M Records, Inc. v. Napster, 239 F. 3d 1004, 1015 (9th Cir. 2001).

② See Arista Records, Inc. v. MP3Board, Inc., 2002 U. S. Dist. Lexis 16165, 39 (S. D. N. Y. Aug. 28, 2002).

③ See Harper & Rom, Publishers v. Nation Enterprises 471 U. S. 539, 562 (1985).

④ See Campbell v. Acuff-Rose Music, Inc., 510 U. S. 569, 579 (1994).

⑤ Jessica Litman. Frontiers of Intellectual Property: Lawful Personal Use[J]. 85. Tex. L. Rev. 1871, 2007.

接受的习惯性共识，但这些列举式规定主要还是由各国对经济（财产权保护）、文化（推动大众文化参与和文化繁荣）、人权（表达自由、鼓励学习、隐私保护）等综合因素考察后所作出来的公共政策选择。可见，国际公约创设的"三步检验法"是一种开放式的规则，本应用来给各国作为设立具体限制情形的"开放式"衡量标准。有必要澄清的是，欧盟《2001/29/EC 号指令》第 5 条的"例外与限制"设计，是在已详细列举成员国可以设置的权利限制情形的基础上，再补充规定"三步检验法"的判断规则。指令列举的这些具体限制情形，是在全面考虑各成员国政策需求的基础上所达成的一致意见。所以，"三步检验法"规则在指令中的意义就和《伯尔尼公约》等国际公约的作用一样，旨在明确各国可以依自身公共政策目的而行使自由裁量权，在指令列举的具体限制清单中作出适当的选择。然而，"三步检验法"被部分大陆法系国家纳入著作权限制制度之后，非但没有使列举式的"封闭"限制制度更加"开放"，反而使原有的具体限制情形受到严重排挤。例如，法国为了贯彻欧盟协调指令的精神，将"三步检验法"规则纳入著作财产权限制制度当中，却造成了适得其反的立法效果，使原本"封闭"的权利限制体系非但没有"开放"，反而愈发"闭合"。仅以《法国知识产权法典》涉及"个人使用"的 L. 122-5 条来说明问题。法国在 2006 年著作权法修改中将"三步检验法"规则纳入 L. 122-5 条款当中作为补充，① 这就使文本涉及"个人使用"作为著作权限制的原本内涵发生了变化，换言之，当裁判者认为个人使用行为不符合"三步检验法"规则时，就可以排除个人使用在权利限制方面的可适用性。当"三步检验法"规则作为个案考察中的判断标准时，裁判者很可能会采用市场利益损害的定量分析方法，从而对使用者作

① 《法国知识产权法典》L. 122－5 条第（9）款规定："本条所列例外情形不得影响作品的正常使用，亦不得不当损害作者的正当权益。"参见《十二国著作权法》，《十二国著作权法》翻译组译，清华大学出版社 2011 年版，第 71 页。

出不利的裁判结果。这就导致原本作为权利限制情形的个人使用受到了著作财产权的反限制和挤压，进而被“三步检验法”规则完全抽空。举个例子，甲对作品的个人使用行为只要符合原先条款的反限制性条件，就应被视为当然免责的合理行为，然而随着“三步检验法”规则的补充性适用，甲对作品的个人使用行为就得由法官依据自由裁量权来对“是否与作品的正常利用相冲突”“是否不合理地损害权利人的合法利益”作出判断，这就使列举式的权利限制制度设计失去了作为确立著作财产权边界的意义。可见，“三步检验法”规则用在具体权利限制情形中会和它在国际公约及《欧盟协调指令》中作为权利限制制度设计之“开放式”衡量依据的作用不同，它使原本“封闭”但合法的各类限制规定必须历经“三步检验法”规则的检验才能确定是否合法，进而抽空著作权限制制度的存在价值，变得更加“闭合”，这将导致使用者如同美国版权法遇到的困境一样，因立法的不可预见性而无所适从。①

（二）使用行为定性的“商业性”“公/私性”标准及价值判断补充

自著作权法产生伊始，人们一直尝试通过规范使用行为来确立著作财产权的保护边界，即寻找一种行之有效的权利作用“焦点”。虽然著作权（包括著作权内容、保护对象范围、权利保护期等）伴随传播技术的不断发展呈现扩张之势，但就财产性而言，使用行为的“商业性”和“公开性”（即“公”“私”区分）作为“合理使用”原则、“三步检验法”等使用行为定性及价值判断基准仍具有重要的补充和参考作用。

所谓“商业性”，强调著作权法规制的使用行为主要是以营利

① 针对抽象模糊的合理使用原则，劳伦斯·莱斯格将之讽刺为“使用者雇用律师的一项权利”，参见［美］劳伦斯·莱斯格：《免费文化：创意产业的未来》，王师译，中信出版社 2009 年版，第 287 页。

目的为主的商业利用行为。从历史轨迹看，著作权法主要根植于对出版业在行业竞争中产生的冲突的解决，并由此不断完善、发展。[①]对此，早期立法一直试图通过规制竞争者的商业利用行为来实现著作财产权的保护目的。[②] 有学者甚至认为，盗版行为“偷的并非是财产或其他对象”，而是“一种市场或具有商业潜能的利用开发可能性的客体”。[③] 使用行为是否具备“利用”作品的“营利性”目的构成侵权行为认定的“商业性”重要内涵之一，从《伯尔尼公约》规定的“三步检验法”规则来看，第二个步骤规定的使用行为“不与该作品的正常利用（normal exploitation）相冲突”，亦可以理解成上述含义。在对使用作品“以营利为目的”的“商业性”判断时，应限定为使用者通过使用作品而获取的直接经济利益，而排除不合理的间接收益适用。进言之，应对“商业性利用”和“娱乐性使用”进行合理区别，以避免“以营利为目的”的使用行为“商业性”内涵被过度泛化。[④] 在李特曼看来，美国第九巡回法院在 Napster 案中依据《反电子盗窃法》将未支付费用的个人使用行为（如数字下载）泛化为一种获取经济收益的“商业性”使用，带有市场利益至上的目的论色彩，超出了界定使用作品“以营利为目的”的“商业性”合理范畴。[⑤] 除此之外，使用行为的“商业性”还表现在“对著作权人作品进行利用开发的市场影响”方面，与使用行为的“公”“私”划分存在密切联系，同时也意味着“三步检验法”

---

① Jessica Litman. Revising Copyright Law for the Information Age. Or. L. Rev.，1996，(75).

② 如英国 1710 年《安妮女王法》仅授予作者“印制”（print）、“翻印”（reprint）图书的独占权；自 1790 年直至 1909 年这一百多年的历史中，美国版权法仅授予作者“印制”（print）、“翻印”（reprint）、“出版”（publish）、“销售”（vend）作品的独占权。

③ Christopher Lind. The Idea of Capitalism or the Capitalism of ideas? A Moral Critique of the Copyright Act. 7 Intellectual Property Journal，1991，(69).

④ Jessica Litman. Frontiers of Intellectual Property: Lawful Personal Use. 85 *Tex. L. Rev.* 1871, 2007.

⑤ See A & M Records，Inc. v. Napster，239 F. 3d 1004，1015 (9th Cir. 2001).

规则第三个步骤规定之“不致不合理地损害权利人的合法利益”的合理表述问题。实际上，法律规定的多数著作权限制情形对著作权人利用、开发作品产生的市场利益都会造成或多或少的消极影响，都对著作权人拥有的作品市场构成一定程度的消极影响。问题的关键在于，我们在著作权人的市场利益和推动社会福利的公共利益之间应如何实现公平正义的利益平衡与分配伦理，这就需要合理地界定使用行为对著作权人的作品市场构成的“商业性”影响。使用行为是否对作品市场构成“商业性”实质影响，应考察使用行为是否对著作权人的市场利益构成实质性破坏的竞争关系，同时审视使用行为对作品公共效用发挥的积极作用，如鼓励学习、实现表达自由以及推动公众文化参与等，都具有不容忽视的重要意义。例如个人使用，即使排除其在民主政治与表达自由领域的公共价值不谈，使用者是因为可以获取或接触作品才会去尝试消费，而一旦需要支付对价时，使用者很可能转向免费知识产品，根本不会考虑去消费。可见，认为每下载一次作品就会使著作权人的市场利益被替代一份的结论难以成立。总之，在使用行为“商业性”的“市场影响”认定方面，应强调使用行为对作品市场的“实质性破坏”和“轻微程度的间接性损减”之间的区别，既要给著作权人创作与传播作品提供合理的必要激励，同时也应充分考量使用者对作品的公共利益诉求。这就需要结合行为的使用“范围”——即使用行为的“公”“私”区分来综合考量。

就使用行为的“公”“私”划分而言，“公开性”是指著作权保护的是作品在市场中的传播流通利益，即向公众（公开）传播作品过程中产生的利益。在1888年的一个判例中，美国法官布鲁尔（Brewer）就阐释道：“版权的作用并非在于阻止已售书籍的任何合理使用行为……我们可以为了参考、学习、阅读的自由目的，借阅、复制并使用它……但大量复制这些书并转而投放到市场中，这样做将被视为侵犯版权。"[1] 据考，早在1876年《德国著作权法》的规定中就允许"对作品不构成商业目的的个人复制"，承认私人使用目的的自由使用。[2] 这一时期，德国法学界已形成个人使用免责的著作权法通说。1880年，德国当时的著名学者约瑟夫·科勒（Joseph Kohler）在其著作权法教程中就曾提出，"仅当复制品旨在或服务于将作品传播给他人时，才被复制专有权所涵盖"[3]，换言之，著作财产权保护作者的是防止他人未授权的传播行为，而非限制他人的个人"私域"使用。这一思路从各国立法对著作财产权内容的具体规定中也可以推知。可见，传统著作权法理论在谱系上一直遵循"无传播即无权利"的原则。如果将著作财产权大致分为有形利用权（复制权、发行权、展览权等）、无形再现权（表演权、放映权、广播权、信息网络传播权等）及演绎权（改编权、翻译权等）三大类，可以发现，这些著作财产权子权利都难以脱离著作财产权乃控制公开传播作品所产生利益的权利本质。总体而言，使用行为的"公""私"划分为确立著作财产权的边界提供了有力的判断依据。这种"公""私"划分并非指利益主体的公私划分，不指涉公权行为，而是对承担侵权责任之行为的描述，即区分该行为是私域行为抑或公开（向公众）实施的行为。传统理论主张著作财产权的支配客体以复制行为为基础。然而，随着数字互联网技术的不断发展，"复制"失去作为后续传播的预判功能，本身已难以成为判定侵权的合理依据。真正对著作权人的作品市场造成实质性影响的行为是"传播"，而非"复制"。如果说作品"复制"在数字环境下对著作权人利益构成"威胁"，那是因为不断发展的传播技术推动着使用者可以近乎零成本的方式实现对作品复制件的"完美"

---

① See Stover v. Lathrop [2], 22 F. 348, 349 (C. C. Colo. 1888).

② Natali Helberger, P. Bernt Hugenholtz. No Place Like Home for Making a Copy: Private Copying In European Copyright Law [12]. (http://ssrn.com/abstract = 1012305, 2007 - 09 - 05.)

③ Ibid.

复制，技术导致非法传播作品的侵权身份由传统意义上的行业竞争者转向大众化的使用者。是故，作为一项支配性财产权，著作权主要限制使用者“公开再现”作品的传播行为，而不应控制他人对作品的个人“私域”使用。有观点认为，互联网环境下的使用行为特性已经混淆了著作权法传统意义上的“公”“私”划分界线。例如，使用者在家庭等私域物理空间内就可以轻松地实施“公开/向公众”再现或提供作品的传播行为。所以，伴随数字网络技术的迅猛发展，使用行为传统意义上的“公”“私”区分性已浑为一体且失去作为价值判断的重要意义。[①] 这里要强调的是，互联网环境下对作品的使用应以其在互联网中的自身特性来区分使用行为的“公/私性”，而不能依据使用者所处的现实物理空间进行简单的认定。在前互联网时代的传播技术条件下，对使用行为的“公/私性”区分主要以使用者所处的现实物理空间（即使用行为是发生在家庭或类似家庭的私域空间内，抑或发生在向公众再现或提供作品的公开场所）来进行判断。而在互联网环境下，这种以使用者所处现实物理空间的区分标准已不尽合理，使用行为的“私域”界定应从实体环境强调“使用者所处的现实物理空间”转向使用者“身份上的密切联系”。通过设立著作权支配客体——使用行为的“公”“私”划分标准，著作权法可以为使用者自由接触信息提供了公众文化交流的必要空间。正因为传统著作权法仅规制公开性的商业利用行为，才使著作权法在发挥公众文化之自由交流作用的同时，能够实现个体私权与大众民主之间的利益平衡。所以，从著作权不保护什么的否定性视角来看，个人“私域”使用如同著作权保护什么（即公开性的商业利用行为）一样，发挥着划定著作权保护边界的权利作用“焦点”功效。通过保护著作权及其他相邻权益，著作权法的终极目的被预设成实现公众的表达自由，促进公众文化的自由交流，以

---

① Marybeth Peters. Copyright Enters the Public Domain. 51 J. Copyright Soc'y U. S. A., 718 2004.

最终实现文化事业的繁荣与信息互动。为了实现这个目的，著作权法就必须允许后续作者“站在巨人的肩膀上”，自由地从事衍生性创作行为。在这一过程中，对作品的个人“私域”使用（包括复制）则构成这种再创作关系的第一步。如果说著作权法旨在推动公众对知识的摄取和学习，那么，则势必承认使用行为“公”“私”区分的存在价值——某种意义上，个人“私域”使用发挥的正是信息接触自由与文化互动的重要作用。

应该看到，“商业性”与“公开性”（“公”“私”区分）的使用行为判断标准能有效解决“合理使用”原则与“三步检验法”的价值偏向与闭合困境，较好地实现对著作权人创作及投资付出的充分回报，有效激励、引生创作的“涟漪”效应，从而推动文化事业的进一步繁荣与发展；另一方面，这种判断标准得以贯彻著作权法的根本宗旨，即在文化繁荣的基础上通过为公众预留空间（即非公开或私人的领域），进一步促进人对知识信息的摄取和学习，实现公众文化的自由交流，以最终推动人的自身发展。最重要的是，这种支配客体（即使用行为）的定性与判断标准能为后续作品的再创作提供必要的给养，从而形成创作和文化事业在作者与后续作者之间、作者与公众之间的良性循环。而这些正是著作权法旨在实现的立法目的与政策内涵。

作者人格权：内在本质与功能建构的法理抉择*

熊文聪**

不要问我是谁，也不要请我保持原态，不少人无疑都像我一样，是为藏起自己的面孔而写作的。

——福柯①

一、著作权的体系之谜

不同国家对于著作权法选择了不同的制度建构方式。以英美为代表的版权体系国家历来把著作权视为一种财产，而包括发表权、署名权、保护作品完整权等在内的所谓作者“精神权利”（或称作

* 本文系国家社科基金重点项目“中国特色知识产权理论体系研究”（项目编号：11XNQ068）的阶段性成果。本文原载于《法制与社会发展》2012 年第 6 期。

** 作者简介：熊文聪，中央民族大学讲师，上海交通大学凯原法学院博士后，法学博士。

① 转引自［美］詹姆斯·米勒：《福柯的生死爱欲》，高毅译，上海人民出版社 2005 年版，第 17 页。

者人格权[①]）仅通过普通法等提供有限保护。[②] 以德法为代表的作者权体系国家则一般将作者人格权直接纳入著作权法，并存在著作权与作者人格权的一元模式（如德国）[③] 和二元模式（如法国）之别。[④] 中国现行《著作权法》第10条规定“著作权包括人身权和财产权”，但只有其中的财产权可许可他人使用和转让。立法模式的差异给人带来理解上的困惑：著作权到底是纯粹的财产权还是财产与人格“一体权”，抑或与财产权、人格权并列的第三种私权类型？

要想解答该逻辑困境，如学者所言“首先必须界定人格权与财产权的划分标准”。[⑤] 人格权与财产权的本质区别在于，前者具有“专属性”，而后者则不具有“专属性”。前者的专属性体现在：人格权的对象乃特定的人格要素，是完整人格的组成部分，绝不能永久地外在于主体。一旦分离，“人就不再为人，人的主体性难以为继。”[⑥] 该论断提示我们思考：作者人格权的对象是作品本身还是作品所体现的人格要素？依照一般民法理论，人格要素包括自由、尊严、情感及安全等，此类“无形之物”需要借助身体、肖像、姓名、作品及特定物品等可感知的“有形之物”才得以外化，但这些“有形之物”并非人格要素本身而仅仅是其载体。学者指出，在近

---

① 本文不采国内学界惯用的“著作人身权”称谓，因为就其内容而言，该权利不包括身份权；本文也不采“著作人格权”称谓，因为作为权利对象的“著作”（即作品），不可能具有人格。

② 如美国通过《兰哈姆法》第43（a）条、《州形象权法》、《州反不正当竞争法》、《州合同法》等对作者人格权提供法律救济，美国国会也于1990年通过《视觉艺术家权利法》（Visual Artists Rights Act），赋予视觉艺术作品的作者有限的署名权与保护作品完整权。这种保护模式可以概括为作者人格权保护的补丁主义。See Cyrill P. Rigamonti，the Conceptual Transformation of Moral Rights，Am. J. Comp. L. 67，2007，p. 76.

③ 德国对著作财产权与作者人格权规定相同的保护，并禁止著作权的转让。参见德国《著作权法》第29条第1款。

④ 法国允许著作财产权的转让，禁止转让作者人格权。参见法国《著作权法》L. 111 - 1条。

⑤ 李琛：“质疑知识产权之‘人格财产一体性’”，载《中国社会科学》2004年第2期。

⑥ 李琛：《论知识产权法的体系化》，北京大学出版社2005年版。

代和现代民法的发展中，人格权制度在很长时间未能在立法中正式确立，一方面重要原因就是财产权和人格权的混同，即人们只认识到个人意志自由和人格尊严的价值体现在对财产权的支配方面，[①]而未能把自由、尊严作为一种独立的权利对象。但也正因其“无形性”较为抽象，法哲学家们在论证人格权之正当性时巧妙地将其类推为“有体物”从而更容易让人接受。如黑格尔主张“人格权本质上就是物权”，“这里所谓物是指其一般意义的，即一般对自由说来是外在的那些东西，甚至包括我的身体生命在内”。[②] 将外在有形的载体（身体）直接等同于内在抽象的人格要素（自由）乃刻意为之，而并非认识上或语法上的错误，这实际上是古希腊思想家亚里士多德早已指出的，为说服他人而采用的政治修辞术而已。[③] 同样，作者人格权的对象不是作品，而是作者与其作品之间的联系，这一联系被古典主义哲学家解读为作品所反映的作者之思想、情感。如黑格尔认为：“艺术作品乃是把外界材料制成思想的形式，这种形式是那样一种物：它完全表现作者个人的独特性。”[④] 虽然当代哲学思潮（特别是后现代主义）早已否弃了这一观念，主张作品不但不反映作者的思想、情感，反而隐藏了作者的思想、情感，[⑤] 但无论如何，作者与作品间的联系是建基于作者（而非他人）创作了该作品这一客观事实之上。与此不同的是，著作权的对象却是作品本身，作品虽被界定为思想之表达，但绝非纯粹抽象的思想情感，而是自其创作完成之时即已脱离作者人身的符号化表达。基于这一独立性，针对作品的复制、传播及其利用并不会从根本上影响作者“人之为人所应有权利”。因此，依照“权利对象区分权利类型”之

---

① 王利明、杨立新：《人格权与新闻侵权》，中国方正出版社 1995 年版。

② ［德］黑格尔：《法哲学原理》，范扬、张企泰译，商务印书馆 1979 年版。

③ ［古希腊］亚里士多德：《修辞学》，罗念生译，三联书店 1991 年版，第 25 页；苏力：“修辞学的政法家门”，载《开放时代》2011 年第 2 期。

④ ［德］黑格尔：《法哲学原理》，范扬、张企泰译，商务印书馆 1979 年版。

⑤ 恰如本文题记所引福柯的话。

逻辑，[①] 著作权不可能是财产与人格的一体权，而只能是单纯的财产权；同理，作者人格权也不可能是著作权，虽然它被规定于著作权法之中。

其实，作者人格权的核心问题并不在于该体系构造上的澄清，而在于解答一个更为困惑的谜题，即为什么只有作者享有所谓作者人格权，而同为创造者的发明人却除了单纯的署名资格外，[②] 没有严格意义上的发明人人格权？抑或说，为什么作者权体系国家如此强调作者人格之重要，而版权体系国家却并不如此？近年来，针对社会生活中广泛存在的“捉刀代笔”现象，学界展开了热议，并有学者提出所谓的“署名权可转让”命题。本文拟就探讨此问题为引，进而揭示立法者创设“作者人格权”的法理根基。

二、署名权可否转让：法律的模糊地带

学界一般认为，署名旨在真实反映作品与作者之间不可割裂的“血缘”关系，该关系唯有作者与作品之间才可能发生，是其他人无法替代的，故包括署名权在内的作者人格权具有专属性，大部分情况下不可转让、继承和放弃。[③] 该理念在现行《著作权法》中也得到了认同。[④] 但在实际生活中，“代笔”交易几乎已成普遍现象。撇开部分为申评学位、职称而挂名造假从而违背职业伦理之情形，大多数“代笔”交易实际上发生于一般的委托创作合同之中，基于合同双方真实自愿的意思表示且于公序良俗无太大妨碍。在作品创

① 刘春田：“知识财产权辨析”，载《中国社会科学》2003 年第 4 期。

② 参见《专利法》第 17 条。

③ 刘春田：《知识产权法》，高等教育出版社、北京大学出版社 2007 年版。

④ 参见《著作权法》第 9 条第 2 款、第 11 条、第 19 条和第 20 条。

作完成之际，受托人将著作权移转给委托人，拿钱走人，并不介意作品之署名。

部分学者由此创造了所谓“署名权可以转让”概念，以支持这种普遍存在的社会现象。[①] 有学者甚至提出更上位的命题，即不仅署名权，连整体作者人格权都是可转让的。例如，何练红教授认为：“英国著作权法规定，禁止假冒署名权为作者死后延至20年，《伯尔尼公约》也规定，成员国给予著作人身权的保护不少于相应的经济权利保护期，而公约同时又规定经济权利的保护期不少于作者有生之年加死后50年，很明显，著作人身权的保护也是不少于作者有生之年加死后50年。那么，在作者死亡之后至著作人身权有效期届满前发表的一切作品，则有关的人身权利恰恰是与主体分离的，这也突破了人身权与主体密不可分的理论。”[②] 此观点的逻辑要害在于将法律概念上的主体等同于现身生活中的肉身。的确，作为肉身的任何人都会死但概念上他还“活着”。这种“活着”并非灵魂出窍死而复生，而是对他曾“真正存在过”的事实予以确认。奥地利哲学家恩斯特·马赫曾强调概念与事实的区分，指出虽然概念不是纯粹的词而是根植于事实，但人们必须谨防把概念和事实看做是等价的，把其中之一与另一混淆起来。因为如果如此，我们就把比较贫乏的、对特殊意图有帮助的东西与比较丰富的、实际上不可穷尽的东西等同了。[③] 比如，鲁迅虽然死了但他创作了小说《孔乙己》这一事实是不可改变、也没法改变的。立法者认为保持该事实真相有助于文化的稳定延续便加以认可，禁止他人随意破坏作品原貌（否则可能50年后中国人都弄不清谁是《孔乙己》的原作者）。同理，上述国外法不但不是否定作者人格权与作者不可分离，反而

---

① 柳励和：“论作品署名权的转让”，载《湖南科技大学学报》2009年第3期；梅卫东：“署名权转让的可行性研究”，载《前沿》2008年第10期。

② 何练红：“著作人身权转让之合理性研究”，载《法商研究》2001年第3期。

③ ［奥］恩斯特·马赫：《认识与谬误——探究心理学论纲》，李醒民译，商务印书馆2007年版。

是强调了作者与作品之间的客观联系，不仅在作者有生之年要认可，而且在其死后还要维护。当然，由于死亡事实，作者实际上不可能再享有任何权利，否则就违背了“自然人权利能力始于出生终于死亡”的民法原理。也就是说，严格意义上此时法律所要维护的并不是什么作者的权利，而是文化共同体共有的利益。但立法者如果解释自己是在维护整体文化共同体之共有利益，公众可能会很难理解，所以才代之以作者人格权可由继承人代为行使的修辞，这纯粹是出于省事便利的考虑。

其实，作者生前所谓的“自愿放弃署名”现象并不是中国独有，更不是近年来的新鲜事。波斯纳指出，从古代画家伦勃朗到现代政客希拉里，“捉刀代笔”作为一种文化常态古今皆有。他言明，这里没有受害者。“捉刀代笔”人获得了报酬，而且由于公众也没期待这帮人有什么原创性，因此也谈不上受到愚弄。在公共人物的情况中，重要的不是作者身份而是承诺。① 基于创作，作者与其作品之间产生了固定关联，这是不可改变的客观事实。但法律是否确认并维系这一事实进而在其之上设定权利或义务，却是价值取舍问题，亦即署名并非必须传达作者的真实信息。需不需要署名、署什么名、由谁署名、以及如何署名都是由特定情境决定的。中国自西周以来就有所谓“物勒工名”制度，即工匠须在自己制造的产品上刻上自己的名字。但这种署名并非私权的象征，而仅仅表示对该产品负责，一旦有质量问题可依此追查。② 当“捉刀人”（真实作者）在其作品中所体现的个性与风格尚未得到读者的认同和追捧时，其利益基础便远小于名义上的作者，因为这些名义上的作者一方面具有较大的市场认知度，另一方面也要承担更大的信誉保证及投资风险。故在这种利益权衡中，立法者显然倾向于保护后者，此时的创

---

① ［美］理查德·波斯纳：《论剽窃》，沈明译，北京大学出版社 2010 年版。

② 张中秋：“中国经济法律传统及其与社会盛衰之关联”，载《法学》2006 年第 10 期。

作事实便被有意忽略了。然而，随着社会需求的多样化和传播技术的发展，真正有创造力的写手从这种“图书包装”中独立出来而表明其作者身份，保持作品统一之风格会给其带来潜在的声誉和经济利益，此时，所谓“署名权”“保护作品完整权”就显得越来越重要，进而成为一项独立的私权。

追求个性化表达的文化需求提升了有创作实力的真实作者之地位，而署名就如同商标，是一种用来表明自己作品个性与价值的成本最低的方式。不仅如此，作者还可以根据自己创作的不同作品类型署以不同的名字，包括署真名、笔名、别名、艺名、甚至不署名。[①] 通过这一策略，作者迎合了不同读者/消费者的口味，创造了不同的收益来源，同时又避免了在特定作品上署真名的麻烦。鲁迅（原名周树人）有上百个笔名，同时他又在小说中挖掘出许多与笔名相关的创作元素，如鲁镇、咸亨酒店等，这些元素在不同作品中反复出现仿佛成为了鲁迅的特征和标记。人们看到这些标记马上就会想到鲁迅，想到鲁迅也会自然联想到这些元素。[②] 这恰如福柯所言，作者的名字是功能性的，它可用做一种分类的方式，名字可以把许多文本聚集在一起，从而把它们与其他文本区分开来。[③] 而一旦真实作者赢得了市场认同，他就会与名义作者争夺署名资格。而立法者此时就必须重新考量：当真实作者之利益高于名义作者，前者就应优先得到保护，此时尊重创作事实便又被拾起来，成为论证这一价值判断正当性的修辞。可见，与其他权利一样，作者人格权也是价值取舍的结果，虽然它立足于创作这一客观事实之上，但事

---

① 作为一种营销手段，英国著名的《经济学人》（Economist）杂志上发表的文章均不署名，该惯例坚持了160年，为杂志增添了几分神秘色彩。见 http://www.trends.com.cn/article/a/0-118479.htm，访问时间：2012年10月12日。

② 袁国兴：“隐身与遮蔽：‘笔名’对发生期中国现代文学质地的影响”，载《文学评论》2009年第3期。

③ ［法］米歇尔·福柯：“作者是什么？”，逢真译，见王逢振、盛宁、李自修：《最新西方文论选》，漓江出版社1991年版。

实却往往充当为价值判断进行说理与解释的角色。这也验证了法学作为人文社会科学的逻辑规律。

法国学者迪尔凯姆精确地把握了社会学方法的特殊之处，曾指出，对于一件事，须待观察、描述和比较后才能了解的，人们往往只用思想去分析和综合。对于必须用实际的科学考察才能掌握的事物，人们往往只进行意识形态分析。并不是说，这种分析方法完全排除了实际观察，只是这种方法往往思想在先事实在后，而引证事实只不过是为了证明人们预先得到的观念或者结论，并非想把事实放在首位来研究。在这种方法中，事实仅仅是作为思想验证的东西而不是科学的对象，人们用观念估量事物而不是用事实归结出观念。[①] 当然，即使在个性化需求极度高涨的今天，也并不意味着所有的真实作者都能获得市场认同。虽然法律已"一刀切"地赋予所有作者无须再作论证的署名权，但对于一位名不见经传的写手而言，署不署名对他意义不大，还不如由他人署名而多得一份报酬。但此时，名义作者并没有因真实作者不署名而消除其法律风险——真实作者完全可能事后变卦，主张自己放弃署名的意思表示因违背法律规定而无效。这就给法官出了一道难题，即是严格遵照法律的明确规定，还是维护建立在自愿基础上的契约精神？这完全是价值取舍问题：肯定署名权不可放弃不仅保护了作者的声誉及口碑，更保证了文化信息的安稳传承；[②] 而肯定署名权可放弃则不仅捍卫了"禁反言"的诚信原则，更维护了市场交易的有序畅达。也正是由于作者权体系国家与版权体系国家所追求的价值取向不同，才导致

---

① ［法］埃米尔·迪尔凯姆：《社会学方法的规则》，胡伟译，华夏出版社 1999 年版。

② 有学者指出，保护署名有助于作品的管理、检索与诠释。See Lionel Bently & Brad Sherman, *Intellectual Property Law*, Oxford University Press, 2001, p. 236.

了其在权利创设及保护程度上的差异。[①] 中国现行《著作权法》第17条规定，委托人和受托人可以通过合同约定委托创作作品的著作权归属，由此似乎可以推知署名权是可以放弃并转让的，但第10条第3款又明确规定，只有著作财产权可以全部或部分转让。立法的前后不一使得判断这种事后变卦的正当性变得高度不确定。

三、权利建构：对心理偏好的遵从

从署名权延伸至整体作者人格权，我们会发现，包括发表权、署名权、保护作品完整权等全部作者人格权均是建立在同一事实基础之上，即不同作品间的差异是作者的智力贡献。相反，因为没有产生差异，进行重复劳动的制造者便不可能对其产品享有人格权。这就解释了为什么"炼钢工人在自己炼出的钢锭上打上自己的姓名了吗？如果没有，为什么臭知识分子要在他的作品上享有署名权呢？"[②] 这一疑问。但一项技术方案同作品一样也是差异性表达，其发明人却为何没能同作者一样享有完整的人格权呢？其原因便在于作品与技术方案存在功能上的差别。作品大多是为了满足人的审美需求，而技术方案则在于描述一项具有实用功能的技术。人在欣赏

---

① 如在英国，依其1988年版权法第87条之规定，作者人格权可以书面方式放弃，合同具有约束力，作者受禁反言规则制约而不能反悔。美国《视觉艺术家权利法》［17 U. S. C. § 106A（e）（1）（1994）］也规定作者人格权不可让与，但可放弃。但在作者权体系国家，对于不署名或署作者之外的名字，法院通常将其解释为署名权的消极行使，而不能解释为署名权的放弃，更不能推定放弃，且作者可以单方予以撤销，在任何时间披露作者身份。参见梁志文："著作人格权制度的比较研究"，载《电子知识产权》2010年第9期。

② 这句中国文化大革命时期红卫兵式的口号，经常被国外学者所引用，以反映中国特定时期的知识产权保护水平及观念。参见［美］白瑞："知识产权法"，见王晨光、张宪初主编：《中国法律导论》，Sweet & Maxwell出版社1997年版，第526页。

作品时总是希望作品原貌得以保持，也总是希望获悉作者的真实身份，进而通过了解作者的创作意图及生平轶事来探寻作品的意义。而技术在大多数人看来就是工具、器物，是为解决生产生活实践中的难题而存在的，人们不太关心技术的发明人是谁，也不关心技术能否长期保持其原貌。因此，赋予作家、艺术家“作者人格权”满足了人的心理需求，维持了文化的生息繁衍；相反，创设所谓“发明人人格权”，不但与人的思维天性不符，反而可能阻碍技术的发展更新。可见，创设什么样的权利，创设多大的权利，均与公众的心理偏好密切相关。

英国学者丹尼尔·列托指出：“人类学家普遍认为强大的认知能力使人类能够掌握深奥的真理、使用工具、狩猎、解决社会问题等等。但是这些活动并没有完全占据我们的大脑。大多数的书籍、歌曲、画作是虚幻的，它们所展示的世界也是虚假的，然而我们却对它们记忆犹新并乐于探讨……似乎，我们总是固执地从非实用性的角度来选择文化主角。”[①] 正是为了满足人的这种难以捉摸的情感偏好，法律才如此强调作者人格的重要。其实，与其他权利一样，作者人格权也是选定的或建构的。建构作者人格权的目的是为了满足读者的心理需求和文化的安稳传承，而不是为了尊重作者创作了作品的事实（虽然它是事实不假）或维护所谓的作者精神利益（虽然附带产生了此效果）。

试想，如果“作品体现了作者本人的思想与情感”这一颇具浪漫色彩的命题为“真”,[②] 公众只有通过署名来获悉作者的真实意图，那作者就只能署真名，而不能署假名、笔名、艺名乃至不署名，署名俨然成为一项义务而非权利。从一项“真”命题却推出与

① ［英］丹尼尔·列托：《崩溃边缘——发疯、创造力和人类的天性》，冯正直译，重庆出版社 2010 年版。

② 该理念“受德国哲学家康德、费希特、黑格尔等人思想之影响而产生，配合 19 世纪德国民法上人格权论之展开而大盛”。参见张静：《新著作权法释论》，台湾中华征信所 1998 年版，第 55 页。

其主张自相矛盾的结论，恰恰说明，作为一套修辞术，用维护作者精神利益来解释作者人格权之正当性，是把“果”说成“因”，但也只有这样才能达到说服公众的目的。同样，为了论证著作权法也保护所谓“读者权”,[①] 即公众对既有作品合理使用的权利，后现代主义理念也扮演了相同的修辞角色。法国学者罗兰·巴特便在题为《作者的死亡》的文章中指出，法律、理性、科学、上帝等概念就其所主张的客观的解释意义而言，都是对文本的威胁，对读者的威胁，读者的诞生应以作者的死亡为代价。[②] 该观点时尚新潮振聋发聩，恰恰符合当下的文化情势，即过于强调著作权或作者人格权会给数字及网络环境下大量、频繁复制、模仿或挪用既有作品的创作生态造成巨大的阻碍。由此可见，无论是浪漫主义哲学观念抑或后现代主义文艺思潮，给出的都不是关于真假的事实命题，而是关于应否的价值命题，即发挥着说服他人相信与取舍之功用。不难理解，自然法学说的真正用心是为了便于人们理解权利之建构，而不是试图告诉人们某种真理，虽然它似把自己“假扮”成某种真理，而很多学者却没能看清此点，一味对所谓自然法的“可证伪性”耿耿于怀。

简言之，作者人格权的建构是功能性的，既满足了公众的审美意趣，又维系了文化的安稳传承。但如果过于强化这一权利又会对作品的利用及信息的开放带来负面影响。试想，作者若不同意发表作品，那任何人都不可能从作品中获益（无论是物质上还是精神上）。同理，如果作者决定不署名（虽然这是他的权利），也将影响读者的识别和市场的流通。而艺术家行使保持作品完整权及撤回权也会干扰物权的行使及艺术品的交易秩序。如 2003 年的“赤壁之战壁画”案,[③] 原告（壁画的作者）诉称被告（壁画原件的物权

① 裘安曼：“著作权法也是读者权法”，载《中国版权》2008 年第 5 期。

② 汪安民：《罗兰·巴特》，湖南教育出版社 1999 年版。

③ 湖北省高级人民法院（2003）鄂民三终字第 18 号民事判决书。

人）未经许可私自拆毁壁画，侵犯了其保持作品完整权。法院最终判决原告败诉并认为："被告没有法定和约定的义务在拆毁《赤壁之战》壁画原件前必须履行告知或协商的义务。"没有约定确属事实，但是否也没有法定义务？义务的对应面是权利，如果任何事情都要约定，那保护作品完整权这一"法定权利"就形同虚设。而在法国的一起案件中，法院则判决被告虽为冰箱的所有权人，但私自拆卸冰箱侵犯了原告冰箱外壁油画的保持作品完整权。[①] 类似案情之所以会得出截然相反的结果，乃基于法官不同的价值取向。

同样，作者人格权之保护期不受限制也可能引发难缠的法律纠纷。假设某一作品因其著作权已过保护期而进入公有领域，但其署名权并未同时消失。美国就曾发生过这样一起真实的案件：大名鼎鼎的作家马克·吐温（原名 Samuel Clemens）向法院起诉，声称一家出版公司以"马克·吐温"为名将其已进入公有领域的作品汇编出版，淡化了商标的识别力。[②] 在美国，署名问题一直作为商标假冒来处理。[③] 而承办案件的法官似乎忘记了商标法原理，仅在公有领域所维系的公共利益与商标（署名）所承载的私有权利之间作艰难取舍，其说理未免牵强。其实，按照"商标是指代商品的标志"这一基本概念，就能很好地解决该问题：既然作品已进入公有领域就变成"公共品"而不再是商品，皮之不存，毛将焉附？作品之上的署名也就自然不再是商标，况且被告之行为并非虚假陈述，而仅仅是未经其许可，使用了"马克·吐温"之名而已。该案件如果发生在中国则可能很难解决。因为中国的法官在处理侵犯署名权纠纷

---

① John Henry Merryman. The Refrigerator of Bernard Buffet. Hastings L. J. , 1976. (27).

② Clemens v. Belford, Clark & Co. , 14 F. 728 (C. C. N. D. Ill. 1883). 按照美国1790年的版权法，作品最长保护期为28年，自出版之日起算，故可能出现作者仍在世，而作品却已进入公有领域之情况。

③ 《兰哈姆法》（即美国联邦商标法）第43条（a）款规定：禁止对商品或服务来源作虚假陈述。

时不太可能借用商标法原理，且中国的著作权法又明确规定署名权的保护期不受限制。[①] 立法者在此似乎混淆了事实命题与价值命题。诚然，作品与作者之间的客观联系是不可改变的事实，但权利的期限却是价值取舍问题，并不一定要永远坚持某一客观事实。但立法者在别处似乎又区分了事实命题与价值命题。如《著作权法实施条例》第 17 条规定，作者生前未发表的作品，如果作者未明确表示不发表，作者死亡后 50 年内，其发表权可由继承人或者受遗赠人行使。这种将作者意思不明状态推定为作者同意发表，正是基于尽可能促进作品传播从而满足公众需要之价值考量，而与之相比，作者的真实意图是什么反倒显得并不是那么重要。

其实，任何权利的创设及其边界都是价值取舍的产物。作者人格权保护无期限虽然可以使读者尽可能接触到作品原貌，但读者又希望在既有作品上加以演绎和续造。试想，在人类浩瀚久远的文化长河中又有多少未经任何改动的文艺作品？是尽量维系作品的原貌还是允许对其的适度改变？2010 年电影《千里走单骑》侵犯“安顺地戏”署名权一案就体现了这种两难。原告贵州省安顺市文化局称电影《千里走单骑》中的地戏演员、面具、演出剧目、音乐等均来自安顺。但导演在影片中却用“云南面具戏”指称这一艺术形式，在影片本身及影片发布会等公开场合都未表明该戏剧的真实来源。安顺地戏属我国民间文艺的一种表现形式，依现行《著作权法》第 6 条规定“民间文学艺术作品的著作权保护办法由国务院另行规定”，但国务院一直没有出台相关规定，而 2011 年全国人大常委会通过并生效的《非物质文化遗产法》却适用本案。一审法院也的确参照《非物质文化遗产法》第 5 条“使用非物质文化遗产，应当尊重其形式和内涵。禁止以歪曲、贬损等方式使用非物质文化遗产”，其判决书认为，影片《千里走单骑》使用安顺地戏片断虽根据剧情称为云南面具戏，但被告在主观上并无侵害非物质文化遗产

---

① 参见《著作权法》第 20 条。

的故意和过失，从整体情况看也未对安顺地戏产生法律禁止的歪曲、贬损或者误导混淆的负面效果。故对原告的诉讼请求不予支持。[①] 但法院却似乎有意忽视了其第 4 条之规定——“保护非物质文化遗产，应当注重其真实性、整体性和传承性，有利于增强中华民族的文化认同，有利于维护国家统一和民族团结，有利于促进社会和谐和可持续发展”。保持非物质文化遗产“真实性、整体性与传承性”与对其“形式与内涵进行开发利用”间的冲突在本案中凸显出来。实际上，法院在两者间作出了取舍，其判决书认为，被告将真实存在的安顺地戏作为一种文艺创作素材用在影片《千里走单骑》作品中，但被告在具体使用时就戏剧表演的配器及舞台形式加以一定的改动，使之表现形式符合电影创作的需要更加丰富与感人，并为了烘托影片反映的大环境与背景，将其称为在现实中并不存在的云南面具戏。此种演绎拍摄手法符合电影创作的规律，有别于不得虚构的新闻纪录片。[②] 过于强调非物质文化遗产的真实性可能干涉艺术再创作之自由。但法院又似乎不愿冒风险地以本案为例为自由利用非物质文化遗产大开方便之门。判决书中有段极罕见的表述：“本院也愿意提醒作为电影事业从业者的被告，今后更应当增强对我国著作权法和新颁布的《中华人民共和国非物质文化遗产法》的学习运用，谨慎从业，尽可能预防和避免民事纠纷的发生。”[③] 法官艰难取舍谨慎论证的心态可见一斑。此案恰恰说明，任何权利的构建都不可能只是单纯尊重某一事实的产物，而只可能是在不同利益诉求间进行价值取舍的结果。一旦作出了价值取舍，立法者或法官就会刻意强调一些事实而忽视另一些事实，并把其价值取舍通过修辞隐藏在事实表述之后，让人觉得这种取舍是理所当然的。可见，在客观事实与法律事实之间存在着人为拣选的过程。但

① 北京市西城区人民法院民事判决书（2010）西民初字第 2606 号。

② 同上。

③ 同上。

拣选不等于捏造。有学者认为，作者身份不是固有的事实而是人为的发明，即某人从写手（writer）转变为作者（author）是与作品利用的私有化历史相伴随的。[①] 这一见解为强调权利的建构性而彻底否定了创作这一事实之存在。

实际上，尽管“作者”概念不是从来就有的，但从古至今的任何作品都是人而非神的创造的，也都是有肉身与思维的个体而非某种组织机构的创造。古代人把圣经典籍视为神的创造，人只是抄写者或传播者，是因为这样一种隐喻性修辞符合当时的历史条件，能最大限度地保持这些作品不被任意篡改，满足人们追求纯粹和权威的心理需求；现代人强调作品是某人的创造是为了鼓励社会涌现丰富多彩的文化产品，从而满足人们追求个性与差异的心理需求。因此，变的不是作品或作者而是公众的心理偏好。正是在18世纪，随着资本主义中产阶级阅读量的上升，形成了广阔的文化产品市场，作者才得以摆脱赞助体制的约束与出版商团结起来，并通过他们在议会中的代言人确立了近代意义上的著作权。但作为价值取舍结果的法律规范，对“作品是由个体创作的”这一事实的尊重并不是一以贯之的，历史上不是现在也不是。“法人作品”这一概念就“违心”地认为：作为组织体的法人也有创作的思想与意志，从而可被视为作者取得著作权。这同样是维系价值取舍正当性的修辞术。

四、拟制：将法人“视为”作者背后的价值考量

法人作品是作者人格权与实际创作者相分离的三类作品中最具

---

① Martha Woodmansee，The Genius and the Copyright：Economic and Legal Conditions of the Emergence of the“Author”，Eighteenth Century Studies. 1984. 转引自李雨峰：“从写者到作者”，载《政法论坛》2006年第6期。

特色的一种，其他两类为职务作品与视听作品。法人作品的出现完全和创作的完成过程、复杂度及成本发生质的变化相关。以往单靠个人独立完成一部作品即可以满足阅读需求，此时将著作权归属创作者个人，可以在最大化地激励创作的同时使得交易成本最小化，因为由个体享有权利，信息最为简单透明，从而在证明权利归属上效率最高。但随着社会发展，单单由个人按部就班地创作一部作品的进度已不能满足不断增长的阅读需求。此时就必须有分工与协作，一本书可能分几章由数位作者同时创作，而电影、录音及现代的多媒体数码作品等则更是由于技术复杂、思想多元而需要更多人的共同参与。此时，界定最终作品中的哪一部分是由谁独自创作，就变得极其困难。与此同时，尽管投资商可以通过合同受让权利，但多次单个交易殊为不便且易引发纠纷。相反，如果将这些分散的细节归属于单一主体，则信息识别的成本就节省下来，且通过损益自担的方式给予其最大的物质激励，这与以往将著作权归属作者个人的价值成效是完全一样的。可见，法律无非是模仿市场之手，将产权界定给最能有效利用该财产资源的一方。[①] 因此，在创作生态已经发生质的变化之情形下，立法者为了追求交易成本最小化，必须作出与“将私权赋予实际创作者”这一理念相左的评判。但为了不显露这种已经改变的价值取向，立法者便巧妙地采用拟制的方法将投资商“视为”作者，从而保证了整体法律制度看上去仍是统一的逻辑体系，同时又顺应了文化产业发展的时代需求。[②] 不难发现，这种把作者身份赋予投资商而非实际创作者的做法与“捉刀代笔”如出一辙，都是遵循惯例之有意安排。经济学家指出，社会中的惯例与习俗能够比许多正式制度的成本更低地获得交易的诚信，能够

① ［美］波斯纳：《法律理论的前沿》，武欣、凌斌译，中国政法大学出版社 2003 年版。

② Catherine L. Fisk. Authors at Work: The Origins of the Work-for-hire Doctrine. Yale J. L. & Human, 2003, (15).

获得一种帕累托改进，能够为人们提供诸如“能够如何，可以如何，应该如何”等指导。[①] 立法者之所以应遵从惯例也是因为法乃实践理性，它应当永远与交易成本最低的行为模式保持一致。可见，著作权法对“创造源自个体”事实的尊重是半心半意的，[②] 当习俗改变时，法律就会悄然改变它既有的价值取向。

有论者认为，只有英美法系版权法才可能一般性地视法人为作者，是因为英美法系传统上将作品视为纯粹财产。英美法系的学者们从未将版权视为天赋人权。[③] 该表述存在三点疑问：其一，约翰·洛克在《人类理解论》（1689）中就曾主张所有的知识都来自人的感官作用于自然时的感觉，而没有神的作用。而爱德华·扬格则沿用洛克的知识论，主张认识源自于独特头脑的思维活动，个体人格取代上帝成为知识的神圣源泉。这些观念很快在欧洲大陆流传开来，直接推动了著作权乃天赋人权思想的形成。[④] 而洛克和扬格均来自版权体系开端的英国。其二，作品不是财产（著作权）而仅仅是财产（著作权）的对象。即使其想表达的意思是版权体系国家将著作权视为纯粹的财产，而非财产与人格一体权，这一观念也不可能是视法人为作者的原因。因为视法人为作者仅关涉将初始产权归属于哪方更有效率这一价值命题，而与“著作权是否包含作者人格权”的逻辑问题毫无牵连。其三，该论者似乎想表达，作者权体系国家之所以没有将法人视为作者是因为这些国家秉持了著作权包含作者人格权之观念，因此不可能将著作权直接归属法人，但其又举了一些反例，如西班牙、意大利等作者权体系国家及欧共体便作

---

① 段钢：《寻觅图像世界的密码》，上海人民出版社2008年版。

② Lionel Bently, Brad Sherman. *Intellectual Property Law*. Oxford: Oxford University Press, 2001.

③ 王迁：“论‘法人作品’规定重构”，载《法学论坛》2007年第6期。

④ ［美］赫茜：“知识产权的兴起：一个前途未卜的观念”，金海军译，见刘春田：《中国知识产权评论（第三卷）》，商务印书馆2008年版。

了如此规定。[①] 不难发现，正是由于未充分理解视法人为作者之真意，才导致该论述难以自圆其说。故此，我们有必要重新审视“视法人为作者”这一法律拟制的真实用意。

从语言学上看，拟制就是虚构、说假话。法谚有云：“拟制反于真实，但代替真实。”[②] 这种“与真实不符”的表述是蓄意的，其目的就在于为说服他人而隐藏自己的价值判断。法谚又云：“衡平之所向，法律拟制之。”[③] 英国法律史学家梅因曾指出：“在普通法适用时，一条完整的拟制可能会包含四方面的要素：真实事实、当前规则、虚拟事实和目标规则。”[④] 法官基于政策考量需要回避当前规则就会将真实事实“假说”为虚拟事实，从而使得目标规则予以适用。由于法人作品的价值取向与居于著作权法的核心地位的浪漫主义作者观相背离，为了避免与之发生直接冲突并俭省说理的麻烦，最佳的策略就是将法人这种组织体虚拟为会思考、会创作的“真人”。可见，我们把事物“看成”是什么并不等于事物本身是什么。

区别于现实生活，一种法律概念往往潜藏着价值取向。但人们时常忽略了此点，以为法律概念仅仅是在描述客观事实而已。美国大法官卡多佐提醒说，法律概念应从属于正义与便利，这一观点并无新奇之处，尽管它像许多古老的道理一样时时需要重申。[⑤] 有学者从研究“法人作品”概念出发，得出结论说“保护创作者和激励创作只是支撑著作权制度正当性的符号性表达，著作权法的真正目的是保护作者中的投资者”，[⑥] 即偏颇地认为法律制度中只可能有一

① 王迁：“论‘法人作品’规定重构”，载《法学论坛》2007年第6期。

② 郑玉波：《法谚（一）》，法律出版社2007年版。

③ 刘风景：“‘视为’的法理与创制”，载《中外法学》2010年第2期。

④ [英]梅因：《古代法》，沈景一译，商务印书馆1996年版。

⑤ [美]卡多佐：《法律的成长 法律科学的悖论》，董炯、彭冰译，中国法制出版社2002年版。

⑥ 熊琦：“著作权法中投资者视为作者的制度安排”，载《法学》2010年第9期。

种价值取向。但事实并非如此，在文化市场上，创作者与投资商既相互依存又相互对立，而著作权法正是通过确立权利之归属及其边界来平衡两者间的利益纠葛。试想，如果著作权法的唯一目的是为了保护投资商，那就把所有情形下的初始产权都归属投资商好了，又何必节外生枝地规定“作品一经完成其创作者即享有著作权”，从而允许创作者可以与投资商谈判，在收益中分得一杯羹？也有学者认为将“法人视为作者”规则纳入我国的著作权法会导致无法自圆其说的体系混乱。① 但正如前文所指明的，基于不同的社会需求，著作权法要面对多种迥然不同、甚至是相互冲突的利益，但这并不是什么大问题，利益冲突是法律产生及发展的诱因。没有冲突，法律便没有必要存在。比利时学者佩雷尔曼曾言：“在法律和道德中存在有大量的矛盾之处”，② 其实是一句大白话。规则的严整统一并不是法律的全部，只有在同一价值取向之内才要求规则间的逻辑一致；相反，承载不同价值的概念、规则之间根本不需要相互一致，此时讲“体系”反而会导致无法自圆其说的逻辑混乱。由法人享有初始权利和由作者享有初始权利完全是两种对立的价值，又怎么可能归于同一“体系”？我们应该真正理解“法律体系”概念本身，它绝不是指某一法律部门内的所有概念、规则都是以一种价值取向贯彻始终。相反，恰如德国法学家考夫曼所言，“精确的法律认识，法律的可计算性，根本不曾有过而且将来也不会有。它永远只是一种乌托邦。因此，也没有任何封闭的‘公理式的’法律体系，而只有一种开放的‘集合论点式的’体系。”③

---

① 王迁：“论‘法人作品’规定重构”，载《法学论坛》2007 年第 6 期。

② ［比利时］佩雷尔曼：“逻辑学与修辞学”，许毅力译，载《世界哲学》1988 年第 4 期。

③ ［德］亚图·考夫曼：《类推与“事物本质”——兼论类型理论》，吴从周译，学林文化事业有限公司 1999 年版。

结　语

作者人格权与实际创作者相分离这种看似矛盾的规则提醒我们：法律概念上的“作者”并不需要与现实生活中的“作者”完全保持一致，法律不是对现实的简单描摹。当将著作权及其作者人格权赋予实际创作者可以让产权更加明晰时，立法者就尊重“个体创作”这一事实，并以“作品体现了作者个人的思想与情感”为修辞来论证这一界权的正当性。同理，当将初始权利赋予投资商更符合交易成本最低原则时，立法者就尊重“物质投入与风险承担”这一事实，并以“法人同自然人一样能够进行思考与创作”为修辞来隐藏其已悄然改变的价值取向。这种“摇摆不定”彰显了法的人文本性。美国法理学家比克斯强调，法律理论的建构不同于物理、化学、生物等自然科学理论的建构。法律是人类创造的，它服务于人类的目标，并要求人的参与。因此，理解社会过程（包括法律）将不同于理解纯粹物理的、化学的或生物的过程。① 也正是由于没能认识到此点才导致作者权体系国家（特别是秉持“一元论”的德国）之法条过于僵化，难以适应现实之变化。德国学者就此批评道：“出于思想上的原因（著作权是保护作者的权利）以及法律体系教条的原因（与作者人格权的人格联系），现行著作权法忽略了著作物制作人（即投资商，引者注）的利益并且制造了一种与专利权相比所无法解释的差异，而且还制造了在劳动成果权利归属方面的特殊情况。”②

---

① Brain Bix. *Jurisprudence*: *Theory and Context* (4th). London: Sweet & Maxwell, 2006.

② ［德］M. 雷炳德：《著作权法》，张恩民译，法律出版社 2005 年版。

透过对作者人格权的法理解读不难发现，权利虽立基于某一客观事实，但它的存在却是功能性的，即为了满足公众的特定需求。也正由于需求是多样的有时甚至是对立的，包括作者人格权在内的任何权利才均是有边界的而非绝对的。关于作者人格权的效力、期限及可否放弃可否转让等争议，其实质均是在探讨权利之边界。但这一边界到底划在哪里合适？立法者并没有给出明确的回答，这就给法官的自由裁量留出了空间，他们需发现个案之特定情境中那一相对的道德共识。恰如奥地利学者 Wilburg 所言，所谓法律学是追求在解决具体问题时什么符合此时此刻的正义问题的学问。[1]

---

① ［日］山本敬三："民法中的动态系统论——有关法律评价及方法的结论性考察"，解亘译，见梁慧星：《民商法论丛（第23卷）》，金桥文化出版有限公司2002年版。

回到外观设计保护制度的起点

——从 GUI 的保护谈起

李小武*

引　　子

我国的《专利法》（2008）第 2 条第三款规定：外观设计，是指对产品的形状、图案或者其结合以及色彩与形状、图案的结合所作出的富有美感并适于工业应用的新设计。

根据全国人大常委会法制工作委员会对专利法这一条的解释，外观设计应该：

（1）是以工业产品为载体；

（2）其组成应该是产品的形状，产品的图案，或者其结合，或者它们与色彩的组合；

（3）适用于工业应用并能批量生产；

* 作者简介：李小武，清华大学法学院讲师。

（4）是一种富有美感的新的设计方案。[1]

从这样一个描述看，电子产品的图形用户界面（Graphic User Interface，简称GUI），尤其是与电子产品特定功能相结合，为吸引用户而设计，通电之后才在产品上显示的具有美感的计算机图标、操作平台的布局等，似乎也可以成为外观设计保护的客体。

不过，依据《审查指南》2006年版的规定，这些客体被当然地排除在外观设计的保护范围之外，国家专利局给出的解释是："产品通电后才能显示的图案不是产品外观固有的图案，该图案的设计不属于产品外观设计的固有部分，不符合专利法实施细则第二条第三款的规定[2]"。

这一解释当然有其不合理之处。所谓保护的应该是产品的"固有"的图案，以及外观设计的"固有"部分，并非专利法中的措辞。即使认为专利局有权对专利法进行解释，何谓"固有"也值得商榷。任何电子产品，都有通电时和断电时两种状态。断电时的外观属于产品的"固有"的外观没有疑义，但通电后在使用过程中始终保持固定形态的外观为何不是其"固有"图案，却有些费解。例如，假定一种灯管由于外形独特而被授子外观设计，这灯在通电之后会发出某种颜色的灯光，此灯光颜色与原灯管的结合为何不可构成外观设计保护的客体？为何不能认为通电时的外观和断电时的外观都是其"固有"的？

评判何为外观设计保护的客体，何为"固有"，应该为外观设计的立法目的服务。如果这个评判与外观设计的立法目的相悖理，就值得反省。本文从GUI保护引发的问题着手，首先从国际立法与国内立法——尤其是我国第三次专利法修正，分析我国外观设计保

---

① 全国人大常委会法制工作委员会：《〈中华人民共和国专利法〉解释及实用指南》，中国民主法制出版社2009年版，第6~8页。

② 参见国家知识产权局专利局审查业务管理部：《审查指南修词导读2006》（第二版），知识产权出版社2006年版，第92页。需要注意的是，2006年《专利审查指南》是依据2001年专利法制定的规则。

护的立法目的。本文认为我国国内的立法方向与国际上的立法精神有所偏离。因而，即便抛开GUI的保护问题不谈，对于外观设计保护的整体进行反思和宏观构思也是必要的。

一、外观设计的立法目的

为何要确立外观设计的保护制度？外观设计要保护什么？可以从国际公约或者国际条约中的相关规定中正本清源。以此对照，可以反观我国的外观设计立法是否有所偏离。

（一）国际公约中的相关规定

知识产权最早具有奠基意义的两个国际公约，即1883年的《巴黎公约》和1886年的《伯尔尼公约》中并没有关于外观设计的规定，在很大程度上是因为当时外观设计并没有进入立法者的视野。《巴黎公约》关心的是商业标识和实用的产业发明的保护，而《伯尔尼公约》关心的是具有独创性的作品的保护。立法者当时并没有想到可能有兼具两者特性的交叉性的客体的产生。1925年《海牙公约》[①] 的出现，标志着外观设计的保护问题开始受到国际重视。但这一公约主要是为了便利外观设计的程序申请，并没有提供任何实体规定。

对外观设计保护的尝试最早体现在《伯尔尼公约》中。1948

---

① See The Hague Arrangement on the International Deposit of Industrial Designs or Models, November 6, 1925.

年，《伯尔尼公约》成员国在布鲁塞尔会议上将实用艺术作品①作为单独的一类作品列入公约的保护对象。这一规定体现在公约第2条第1款中。公约的规定将实用艺术品的最低年限规定为25年，同时指出，如果该客体在成员国受到有关平面设计或者立体设计的特殊保护则依该规定受到对等程度的保护，但如果没有这样的规定，则至少应该按照版权法的规定，进行为期至少25年的版权保护。②

从实用艺术作品的定义看，其和外观设计保护的客体基本相同。立法者显然也没有进行区分的意图，公约承认一些国家可以不提供版权保护而是特殊保护，并且将保护该类客体的方法交由各国自行规定的做法是对各国保护现状的承认。

《巴黎公约》从工业产权保护的角度在进行同样的努力，《巴黎公约》第5条之五明确规定："工业产品外观设计在本联盟所有国际均应得到保护。"这是1958年在里斯本修订《巴黎公约》时的新增条款。当时的议案雄心勃勃，不仅包括各国保护外观设计的义务，还包括外观设计的定义、有关评价其新颖性的规则以及最低限度保护期限的规定。但除了第一项，当时的后三项都没有通过。③这些立法权都保留在各国，说明当时各国难以达成一致。《巴黎公约指南》中还指出，这一条规定成员国有义务保护外观设计，但并

---

① 世界知识产权组织对实用艺术作品的定义为："适用作为实用物品的艺术作品，无论是手工艺品还是按工业规模制作的作品。"参见世界知识产权组织编：《著作权与邻接权法律术语汇编》，刘波林译，北京大学出版社2007年版，第9页。

② 参见《伯尔尼公约》第7条第4款规定："作为艺术作品保护的实用艺术作品的保护期限由本同盟各成员国的法律规定，但这一期限不应少于自该作品完成之后算起的25年。"第2条第7款规定，在遵守本公约第7条第4款之规定的前提下，本同盟各成员国得通过国内立法规定其法律在何种程度上适用于实用艺术作品以及工业品平面和立体设计，以及此种作品和平面与立体设计受保护的条件。在起源国仅仅作为平面与立体设计受到保护的作品，在本同盟其他成员国只享受各该国给予平面和立体的那种专门保护；但如果在该国并不给予这种专门保护，则这些作品将作为艺术作品受到保护。

③ ［奥］博登浩森：《保护工业产权巴黎公约指南》（英文附录文本），汤宗舜、段瑞林译，中国人民大学出版社2003年版，第86页。亦可参见 Daniel Gervais，The TRIPS Agreemet：Drafting History and Analysis，London，Sweet&Maxwell，2003，p. 212 。

没有要求如何实现这样的保护。因此，成员国可以以特殊的外观设计的立法来完成义务，也可以通过既有的版权法或者反不正当竞争法提供保护来完成义务。

近40年之后出台的Trips第25、26条给予了更为详细的指引，[①]从表面上看，对于外观设计的保护有所加强。然而，仔细看条文，仍然没有规定外观设计的定义，以及外观设计的新颖性的评价。至于保护年限，倒是有了一个最低不少于10年的要求。

外观设计一词首先出现在巴黎公约中，似乎说明其更类似于商标权或者专利权一类的工业产权。但从Trips的条文看，外观设计的保护更接近于版权保护。虽然没有给出外观设计的定义，但第25条第一款将需要保护的外观设计加上了“新（new）的或者独创（original）的”限定，还指出“各国可以规定这样的保护不应延及主要由技术因素或者功能因素构成的设计”。而第26条第二款的规定与伯尔尼公约中的“三步检验法”几乎如出一辙。郑成思先生在对Trips相关条文的解读过程中也认为外观设计是“工业版权”的第一个保护对象，[②] 并列举法国和英国的经验，指出在外观设计和版权之间划出清晰的界限的尝试是徒劳的。[③] 1998年出台的《欧盟外观设计保护指令》与Trips的精神比较吻合，其体现出来的“外观设计的工业产品载体本身不重要，重要的是外观设计本身”与版权保护的理念相一致。

因此，尽管国际公约或者条约中把外观设计的定义，以及如何保护这一问题交给了各个成员国，但结合《巴黎公约指南》中对第5条之五的解释是各国可以“用版权或者不正当竞争法”对工业外观设计进行保护，和Trips对于外观设计保护的理解，以及最初的实

---

① Trips协议第25条第一款规定“对独立创作的，具有新颖性或原创性的工业品外观设计，全体成员均应保护”；第26条第3款规定“可享有的保护期不低于10年”。

② 郑成思：《WTO知识产权协议逐条讲解》，中国方正出版社2001年版，第99页。

③ 同上书，第9～100页。

用艺术作品列入版权保护范畴，可以看出，国际上最初的工业外观设计的保护，是版权在工业领域的延伸。这一保护是在传统的版权之外，对美感可能不如传统客体那么强的体现在工业产品上的外观，提供类似版权的保护。

以版权方法进行保护，看起来很简单。但真正的问题在于，伯尔尼公约当时规定版权的保护期限是作者生前及死后50周年，显然没有考虑到外观设计这类客体。尽管给予作者生前及死后50周年的保护期限是否合理可以商榷，但毕竟是各成员国多年协调后的共识。[①] 但对于可以广泛应用的外观设计，即便其可以达到作品的高度，在制作成本与商业应用上与传统作品差别巨大，且与当初国际立法初衷不符，其是否应该得到那么长的保护期限则存在争议。实用艺术作品最终在《伯尔尼公约》中的保护期限规定为25年，已经很能说明问题。

这一理解是重要的，因为在外观设计保护什么以及参照何种知识产权进行保护的问题上，它提供了最基本的指引。

（二）我国的外观设计立法初衷

我国的外观设计保护制度的建立是和专利法的诞生联系在一起的。而专利法的诞生又与改革开放紧密相连。[②]

在我国第一部专利法诞生之前，围绕着是否要进行专利立法有

---

① 关于版权的保护期限，可能正确的方法是根据不同的客体而给予不同的规定，而在《伯尔尼公约》制定过程中没有时间仔细讨论这个问题。但公约中对摄影作品和影视作品不同的保护期限的规定，说明了客体不同，保护期限应该有所不同。See Sam Ric; ketson & Jane C. Ginsburg, luternational copyright and neigbouriug rights: the Berne Convention uud beyond, Volume I, Oxford University Press 2006 (2nd edition), pp. 526 – 5578.

② 赵元果编著：《中国专利法的孕育与诞生》，知识产权出版社2003年版，第13～56页。

过长期的探讨。专利法甚至一度有夭折的可能。[①] 支持者和反对者都认为引进先进的科学技术是必要的和紧迫的，但是否需要通过建立专利制度来达到这一目的则各执一词。在当时的背景之下，立法者更关注的是发明专利能否在我国得到引进和运用，实用新型乃至外观设计都不是关注的重点。为我国专利法的立法提出过积极建议和帮助的时任 WIPO 总干事，匈牙利籍美国人鲍格青博士，甚至建议当时我国暂缓外观设计立法。因为在他看来，外观设计立法没有必要和专利法立法必然联系在一起。[②] 这位外国专家如此看待外观设计，更遑论刚开始接触外国这一制度的我国专家。如果不是专利局上海分局的积极建议，认为我国的产品外观设计在一些产品上有优势，值得在专利法中写入外观设计保护的话，外观设计可能不会写入专利法中。在改革开放之后的近 20 年里，甚至在 1984 年第一部专利法明确把保护客体延伸到外观设计之上，产业界与学术界对于外观设计的保护也不太重视。只是在 2008 年的第三次修正过程中，外观设计的修改才成为亮点。

这一迟到的重视主要源于，在经过多年的探索之后，我国有关发明专利的主要问题已经得到有效解决，不论是程序问题还是实体问题的规定都是在世界标准的基础上进行了一些符合我国国情的修正；此外，不容忽视的是，外观设计专利在申请数量上较发明专利的增长还要迅猛，引起了官方的高度重视。从国家专利局的现有年度统计数据看，从 1985 年开始，到 2010 年，增幅最快的是外观设计的申请量。1985 年的外观设计在申请数量上与发明专利根本不是一个量级，但国内申请量在 1997 年就开始超过发明专利的国内申请量，而申请总量在 2007 年也开始超过发明专利。耐人寻味的是，外

---

① 第一任专利局局长武衡在退休之际，对专利法的立法任务被搁置深感不安，再度上书中央恳请推动专利法的立法工作。赵元果编著：《中国专利法的孕育与诞生》，知识产权出版社 2003 年版，第 174～175 页。

② 赵元果编著：《中国专利法的孕育与诞生》，知识产权出版社 2003 年版，第 28 页。

观设计的国外申请量一直低于发明专利的国外申请量，这似乎意味着我国的外观设计的保护不太受国际欢迎。[①] 在提高专利质量的大背景之下，提高外观设计的质量成为一个必然的选择。

（三）2008 年专利法的修正

尽管第三次专利法的修正有多处，但围绕外观设计保护的修正无疑是其中很重要的组成部分。

一些修正旨在提高外观设计的保护门槛。例如，根据新的《专利法》第 22 条第 2 款，之前判定外观设计的使用的相对新颖性标准提高为绝对新颖性标准；根据第 23 条第 2 款，外观设计增加了独创性的判定标准，在审查标准上与发明专利等趋同；根据第 25 条第 6 款，还把“对平面印刷品的图案、色彩或者二者的结合作出的主要起标识作用的设计”排除在外观设计专利授权之外。

另一些修正则旨在强化了外观设计权人的权利。例如，新的《专利法》第 11 条第 2 款赋予了权利人禁止许诺销售的权利；而根据第 27 条和第 59 条的规定，外观设计的简要说明成为申请文书中必需的一部分，且可以用于解释外观设计的权利内容。

专利法的第三次修正目的明确。但是，体现在我国专利法制度下的外观设计保护制度，如果说最初仅仅是因为偶然而进入专利法体系之下，而这么多年来也没有充分研究和重视的话，那么，现在遽然要求提高其质量可能会陷入“眼高手低”的境地。本文以下将聚焦 2008 年的外观设计保护制度的修改，以此反思我国现行制度可能的偏离。

---

① SIPO 官方网站数据，参见 http：//www. sipo. gov. cn/tjxx/，最后访问时间：2012 年 5 月。

二、对外观设计保护的反思质疑 2008 年的修正

（一）外观设计的“创造性”

2008 年修正的《专利法》第 23 条第 2 款规定：授予专利权的外观设计与现有设计或者现有设计特征的组合相比，应当具有明显区别。法工委这一款被解释成为外观设计应该具有创造性。并指出：创造性的对比对象包括：①现有设计；②现有设计特征的组合。而所谓“明显区别”，是指不相同或者不相近似，不会引起社会公众的误认。为了进一步阐述，法工委解释说：“满足下列条件之一的，属于有明显区别：1）产品的用途和功能与现有设计不相同或者不相近似。相同的设计，用在不同的产品时，不应认为是相同的外观设计。2）产品的设计的形状、图案或者其结合以及色彩与形状、图案或者其结合以及色彩与形状、图案的结合与现有设计相比，不相同或者不相近似。”①

创造性，又称“非显而易见性”（Non obviousness），是发明或者实用新型的授予条件之一，是实质审查中对技术特征的要求。

将外观设计的区别性也称为创造性，似乎统一了专利法中发明、实用新型和外观设计的审查标准，还间接证明了这三种客体在专利法下的合理性。但是，立法者似乎忘了，除了美国和我国外，外观设计放在专利法下的国家寥寥无几。而且，我国在 20 世纪 80 年代的专利法立法之初，外观设计并不是专利法考虑保护的对象。我国专利法草案的最初两稿都没有外观设计的内容，后来在第三稿

① 全国人大常委会法制工作委员会：《〈中华人民共和国专利法〉解释及实用指南》，中国民主法制出版社 2009 年版，第 53 页。

以后才加入了外观设计和实用新型。到了 1984 年第 22 稿的时候，仍然有不少意见认为应该分别立法。不过最终是因为希望一次性通过三种专利，所以在立法上合在一起。① 从根本属性上讲，外观设计和发明专利、实用新型是不同的，前者注重的是工业产品外观的美感以及吸引力，后两者注重的是技术功能的提高。其审查标准的统一非但不是进步，可能还会引发谬误。

也许会有人说，美国的外观设计标准与发明专利的审查标准统一，而且均包括创造性。发达国家走了这么多年的道路以后才总结出来的经验，怎么会有问题？美国的现行规定确实如此。《美国专利法》第 171 条规定“关于实质审查的标准同样适用于外观设计”。② 但考察美国的历史，美国的这样一种安排同样属于偶然，而且，这样的一种安排随着历史的演进现在遭到了巨大的挑战。③

美国专利法在 1790 就已经产生④，但条文简洁，根本没有创造性的要求。⑤ 最早的 184 年的美国外观设计法也没有创造性的要求。美国关于专利法的创造性或者说非显而易见性的见解最初来源于 1851 年的司法审判。⑥ 这时已经是美国外观设计最初立法之后多年。

---

① 赵元果编著：《中国专利法的孕育与诞生》，知识产权出版社 2003 年版，第三部分。

② 美国现行的《专利法》中，第 16 章抬头为外观设计，下含第 171 条、第 172 条、第 173 条共 3 条。第 171 条为整体的“外观设计专利”条款，该条规定：任何产品的新的、原创性的和装饰性的外观设计的发明人，可以依据本法的条件和要求获得专利。除非另有规定，有关发明专利的条款，也适用于外观设计专利。所以发明专利的创造性也是美国外观设计审查的标准。

③ See Janice M. Mueller&Daniel Harris Bream，Overcoming the ‘Impossible Issue’ of Nonobviousness in Design Patents，99 Kentucky Law Journal 419，pp. 448 – 452.

④ See Martin J. Adelman&Randall R. Rader，et，Ca，se. s and Materials ou Patent Law，1998 by West Group，p. 13.

⑤ “1790 年专利法较为简短，仅包括七个条文。第一条规定专利授予的程序和条件：……专利授予的条件要求发明足够适用和重要，且前人从未知晓或适用。”参见黄海峰：《知识产权的话语与现实——版权、专利、商标史论》，华中科技大学出版社 2011 年版，第 173 页。

⑥ See Hotchkiss v. Greenwood，52 U. S. 248，265 – 266（1851）.

而且，从立法目的来看，创造性或者非显而易见性应该是实用专利的判定标准，与外观设计专利的评判无关。实用专利涉及的是技术问题的解决，其判定标准是该领域的一般技术人员标准，多少有“专家”的色彩。但是，由于1842年美国已经把外观设计与实用专利都放在专利法下保护，实用专利的保护方法和评判标准，尤其是创造性的评判不可避免地影响到外观设计领域。

这种影响，从美国司法裁判中就外观设计侵权判定是否应该采取“新颖点测试（Points of Novelty Test）”的摇摆中可见一斑。新颖点测试来源于美国的司法实践。主要意思是说，在判定侵权的过程中，如果被告并没有盗用外观设计，专利权人就有别于在先设计所体现出来的新颖点的话，就不可能构成侵权。美国联邦法院在1984年的Litton案①中称：“不管两个设计看起来多么相似，要确定专利权人的外观设计专利是否被侵权，涉嫌侵权的外观设计必须盗用了该专利有别于其在先设计的新颖点。就是说，虽然法庭是从普通观察者的眼光来比较两个外观设计，但是，如果要认定侵权，必须归结于外观设计专利有别于在先设计的新颖点上的相似，这个‘新颖点测试’仅仅在侵权判定中适用。”②

“新颖点测试”貌似科学合理，实际上是对“整体外观相似”判定的修正。是在普通观察者标准的基础上，又人为掺杂了外观设计者专业人士的标准。其指引一个法庭在进行比较的时候，重点是外观设计专利局部的新颖之处，而不是整体的外观形象。这显然是实用专利的技术创新点标准在外观设计领域中的移植。到了2008年，联邦法院在Egyptian Goddes案③中终于发现这样一种移植可能导致的荒谬，宣布废除“新颖点测试”标准。该案涉及的工业产品是四边形柱体的修甲器，其与在先的三角形柱体的修甲器的外观设

① See Litton Systems Inc v. Whirlpool Corp, 728 F. 2d 1423 (Fed. Cir. 1984).

② Litton Systems Inc v. Whirlpool Corp, 728 F. 2d 1423, 1444 (Fed. Cir. 1984).

③ See Egyptian Goddess, Inc. v. Swisa, Inc., 543 F. 3d 665 (Fed. Cir. 2008).

计无本质区别，仅仅是增加了一边，从而横截面变为四角形而非三角形而已。按照“新颖点测试”标准，该专利与在先设计没有新颖点区别，从而不可能被侵权。为解决这一荒谬的结果，法庭在判决中指出：“‘新颖点测试’不应该在侵权分析中使用，‘普通观察者’标准应该成为授权外观设计专利是否被侵权的惟一标准”[①] 这是对美国早期的 Gorham 案所确立的普通观察者标准的回归。尽管如此，不同的法院仍然对“新颖点测试”持不同的观点。在新近的 Titan 轮胎公司案[②]中，法庭认为回答 KSR 案件中的教导原则能否适用在外观设计专利上的时机已经成熟。[③] 这是在拷问实用专利领域的标准能否向外观设计专利标准拓展。在更近的 Int'l Seaway 案[④]中，法官竭力地想调和外观设计的创造性与实用专利领域创造性判定的不同，试图采取一个双重标准来确定外观设计的侵权。即首先通过普通设计者的标准来确定可比对的在先设计，当这个在先设计被确定以后，就应该以普通观察者的身份来进行比对，从而确定是否具有创造性。[⑤]

当然，不管是从普通观察者的角度，还是一般设计者的角度，对外观设计进行创造性的评判都是仁者见仁，智者见智，主观性很强。[⑥] 但是，从外观设计吸引消费者群体的最终目的来看，普通观察者观察标准不说是最重要，也至少应占据一席之地。

在外观设计侵权的根本性问题上，也即对于外观设计的创造性的理解的摇摆不定，导致美国的外观设计保护处于一种极其不确定

---

① Egyptian Goddess, Inc. v. Swisa, Inc., 543 F. 3d 678 (Fed. Cir. 2008).

② See Titan Tire Corp. v. Case New Holland Inc., 566 F. 3d 1372 (Fed. Cir. 2009).

③ See Titan Tire Corp. v. Case New Holland Inc., 566 F. 3d 1372, 1384 (Fed. Cir. 2009).

④ See Int'l Seaway Trading Corp. v. Walgreens Corp., 589 F. 3d 1233 (Fed. Cir. 2009).

⑤ See Int'l Seaway Trading Corp. v. Walgreens Corp., 589 F. 3d 1233, 1240 (Fed. Cir. 2009).

⑥ See D. Chisum, Chisum nn Patents (2006) §23.03 [6]，转引自 Uma Suthersanen, De. sigu Law: European Uuiou and United States of America (2Edition), Sweet&Maxwell, 2010, p. 216.

的状态。这种司法困惑当然不可避免地会影响到对具体客体的保护。我国2008年修订的专利法中加进去所谓创造性的判定标准，未必是参考美国。但是美国的现在的司法困惑至少应该让我们反省，外观设计的创造性是否与发明或者实用新型专利中的创造性标准不同？

TRIPS第25条第1款涉及“区别性”的问题。该款第2句规定：“成员可以规定：非新颖或者非原创，系指某外观设计与已知设计或已知设计之组合特征相比，无明显区别。”① 很显然，中国的专利法规定是这一句话的反说，即TRIPS中说“没有明显区别可认为非新颖和独创”，而中国法律规定的是说“外观设计应该与在先设计有明显区别”。如果遵循TRIPS这一条文的理解，中国专利法里的“明显区别”仍然是指新颖性（New）或者说版权中的独创性（original）的判定标准，它在法工委的解释中何以成为了“创造性”，令人费解。

当然，TRIPS第25条第1款是一个建议性的条款，用的是“可以”一词。也就是说，成员不这样定义新颖性或者独创性，不这样考虑“明显区别”，也未尝不可。而我国将这一条关于新颖性或者独创性的见解，赋予“创造性”的意思。如果不把这个创造性作有别于发明专利的“创造性”的理解，就只能说这一解释刻意混同了版权领域的独创性与发明领域的创造性的区别。

由于国际上并没有外观设计的统一规定，美国将外观设计放在专利法之下，并且以专利法的标准来审查外观设计，这种探索固然有其价值，因为其为以近似专利的强保护方法来保护外观设计开辟了道路。

但是，像美国那样将外观设计当成发明专利那样来审查毕竟是少数。而且，美国的知识产权保护的一个突出的特点是专利保护与

① 英文原文为“Members may provide that designs are not new or original if they do not significantly differ from known designs or combinations of known design features”。

版权保护并不相互排斥。因此，尽管其在专利制度中对于外观设计的保护门槛较高，但其在版权领域中对于这类客体仍然可以提供较低标准的保护。尽管在历史上美国的版权法竭力想采用功能性标准，将单纯的只是为功能服务的外观排除在版权保护之外，但单纯的功能性的外观设计极其有限。为判定何种设计为单纯的功能性设计，从而排除在版权保护之外，美国的法官在司法实践中进行了长期的摸索。从最初的“物理分离”标准发展到现在的“观念分离”标准，尽管更为科学，但仍然无法摆脱法官的主观臆断。[①] 这表明，美国的对外观设计进行专利保护与版权保护的界限的划分是困难的。美国司法实践中多次肯定重叠保护的可能性，因而即便外观设计按照发明的创造性标准进行审核，也不会削弱其在版权领域中受保护的可能性。从美国外观设计保护的历史来看，外观设计授权最初没有所谓创造性的审查标准，而现在这种与发明专利保持一致的标准也在遭遇质疑。如果说，对于美国发明专利的保护方法或可效尤，那么，由于其创造性标准的争议，使得其不能提供有效的方法区分较高的专利标准下的外观设计和较低的版权标准下的外观设计，并且中国在外观设计重叠保护方面较为保守，美国的外观设计以专利为主的保护模式不值得我们借鉴。

（二）平面印刷品的外观不受外观设计保护

新修正的专利法把“对平面印刷品的图案、色彩或者二者的结合作出的主要起标识作用的设计”排除在外观设计专利授权之外。

这一立法的目的，按照全国人大法工委的解释，是强调“外观设计的保护对象，应当集中在产品本身的改进”。而专利法第 25 条第 1 款第 6 项所指的设计，主要功能在于将特定产品从同类产品中区分出来，对于产品本身的外观设计并无改进。而且，此类外观设

---

① See Eric Setlifh, Copyright and Industrial Design: An ‘Alternative Design’ Alternative, 30 Columbia Journal Law&The Arts 49, 2006 - 2007.

计的标识功能容易与著作权、商标权的区分功能重叠，为避免法律适用上的混乱，立法选择将这一类设计排除在保护之外。[①]

国家知识产权局的《专利审查指南》中对这一款的解读似乎有所不同，更多的似乎是想把保护的客体与商业标识相区别。指南中指出，根据这一款进行审查时主要采取三个步骤：

（1）判断使用外观设计的产品是否属于平面印刷品；

（2）判断该外观设计是否针对图案、色彩或者二者的结合而作出的；

（3）判断该外观设计是否主要起标识作用。[②]

如果上述三个问题的答案都是肯定的，那么该外观设计就应该排除在保护客体之外。

但是，为强调与上述审查方法无关，《专利审查指南》指出："壁纸、纺织品不属于本条款规定的对象"。[③] 这一规定，似乎是为了与国际上对纺织品的外观设计保护的义务性规定一致，[④] 但是在逻辑上与该款有冲突，为什么像壁纸、纺织品一类的产品就可以有例外呢？

国际上强调对于纺织品的外观设计的保护并不是偶然的。因为这是外观设计国际立法的一个主要动因。甚至在 1999 年通过的《国际外观设计注册海牙协定日内瓦文本》[⑤] 中，关于申请内容的第

---

① 全国人大常委会法制工作委员会：《〈中华人民共和国专利法〉解释及实用指南》，中国民主法制出版社 2009 年版，第 57 页。

② 国家知识产权局：《专利审查指南》，知识产权出版社 2010 年版，第 81 页。

③ 同上书，第 82 页。

④ 国际上当初的立法很大程度上与纺织品的保护有关，TRIPS 第 25 条第 1 款专门指出应保证纺织品外观设计的保护，其原因可能是纺织行业的商业可利用周期较短。如果获得外观设计的审批周期较长，则可能在事实上使得这类产品得不到很好的保护。see Daniel Gervais, The TRIPs Agreemet: Drafting History and Analysis, London, Sweet&Maxwell, 2003, p. 213.

⑤ Geneva Act of the Hague Agreement Concerning the International registration of Industrial Designs（1999）.

5 条第 1 款第 3 项明确规定："如果申请的外观设计属于二维设计而且要求延期审查，则必须提交产品样本。"这里并没有排除平面印刷品的外观设计保护。实际上，在我国的专利法立法之初，专利局上海分局所指出外观设计值得保护同样针对的是轻工、手工、纺织品这类工业产品。[①] 其实，无论是否属于平面印刷品，只要该产品符合工业产品的特性，就没有理由从外观设计的保护客体中排除出去。全国人大法工委解释中强调的"外观设计的保护对象，应当集中在产品本身的改进"没有问题。但产品本身的改进不是指产品在功能实现方面有什么提高，而是指产品本身在外观上更吸引人，为消费者所欢迎。至于这种外观是否起到识别作用，是产品使用过程中的副产品，它不应该影响对于外观设计本身的判断。而且，为什么这样的一类外观设计就降低了外观设计的整体质量，从而应该排除在保护范围之外？从外观设计更类似于版权保护的延伸这一角度来看，这个结论明显是错误的。这样一类客体可能更应该得到外观设计的保护，因为它在版权领域就已经受到了保护，更不用说与具体的工业产品作为载体结合而受到外观设计的保护了。

《专利法》第 25 条第 1 款第 6 项的潜台词，认为知识产权的多重保护可能产生法律适用上的混乱，这一思路可能本身存在问题。具有著作权的图形可以注册为商标，其可以受到著作权和商标权的双重保护，为什么不规定一旦注册为商标就只能受商标法的保护，以防止法律适用的混乱呢？平面印刷品的标识功能容易与著作权、商标权的区分功能重叠，那么立体产品的商业外观就不存在这种现象吗？重叠保护为什么从直观上就应该拒斥？可能的解释是中国的立法机关对于外观设计保护的客体与著作权、商标权保护的客体的分野还拿捏不准，但认为平面印刷品设计过于简单，理应从专利领域中分出去。问题在于，外观设计其实本来不应该是"专利"的一

---

① 赵元果编著：《中国专利法的孕育与诞生》，知识产权出版社 2003 年版，第 279～281 页。

部分，放在中国的专利法之下只是一个偶然。而且，《专利法》第25条第1款第6项的规定虽然排除了平面印刷品受著作权法、商标法、外观设计法同时适用的可能性，但是对立体设计的产品，外观设计保护与其他类型的知识产权的保护如何分野的问题就无暇顾及。而且，它也无力解释为什么实践中仍然要对毛毯、墙纸、桌布等产品的外观设计实施保护。也许不是偶然，欧盟在《外观设计保护指令》中就明确表示对外观设计的保护并不影响其在各成员国可能受到的版权保护。①

根据我国外观设计审查部门的统计，在2008年修法之前，平面印刷品产业进行外观设计申请的数量远远超过其他行业的申请。②进行这一修法的目的或许是希望减少这一领域里外观设计的申请，从而使得我国的专利不仅在量上，而且在质上处于全球领先。如果真的希望达到这一目的，可采取的办法有很多，比如把某些产业的外观设计申请单独统计。或者，不把外观设计视为专利，将我国的外观设计从专利统计中剥离出去。

（三）外观设计的“设计要点”

根据修正后的《专利法》第27条第1款，对外观设计的保护范围的解释，除了传统的照片或者图片外，还有有关该外观设计的简要说明文件。说明文件尽管“简要”，但根据该款规定，在申请中“应当”提交，这是当事人的一项义务。

依据《专利实施条例》第28条以及外观设计审查部门的理解，“简要说明主要是为了对图片或者照片所不能准确表达的内容进行补充说明，简要说明必须包含产品名称、产品用途、设计要点以及

---

① Directive 98/71/EC of the European Parliament and of the Council of 13 October 1998 on the Legal Protectionof Designs, Article 17.

② 这说法源自外观设计局的审查部门。笔者在2012年3月7日与外观设计局关于“中国外观设计保护的历史与现状”的座谈中得到证实。

指定一幅最能表明设计要点的图片或者照片。”①

关于设计要点，外观设计审查部门认为：“设计要点是指与现有设计相区别的产品的形状、图案及其结合，或者色彩与形状、图案的结合，或者部位。例如，如果产品的形状是一种新的设计，则可以写为‘设计要点在于产品的形状’；又如，一种纺织品的图案是新的，则可以写为‘设计要点在于主视图上的图案’；如果产品的某个部位的设计是新的，则可以写为设计要点在于该部位（的形状或者图案等等）。总之，设计要点主要体现产品外观设计的创新之处。应当注意的是，产品的外观设计必须通过图片或者照片来体现，设计要点不能对外观设计专利申请本身的形状、图案或者色彩等进行描述。”②

如果“设计要点”这样理解，那和美国司法实践中的“新颖点测试”有何区别？难道申请人清楚业内所有的在先设计？当事人整体上觉得其外观设计新颖，对产品消费起到了积极作用就可以了，为什么一定要列举出其创新之处呢？对设计人员来说局部有创新，但是对消费者而言整体上并没有本质差别的设计，难道应该属于外观设计保护的客体？

如果说美国因为外观设计包含在专利法之下，因而不得不考虑外观设计的创新性，也就是所谓的创新点的话，这种路径所导致的美国司法中的纠结也是明显的。放眼全球，追随美国做法的国家并不多。

《海牙协定》代表了各国在这一问题上最新近的妥协。《海牙协定》第5条专门规定申请的内容，该条第1款规定的国际申请的必

---

① 参见国家知识产权局：《外观设计审查部新修改的专利法实施后外观设计专利申请应注意的问题（一）》，载 http://www.Sipo.gov.cn/ztfg/zcjd/200911/t20091120-81740.html，最后访问时间：2012年5月20日。

② 参见国家知识产权局：《外观设计审查部新修改的专利法实施后外观设计专利申请应注意的问题（一）》，载 http://www.Sipo.gov.cn/ztfg/zcjd/200911/t20091120-81740.html，最后访问时间：2012年5月20日。

要内容包括：(1) 当事人申请国际注册的请求；(2) 申请人的必要信息；(3) 申请的外观设计的复制件，工业产品的复制品；(4) 外观设计的工业产品载体；(5) 指定保护国家；(6) 申请费用；(7) 其余事项。

其中没有“设计要点”。该条第2款规定，如果各国在其本国的外观设计专利申请中需要有如下一些材料的话，则应该书面通知国际知识产权组织总干事，这些材料包括：①申请的外观设计的创造者的身份；②关于复制品的简要说明或者所申请的外观设计的个性特征（characteristic Features）；③权利要求（a claim）

《海牙协定》是帮助各国进行外观设计的国际申请的程序性协定。为保证各国的参与，它尽量容纳各国的不同的外观设计制度。因此，包括欧盟外观设计保护的“个性特征”和美国的“权利要求”都包括在了第5条第2款。尽管如此，关于外观设计的“设计要点”的说明并不是申请中必不可少的内容。从条文的层次看，这是一种异常的、特殊的规定。这恰恰说明对外观设计的保护大都以版权保护为基准，尽管在此基础上针对外观设计的保护可以有所变化。

我国在外观设计申请中新增设计要点的要求，是对美国的专利保护模式的跟随。尽管如此，由于我国并不进行实质审查，在外观设计申请中也不实施延期公告制度，新增设计要点的要求可能不会实质影响权利范围。但设计要点对于行政审查人员的专利授权、以及法官的侵权判定多少具有指引的作用。这意味着在美国遭遇挑战的“新颖点测试”原则没有任何障碍地在我国登陆。而在申请过程中当事人为了“应付”申请要求而撰写的“设计要点”，最终可能影响到其权利的保护。

以上三个方面的变化，虽不能体现2008年对于外观设计保护的全部修正，但足以表明我国采用的是将外观设计保护更加专利化，而非更加版权化；更加美国化，而非欧盟化的方法。从表面上看，外观设计的门槛得到提高，但如果我国仍然只对外观设计进行形式审查，那么这样的方法只是“换汤不换药”。它帮助外观设计部门把一些它认为质量不高的外观设计排除在外观设计保护之外，但并没有解决美国与欧盟在实践中均面临的如何协调外观设计保护和版权保护之间的衔接与冲突的问题。典型的情况是，如果一个外观设计可以同时受到专利和版权的保护，那么当事人选择了专利保护是否意味着在保护期过后将放弃其版权的保护？或者，在当事人不进行外观设计申请时，其在某种工业产品上将该设计进行应用本身是否已经意味着其选择了外观设计的保护，从而其放弃了期限更长的版权保护？或者是外观设计保护始终要与具体产品结合，其在某一个产品为载体的外观设计的保护并不妨碍其可能的在其他的产品上选择进行版权保护？这些问题已涉及未注册外观设计是否可以保护，外观设计保护与版权保护重叠的可能性，保护期限的处理等。直面这些问题才是当务之急。

三、我国的现实问题与未来出路

上述提及的现实问题，在我国司法实践中已经出现。并且，我国的司法系统也尝试进行回应，但这种回应似乎有些步调凌乱。

（一）版权与外观设计的重叠保护

我国早年的案件并不拒斥专利与版权的双重保护，比如，在20世纪90年代末的英特莱格公司、乐高海外公司与东莞市乐趣玩具实业公司专利权、版权、不正当竞争纠纷案[①]及本世纪初的英特莱格

① 该案可以在“北大法宝”中查到，不过没有提供案号。从判决文书看诉讼于1997年提起。

公司诉可高（天津）玩具有限公司等侵犯实用艺术作品著作权案[①]中，判决的行文中并不觉得双重保护会产生问题。但是，最高人民法院在2003年7月的《关于处理专利侵权纠纷案件有关问题解决方案草稿（征求意见稿）》第8条中明确拒斥双重保护。[②] 尽管草案的这一规定没有最终成为司法解释，但是司法实践似乎是受到这一规定的影响，此后法庭的司法态度明显转变。典型的案例是深圳市王三茂食品油脂有限公司与深圳市福田区永隆商行著作权侵权纠纷及上诉案。[③] 该案中三茂公司对涉案的标贴作品既享有著作权，也曾经申请外观设计专利权而获核准。但在获得外观设计授权后，三茂公司未缴年费，导致该外观设计专利权失效。永隆商行恰恰是在三茂获得外观设计的麻油产品上使用同样的包装标贴。法庭认为，失效的专利已经进入共有领域，任何公众均可自由使用。三茂公司不能禁止他人在相同或类似的产品上使用相同或近似的外观设计。法庭还认为：三茂公司将版权客体申请并获得外观设计专利权，标志着对标贴的保护从"版权保护进入工业产权的保护"，永隆商行在该外观设计失效后的工业性使用也未侵犯三茂公司的著作权。

不过，这一判决并没有回答所有的疑问。如果永隆商行不是在麻油产品上使用标贴，是否会有不同的结果？三茂公司如果知道申请外观设计且被无效的事实对己不利，是否会刻意隐瞒这一证据？事实上，在这一判决之后，诸多兼具版权人与外观设计专利权人的原告对于侵权纠纷不再求助于专利权而是直接寻求版权的救济。比如无锡市海谊土艺雕刻公司与李嘉善著作权侵权纠纷上诉案，[④] 以

---

① 参见北京市高级人民法院民事判决书（2002）高民终字第279号。

② 原文为：第八十八条【外观设计不予双重保护】外观设计专利被终止或者保护期限届满后，他人将该外观设计作工业应用的，不构成对原外观设计专利权人任何权利的侵犯。

③ 参见深圳市中级人民法院（2004）深中法民三初字第670号民事判决书和广东省高级人民法院（2005）粤高法民三终字第236号民事判决书。

④ 参见江苏省高级人民法院（2007）苏民三终字第0115号民事判决书。

及广西博白新毅工艺品有限公司等与庞隆友著作权侵权纠纷上诉案。[①] 前者涉及的是宝石形状的印章手柄，后者涉及的是铁丝篮。仔细看前案事实会发现前者的外观设计在审判过程中保护期已过，如果意味着该外观设计进入公有领域的话，停止侵权的救济已经毫无意义，但被告和法庭都没有意识到这一点。而后案中，原告根本就没有主张其外观设计专利权。

同时取得版权和外观设计专利权不仅没有给当事人以便利，甚至还带来麻烦，也给法庭带来如何判决的疑惑。这就是时下我国司法实践的现状。2008 年专利法修正中明确“平面印刷品的外观不受外观设计保护”，至少在一定程度上帮助法庭回避了双重保护的诘问，因为这一规定排除了深圳王三茂案件的再次发生的可能。

然而，对外观设计提供类似版权化的保护，是国际立法的初衷。欧盟与美国在外观设计保护上的经验也表明，试图在外观设计保护与版权保护之间划出一条界限是徒劳的。欧盟外观设计指令中体现的主要精神就是提供版权化的保护。而且，由于外观设计的工业实用的特点，欧盟认为对于外观设计给予完全的版权的保护期限可能对产业不利，因而其将保护期限缩短至最多 25 年。而且是 5 年一期，由当事人选择最多续展 5 期。[②] 对于未注册但已经投入市场的外观设计则提供三年的临时保护。[③] 美国则另辟蹊径，以专利保护为主，兼以版权法和商标法对外观设计实施共同保护。不管是对外观设计提供特殊的单独法保护还是专利法保护，欧盟和美国都不排斥对同一客体的版权法的重叠保护。

---

① 参见广西壮族自治区高级人民法院（2007）桂民三终字第 62 号民事判决书。

② See Council Regulation（EC）No 6/2002 of 12 December 2001，Article 12.

③ Council Regulation（EC）No 6/2002 of 12 December 2001 on Community designs，Article 11.

（二）排斥外观设计保护，实质是把问题推向版权领域

我国力图外观设计保护门槛提高，将一些可能被双重保护的客体排除在外观设计之外的做法，是回避问题的态度。其仅仅使得专利下保护的外观设计比较局限而已，并没有认清外观设计的保护本质上就是版权保护。在不能受到外观设计保护的情形下，设计者自然地会寻求版权的保护。我国的专利指南中明令规定产品通电后的用户界面（GUI）不受保护，但这并没有妨碍当事人寻求版权领域的保护。[①] 而且，在版权与外观设计的界限如此模糊的情形之下，是否能受到版权保护同样具有不确定性。版权独创性的标准的判定，与外观设计所谓的新颖性、区分性和美感的标准的判定，对于可以同时成为版权和外观设计的客体而言，很难看出区别。我国法庭在服装能否成为实用艺术品的判定上的不确定[②]，与当事人究竟选择外观设计还是版权保护模式其实没有关系。

而在 GUI 的保护问题上，我国即便规定 GUI 是通电状态下的图形不是产品的固有图形，从而不予保护。当事人如果需求版权法的保护，法庭仍然需要直面独创性问题。

在版权法看来，版权保护的客体，包括未使用时的产品外观，如果通电后的产品外观也具有艺术美感，同样会受到保护。就如同一张平面图受到版权保护，在其中又添置了新的元素之后，整体仍

① 李小武："我国电子产品用户界面（GUI）的外观设计保护的法律障碍"，载《电子知识产权》2012 年第 4 期。

② 参见华斯实业集团肃宁华斯裘革制品有限公司与无锡梦燕制衣有限公司等著作权侵权纠纷上诉案，河北省高级人民法院（2007）冀民三终字第 16 号民事判决书。这一案件一审认为原则上服装不能受著作权法保护，但二审将该观点推翻，认为服装可以认为是实用艺术作品，并且认为随着社会的发展进步，服装已经主要被认为是实用艺术作品。作为对照，可参见某公司诉某公司侵犯著作财产权纠纷案，上海市卢湾区人民法院（2010）卢民三（知）初字第 118 号民事判决书。这一案件讨论的是孕妇服装，法庭认为独创性不够，达不到实用艺术品的标准，因而拒绝保护。

受到版权保护一样。

如果承认外观设计保护的实质就是版权保护，很自然能推导出外观设计要保护的，不仅仅是处于非工作状态时的产品，也应该包括使用状态下的产品。而且，如果说外观设计保护的主要目的是为了激励外观设计者的创意，使得消费者在产品使用过程中获得设计者提供的美感的话，使用状态下的美感和未使用状态下的美感相比较，可能使用状态下的美感更为重要，因为外观设计不应影响产品的功能实现。

许多国家的司法判例与上述的理解一致。以英国为例，在英国的苹果公司诉外观设计注册局①一案中，法官 Jacob 指出产品是否通电并不重要。因为，并没有这样的规定，要求所保护的设计特征必须以产品购买时的产品状态来比对。② 这一认识在英国历史上早已有所体现。1978 年，英国注册登记机关否决了一个关于人造巧克力鸡蛋的外观设计申请，原因是该外观设计的特征：鸡蛋内层和外层的不同颜色的对比只有在鸡蛋打破后才能显示。英国法庭拒绝了这一解释，认为外观设计在工业品完成时可见就行，并不需要购买时可见③。1982 年，日本一家公司试图对数字手表表盘上两条平行线之间的声音和闹钟图像进行外观设计申请，英国注册登记机关认为该图像只能在通电之后才产生，而不是工业品完成时就存在，因此否决了其注册。英国法庭同样拒绝了这一解释，认为该案件和之前的巧克力鸡蛋案件一样，并不需要以购买时的形态来确定其保护的外观。④

因而，我国对于“通电后的产品用户界面不受外观设计保护”的现实回应，就是追问：这样的界面能受到版权的保护吗？

---

① See Apple Computer Incorporated v. Design Registry,［2002］E. C. D. R. 19

② See Apple Computer Incorporated v. Design Registry,［2002］E. C. D. R. 19 第 11 段。

③ See Ferrero's Application［1978］R. P. C. 473.

④ See Suwa Seikosha's Design Application［1982］R. P. C. 166

（三）我国应该汲取欧盟外观设计保护指令中的精华

我国现实的选择，是在向美国的专利化的外观设计保护模式靠拢。但与美国不同，我国并不对外观设计进行实质审查。在第三次专利法修正之前，我国多年来实施的是非实质审查制度，不要求设计要点的陈述，也不把所谓“创造性”作为授权标准。这恰与版权保护的模式吻合。且由于当事人与行政管理方的成本都较低，多年来催生了大量的外观设计申请。在一定程度上，我国过去的做法没有刻意寻求版权与外观设计保护之间的界限，可能是在无意中进行的正确选择。现在新增所谓“创造性”，且不说管理成本有所增加，就所谓的“创造性”的判定，无论是行政当局，还是司法当局，短期内根本无法形成统一规则。即使在美国，如上所述，创造性本身也成为质疑的对象。究其本质，将外观设计视为专利一族，且以发明专利类似的方式寻求保护本身可能就是问题。

欧盟的外观设计保护指令以及外观设计保护条例，是多年来协调各国立法的结果。其成效可以由两个方面的事实而佐证：

第一，就外观设计申请量而言，2010年，在全球知识产权五大局中，我国高居榜首，欧盟的内部市场协调局紧跟其后，而美国在这五大局中位于最后。就申请增长率而言，从2006年到2010年，同样也是我国居首，欧盟次之，美国最后。[①] 在外观设计申请上，我国的形式审查可能是数量剧增的一个重要原因，但欧盟的申请量剧增很大程度上应该是其立法先进的结果。

第二，在欧盟的外观设计立法实施多年以后，欧盟法庭（ECJ）

---

① 所有数据可见 WIPO 官方网站 http：//www. wipo. int/ipstats/en/statistics/designs/以及 http：//www. wipo int/ipstats/en/wipi/figures. html#sec；tion_ c，最后访问时间：2012年9月8日。

就外观设计保护指令的相关判决很少。据笔者在 ECJ 数据库的搜索，[①] 实质涉及外观设计指令的解释屈指可数，最新近的案例是 2011 年 5 月的百事公司案（案号 Case C281 /10 P），其涉及的是外观设计的创作自由度和个性特征的判断等实质问题。这一结果当然可以有多种解读，但欧盟的立法通常是在纠纷出现时才由 ECJ 进行解释。欧盟法庭无缘对指令进行过多解释，可能是立法相对清楚完善，比较符合产业的需求，提前预防了诸多纠纷所致。

欧盟的外观设计立法可以有多种解读，但在笔者看来，就是期限上缩短的版权化保护。

（四）我国应该更多地考虑产业的需求

在外观设计保护上，我国对产业的发展似乎没有特别的关注。以轻纺品行业为例，在外观设计立法之初，我国专利局上海分局曾经认为我国在轻纺织工业品上的外观设计具有优势，从而应该进行立法保护。但在近 30 年之后，第三次专利法修正之际，这一产业的外观设计却被不再认为是我国的优势。如果是这样，那么我们现在应该追问，近 30 年的保护为什么没有给这个产业带来更大的发展？在立法将平面印刷品从我国的外观设计保护领域排除出去之时，是否想到了对这一行业可能的影响？

WIPO 的官方数据同样显示，2010 年在第 5 类纺织品相关的外观设计申请上，欧盟占据优势。如果我们对自己的产业需求没有了解，那么现在的优势产业在多年之后依然会优势全无。

---

① 可参见 http：//curia. europa. eu/juris/rec；herc；he. jsf? language ＝en，最后访问时间：2012 年 9 月 8 日。

四、结　论

本文虽然以 GUI 的保护为出发点讨论外观设计的保护问题，但并不在于就我国是否要给 GUI 的保护下一个结论，而是以此作为出发点，对于该问题牵涉的宏观的外观设计保护制度进行反思。如前所述，外观设计在国际立法层面并没有统一的定义，这给了各国自我发挥的空间。但正本清源，外观设计保护是对工业产品具有美感的外观参照版权给予的知识产权保护。是版权保护，而不是专利保护更适合于外观设计的保护模式。

我国现今对外观设计的保护追随的是美国的专利保护模式。但与美国不同，在立法与司法实践中并没有明确表示与版权保护可能的重叠，甚至在某种程度上还拒绝重叠保护。这样一种选择可能偏离了正确的方向，因为外观设计保护与版权保护不可能截然分离。

我国以往的外观设计保护其实并没有刻意强调外观设计的创新性以及高质量。这遭到了人们的一些诟病，并且被视为专利质量低下或者垃圾专利众多的原因。但这种指责毫无道理。其本身的逻辑是：因为外观设计保护规定在专利法之下，所以外观设计的质量的评判标准就要向专利（尤其是发明专利）标准看齐。这本身反而应予批驳。我国以往对外观设计不要求提供设计要点，也不进行实质审查，与版权的自动保护模式也比较接近。这可能是在无意中走上的正途。

我国的外观设计是放在专利法下进行保护。这种方式的保护所存在的最大问题在于，在外观上让人认为外观设计与专利更为接近，对其判定标准与其他的专利没有什么不同。本文指出这是一种谬误。这一谬误的始作俑者可能是美国，而我国在发展的过程中，尤其是在 2008 年专利法第三次修正过程中，也同样在向这个方向迈进。有意思的是，在我国转向这个方向的时候，美国的“新颖点测试”正在接受司法实践的质疑，而最终美国在这个方向止步不前。在笔者看来，这近乎是对外观设计审查的“创新性标准”的完全否定。

更版权化而非更专利化的外观设计保护，并不是否认专利化模式的所有尝试，也不是否认外观设计与实现技术功能的某些特征的结合，而仅仅是指出专利化模式已经表现出的弊端。而回归版权化，借助版权保护进行参照能更好地理解和构建外观设计制度。譬如，为什么外观设计侵权判定是设计消费者标准，而不是设计者标准？为什么外观设计侵权是对整体的外观进行判定，而不去寻求整体外观之下具体的技术区别？对于未注册的外观设计应不应该给予保护？都可以参照版权保护获得一些解答的启示。而欧盟的立法也给了我国诸多借鉴。

至于产业的需求和发展与外观设计保护之间的关系，是一个宏大的课题，在没有搜集到一手的数据资料之前，笔者无意对我国的现状进行论断。不过，就 GUI 的保护而言，韩国和我国台湾地区确实在扶持自己的电子产业发展过程中逐渐开始给予保护。而反观我国大陆外观设计保护的历史，依稀看到的是一些产业在多年保护之后的寥落境况，多少令人有些感慨。如果立法者不对立法的效果进行追踪、总结和反省，那么再完美的立法也可能于事无补。

SaaS模式下的出租权制度研究

倪朱亮*

假如他们现在的做法将来被证明是错误的，那原因只有一个，即他们的短视——没有预见到法律改革与新的商业模式能使他们在一个技术更加开放的环境中实现繁荣。

——[美] 威廉·W·费舍尔

在人类历史文明中，版权制度的产生和发展与科技的发展，尤其是信息复制和传播技术的发展息息相关；每一次重要的技术进步都在版权制度上留下了清晰的痕迹，版权制度在坚持自己的理念和价值的同时，通过一次次的改革来迎接新技术所带来的挑战，并且在绝大多数时间里，版权制度与科学技术能相互合作与支持，共同促进版权制度理念与价值的实现以及技术的发展，至少在数字技术环境下是这样。① 作为数字技术环境下的创新与发展，SaaS再一次向出租权制度的理念和价值提出了挑战。

---

* 作者简介：倪朱亮，西南政法大学民商法学院知识产权博士研究生。

① 吴伟光：《数字技术环境下的版权法危机与对策》，知识产权出版社2008年版，第17页。

一、困惑：SaaS 模式下使用作品的性质

SaaS 即 Software-as-a-Service（软件即服务）的简称。它兴起于 21 世纪，是随着数字技术的发展和互联网的广泛应用而产生的一种完全创新的商业模式。通过互联网提供软件服务的应用模式也彻底改变了传统的单机型销售软件模式。软件服务提供者将应用软件统一部署在自己的服务器上，客户可以根据自己的实际需求，按照订购服务的数量与时间长短向提供者支付费用后，通过网页浏览器的方式接入提供者的服务器，并启动所需使用的软件。SaaS 解决了企业和个人在软件购买能力上的不足，消除了对高额硬件日常维护费用的顾虑。这些优势促成 SaaS 逐渐成为——尤其是中小企业——对软件需求的首要选择。据 AMR Research 公司发布的一份针对美国地区用户的报告显示：在美国的各主要垂直行业和不同规模企业中，超过 78% 的企业目前使用或考虑使用 SaaS 服务，只有 18% 的企业暂时没有使用 SaaS 的计划。[①] 对于以中小企业居多的中国市场来说，SaaS 更具良好的生长土壤。

SaaS 模式在于迎合了市场需求的同时，也引发了法律人对 SaaS 模式下作品使用行为的性质认定。鉴于用户是通过订购而使用存储于软件服务提供者服务器中的软件，其本身并没有实际占有软件，在实际运行中也没有复制软件，从而导致对该软件的利用无法被现有著作权的权利内容所涵盖。虽然软件服务提供者的经济利益可以通过与用户签订的合同而得到保障，但是合同的相对性决定了依靠合同获得的救济是有限的。软件既然属于著作权法意义上的作品，

---

① 韩元牧、吴莉娟：“SaaS 法律问题研究”，见《网络法律评论》，北京大学出版社 2009 年版，第 117 页。

权利人自然会以著作权法为依盾。然而这种缺失，无疑会损害激励创新的著作权法理念和价值。为弥补此缺失，有学者主张适用我国《著作权法》第10条第17项规定的“其他权利”；但从立法论的角度来看，应该完善权利人的权利束，[①] 因此，更多的人主张通过出租权制度来保护，因为从作品使用的性质来看，SaaS 模式下的使用方式与“出租权”相类似，都属于对作品的“临时利用”之情形。[②] 那么，通过扩张出租权制度以适应 SaaS 是否可能、合理？在作出回答之前，澄清出租权制度的设立基础就显得十分关键。

二、出租权制度的设立基础

（一）设立出租权制度的现实基础与法理基础

著作权人所享有的各项权利皆是经济发展之必然产物，出租权亦不例外，它是伴随着图书、音像制品、计算机软件出租业之昌盛而逐渐萌生、发展、完善的。[③] 古语云，“书非借而不读也。”我国早期出租是以图书为主，书籍出租行业中的文学名著、武侠小说、言情小说和小人书等曾盛行一时，但出租并没有给早期的写者（而非作者）[④] 带来经济上的利益，其原因之一是中国早期不曾形成有

① 梁志文：“云计算、技术中立与版权责任”，载《法学》2011年第3期。

② 韩元牧、吴莉娟：“SaaS 法律问题研究”，见《网络法律评论》，北京大学出版社2009年版，第113～114页；单晓光等：“中国著作权法著作权人权利的完善研究报告”，见国家版权局：《著作权法第二次修改调研报告汇编》2008年版，第46页。

③ 胡开忠：“关于著作出租权制度的理论探讨及立法动议”，载《法商研究》1995年第2期。

④ 李雨峰：“从写者到作者——对著作权制度的一种功能主义解释”，载《政法论坛》2006年第6期。

独立经济地位和诉求的创造者阶层。[1] 现在著作权制度已从传统图书著作权时代发展到网络电子著作权时代。技术的革新，造就了世界知识更新周期日趋缩短，作品之使用价值因随时有可能被其他作品所取代而迅速贬值。这是以“租”代“买”现象普遍产生的原因之一。新的作品形式、存储手段等为人们通过租赁使用他人作品大开了方便之门。出租使人们能够以低价获得像音像制品等高昂作品的复制件，同时也减少了购买作品的市场需求。有的录音制品出租机构甚至还打出了广告语，“再无必要购买录音制品”[2]。新技术使得复制愈发容易，然而广泛的复制导致著作权人的经济利益受到了严重损害，破坏了原本由著作权人、发行商等联合控制的市场利益分配格局。正如美国录音制品产业原本指望 1984 年通过的《录音制品出租修正案》能够遏制因出租而加剧的私人录音现象，从而维持其原有的市场地位。但是，数字录音技术的出现使得该《修正案》的功效大打折扣。由此，20 世纪 80 年代开始，以美国为首的国家或地区的立法以及国际性立法中相继加入出租权制度，以便充分地保护著作权人的权益。

自在立法层面上规定出租权制度以来，理论界从未停止过对设立出租权制度依据的争论，其中以公平价值论[3]、效力优先论[4]以及利益平衡论[5]为主流观点。

---

① ［美］安守廉：《窃书为雅罪》，法律出版社 2010 年版，（序言）第 2 页。

② 易健雄：《技术发展与版权扩张》，法律出版社 2009 年版，第 153 页。

③ 刘纯林：《作品出租权法律制度研究》，湖南大学 2007 级硕士学位论文。

④ 陈立风：“版权出租产业中的出租权保护制度研究”，载《中州学刊》2007 年第 1 期。

⑤ 武继华：“作品出租权制度研究”，载《兰州学刊》2009 年第 1 期；胡开忠：“关于著作出租权制度的理论探讨及立法动议”，载《法商研究（中南政法学院学报）》1995 年第 2 期。

(二)出租权客体限定之缘由

倘若将设立出租权制度的现实基础与出租权的立法相联系，不难发现推动设立出租权制度的经济利益团体，而这些团体的力量可从出租权的客体之限定中一窥究竟。鉴于出租行为的经济"侵略性"，受到利益冲击的著作权人起初是以井底之蛙之见来保护其固有的商业模式。由此造成了极其不幸的结果：疏远了消费者，增加了庞大的法律成本，抑制了新技术的潜在优势。[①] 在意识到新技术的无法阻挡之势与法律不能满足自身利益需求，并体会到"所有的法律都是'参与'的力量在总是不完美的各个决策过程中所运行的产物，它们实际决策能力却总是那些能够被听到的声音和实际上被代表的利益的函数"[②] 后，[③] 不同利益集团同舟共济般地融为一体，推动法律改革和体制创新。随后，国际立法也趋同于几大利益集团认定的出租权客体类型：计算机软件、电影作品与以类似摄制电影的方法创作的作品、音像制品。为何这三种客体代表的利益集团要主张对其进行保护？依WIPO在关于制定《伯尔尼公约》可能的议定书专家委员会第二次会议的备忘录里所建议的：以出租对作品的经济重要性为基础来列举上述作品。[④] 20世纪八九十年代是音乐、电影等行业高速发展的黄金时期，市场需求呈井喷式增长。但这并不意味着所有人都有能力消费，尤其在消费者为高昂的价格犯愁之时。这也是为何电影公司会采取经济学家所说的"价格歧视"

---

① [美]威廉·W. 费舍尔：《说话算数——技术、法律以及娱乐的未来》，李旭译，三联出版社2008年版，(前言)第7页。

② [美]尼尔·K. 考默萨：《法律的限度》，申卫国、王琦译，商务印书馆2007年版，中文版序言。

③ 实际上，利益团体影响法律决策的能力与自己所表达的、能被外界所接受的声音与利益团体实际所代表的利益成正比。

④ [德]约格·莱茵伯特、西尔克·冯·莱温斯基：《WIPO因特网条约评注》，马勇、相靖译，中国人民大学出版社2008年版，第118页。

(price discrimination)。[1] 由于价格在很大程度上会左右消费需求，因此，当出租行业以低廉的出租代替高昂的购买时，不仅扩大了市场的需求，也削减了著作权人的利益。为了守住现有与潜在的市场，著作权人会寻找措施以实现利益分配的回归。总体来说，出租权客体的限定，主要考虑（当时）新技术为出租所提供的方便以及出租行为本身是否对著作权人的经济利益造成严重的实质性损害。

三、反思：出租权制度的历史局限性

计算机网络的迅猛发展，尤其是突飞猛进的因特网，让我们的很多梦想变成了现实。信息传播的速度、质量和范围都是前所未有的。当我们拥有了空前的选择自由，我们获取和传递的信息越来越丰富多彩时，支持传播的技术却越来越单一。数字技术已成燎原之势，正像尼葛洛庞蒂（Nrgroponte）所宣称的那样，我们的生存已经“数字化”了。[2] 或许该论断过于绝对，但不可否认的是数字网络已成为我们生活中很重要的部分。

在网络出现之前，出租权仅规制出租作品有形载体的行为。这是与当时的技术条件相适应的。传统的著作权制度是建立在媒介稀缺的基础上，由于稀缺的媒介使得我们不得不控制作品的数量。在原本高昂的作品稀缺性被出租等有形形式破坏时，著作权人自然会想到重新控制作品的稀缺性。但是当传播媒介伴随着科技发展而不断推陈出新时，这种做法就显得有悖于时代潮流。“堵不如疏，疏不如导。”进入媒介如此宽裕的数字技术环境，以往出租有形载体

---

① 所谓的“价格歧视”（price discrimination），即在不同的时间向不同的市场发行电影的做法。

② 薛红：“纳入版权保护体系的网络传输”，载《中国法学》1998 年第 3 期。

的方式逐渐被网络点播所代替。需要注意的是，出租权制度设立的现实基础是出租行为对著作权人市场利益的“侵占”，也就是说，该制度设立所要规制的行为是对有形载体的出租。既然在网络数字技术下，生活逐渐“数字化”，那么我们的行为方式也必将“数字化”。按此思路分析，出租权制度似乎正在扩大当初设立的现实基础。尽管数字化行为或许已对著作权人的利益造成损害，但诱使因素却不再主要是出租行为本身。正如电子前线基金的创立者巴隆（John Perry Barlow）所述，“为了所有的实践的目的，价值在于转让之中而不在于所转让的思想。换句话说，保护的是酒瓶，而不是酒。现在信息进入了网络空间，思想的家园，这些酒瓶也就消失了。”① 或者说至少现在的容器不再是传统的酒瓶了，那么容器变了，经济模式也随之改变。作为新的经济模式SaaS，不仅扩大了出租权制度的现实经济基础，也以将软件存储在自身服务器而不发生复制、传输等行为而彻底改变出租所需的行为手段。面对新技术带来的调整，出租权制度显得举步维艰。假如他们现在的做法将来被证明是错误的，那原因只有一个，即他们的短视——没有预见到法律改革与新的商业模式能使他们在一个技术更加开放的环境中实现繁荣。因此，坦率地说，考虑到未来网络很可能取代传统的作品使用方式而成为社会公众获取作品的主要途径，最好的解决办法或许是扩张出租权制度，使其有节制地适用于SaaS模式下的网络环境。

① JOHN PERRY BARLOW. The economy of ideas—selling wine without bottles on the global net. 转引自吴伟光：《数字技术环境下的版权法危机与对策》，知识产权出版社2008年版，第8页。

四、验证：出租权制度扩张的可能性与合理性

（一）可能性验证

1. 出租权概念的学理分析

诚如 TRIPS、WCT、WPPT 等国际性条约一样，绝大多数国家或地区的著作权法并没有对出租权作出明确规定，都只是对其进行了阐述。如我国《著作权法》第 10 条第 7 项规定，“出租权，即有偿许可他人临时使用电影作品和以类似摄制电影的方法创作的作品、计算机软件的权利，计算机软件不是出租的主要标的的除外。”鉴于类似该法律条文均主要针对出租权客体种类的阐述，我们无法从中得出出租权的内涵，除了欧共体于 1992 年颁布的《知识产权领域中出租权、出借权及某些邻接权的指令》。虽然欧盟于 2006 年重新修订了欧共体（即欧盟的前身）的《指令》，但对出租权的规定却始终如一，即出租权是指为了直接或间接的经济利益而在有限期内提供使用的行为。①

我国台湾地区法学家郑中人认为，出租权是给予著作权人控制其著作物出租之权，而非同意租用其著作物。② 冯晓青等认为，出租权是著作权人、邻接权人享有的出租其作品或邻接权客体的专有权利。③ 李明德、杜颖认为，出租权是电影作品、计算机软件的作

① 参见 2006/115/EC，Article（2）.1（a）.

② 郑中人：“著作权法上出租权探讨”，载中国民商法律网。

③ 冯晓青：《知识产权法热点问题研究》，中国人民公安大学出版社 2004 年版，第 395~396 页。

者和录音制品制作者所享有的许可或禁止他人出租自己作品、录音制品的权利。① 张玉敏认为，出租权是有偿向公众提供作品原件或复制件的权利。② 胡开忠认为，著作出租权乃著作权人依法享有的出租或许可他人出租其作品并获得一定报酬的权利。不难发现，上述学者对出租权的定义基本上是与国际立法的主流规定相一致，但与欧盟所下的定义相比，似乎没有完全涵盖出租权的内涵。定义可以通过归纳演绎法获得。鉴于出租权是科技发展与著作权人相互作用的产物，人们对出租权的认识首先是通过具体的行为。出租商以出租音像制品、电影作品和计算机软件的一定期限的使用来对价消费者所支付的费用。随着出租行业的日渐成熟，出租的流程也逐步既定化。因国际立法认定出租行为的控制当属著作权人所有，著作权人的权利随即也延伸至出租行为上。

通过对出租行为模式的归纳，出租权的内涵便明朗化：经著作权人的许可③、追求经济上的利益④、有一定的时间限制以及提供使用四个要素。虽然不完全归纳法所下之定义存在例外的风险，但在可预见的未来，通过归纳法得出的出租权内涵的最小范围却是稳定的。诸多学者倾向于在出租权定义中选择限制权利的客体，其原因

---

① 李明德、杜颖：《知识产权法》，法律出版社2007年版，第59页。

② 张玉敏、张今、张平：《知识产权法》，中国人民大学出版社2009年版，第122页。

③ 大陆法系认为，著作权有狭义与广义之分。狭义的著作权仅指作者就其创作的作品而享有的权利。广义的著作权，还包括邻接权或相关权。因此，著作权人也有狭义与广义之分。虽然我国现行著作权法对出租权规定了两类客体，即电影作品和类似电影摄制的作品、计算机软件作品与录音制品，但按照我国著作权法制度，录音制品与作品是截然不同的。因此，此处的著作权人许可应当采用广义的理解。

④ 追求经济上的利益意味着出租行为的商业性。由于WCT第7条只是在国家层面规定了最低限度的义务，因此在判断某一出租行为是否具有商业性时，关键是看出租行为是否隐含有类似商业的行为，出租的目的是否为了获得直接的商业利益，而缔约国可以自由地在它们的国内法中规定更高水平的保护。详情可参见［德］约格·莱茵伯特、西尔克·冯·莱温斯基：《WIPO因特网条约评注》，马勇、相靖译，中国人民大学出版社2008年版，第129页。

主要是基于对过去出租行为的总结以及对现实的把握。然而，专门针对有限利用手段而得出的出租权立法规定必然存在历史局限性。为适应未来新增加的作品使用形式，若满足目前出租权的核心要素，就可将其纳入出租权的调整范围。

2. 支配形式的多样性——出租权性质考量

尽管大陆法系与英美法系国家对著作权（版权）是否包含精神权利认识不一，但在著作权的财产属性上的认识却是大同小异。作为著作财产权内容之一的出租权，理应属于财产权，在权利效力上体现为支配权。而支配权表现为著作权人有权转让和许可他人使用其作品，其具体形式通常由当事人自行约定。出租行为作为作品使用的方式之一，通常情况表现为有偿、有期限地使用作品，而该行为的直观、可感知的表现方式便是通过出租载体而呈现。这种表现形式，从某种层面上说，有着相当的历史、社会原因，即经济发展模式与科技发展水平的制约。对音像制品、电影作品以及计算机软件的获取还不能通过互联网而信息数字化时，它需要作品载体的空间转移才能实现。因此，WCT 关于第 6 条和第 7 条的议定声明中指出，发行权与出租权中涉及的“原件或复制品”专指可作为有形物品投放流通的固定的复制品。既然是有形物品，通常情况下，需要消费者完成“取—还”的空间步骤与时间顺序。即便消费者在音像制品出租店取得音像制品后立即原地消费，也必然会实施上述程序。可见，特定宏观环境下，支配权的表现形式之一——出租权有其特定的行为方式。另一部分原因是，著作权法意义上的“出租”一词是借鉴传统民法的“租赁”。民法语境下的租赁最基本的特征是确定期限的、（承租人）有偿地转移租赁物。同时，租赁物必须能够被交付，无论该物是动产还是不动产。与之相类似，录音制品等均恰好符合民法商租赁物的特征。因此，在著作权法意义上的出租物也应如此。若再次仔细分析，我们发现著作权人原本拥有自行决定许可他人使用作品的具体形式似乎被特定宏观环境下的特定行为方式所限制。在私法领域，“法不禁止即自由”。作为私权的出租权，其权利人理应有权在科技发展之时自由决定作品的行使方式。因科技发展造成的对作品使用方式上的影响，法律在定位时，首先应为作者谋求利益，因为作品成果的产生，人们正是应当感谢作者的创作活动。法律不允许这一原则被建立在新技术基础上的新的使用方式所限制。[①] 作为科技新发展的 SaaS，从作品使用的性质来看，与出租权相类似，都属于对作品有偿、有期限地临时使用，不同的只是行使方式是否需要借助于有形载体。换言之，SaaS 模式下的作品使用完全有可能被出租权的行为方式所覆盖。

（二）合理性验证

1. 出租权客体的正名

“提供使用”的对象是出租权的客体，[②] 而著作权所包含的一切权利均是针对作品而言，因此，出租权的客体必然也是作品。即使如此，在 SaaS 模式下，我们应当如何正确理解“有形物”与“固定”之概念，并寻找到扩张 WCT 针对第 6 条和第 7 条的议定声明中所说的有形物品的固定复制品的合理依据？首先，在 WIPO 专家委员会第三次会议上，许多国家都主张应当将出租权不加区别地适应于所有作品类型。秘鲁代表在召开会议期间指出，秘鲁支持《卡塔赫纳协定》第 351 号决定或者《欧共体出租权指令》中有关出租权

① ［德］M. 雷炳德：《著作权法》，张恩民译，法律出版社 2004 年版，第 78 页。

② 民法学界的主流用法通常并不区分权利的“对象”与“客体”。著名学者梁慧星教授指出，“依关于权利本质的通说，权利系由特定利益与法律上之力两要素构成，本质上是受法律保护的特定利益。此特定利益之本体，即权利的客体，亦可称为权利的标的或权利的对象。”详情可参见梁慧星：《民法总论》（第 2 版），法律出版社 2001 年版，第 63 页。

的规定，因为根据作品类型加以歧视，不符合《伯尔尼公约》和TRIPs协定的哲学思想。第一主要委员会（Summary Minutes of Main Committee I）[①] 也明确证实了下述立场：WCT第7条根据其性质构成最低限度权利，国内法可以提供比WCT更高的保护水平。无疑，该立场为出租权客体的扩张提供了立法上的支持。其次，“有形物”一词并不是指复制件必须是具有形状、体积的固体形态的物体，而是指复制件满足了“固定”的要求，“固定”（fixation）指作品在一段时间里足以长久和稳定地被观看、复制或传播。只要作品被固定，有形的复制件就已经形成。因此，将WCT第6条和第7条的议定声明作广义理解，电子作品被包括在出租权客体范围之内也是合理的。

2. 制度经济学的佐证

在SaaS模式下，需要考虑的问题是，用户（即合同的被许可人）使用作品的行为定性，以及未经授权而使用作品之行为可为著作权人的何种排他权所控制。复制权是制作作品复制件的权利，由于软件以数据形式分割并存储于不同的服务器上，每一个服务器都没有形成传统著作权法上的作品复制件；使用过程中所形成的复制件属于临时性的复制，而临时复制并不为主流立法所承认。发行权是以出售或赠与方式向公众提供作品的原件或复制件的权利。信息网络传播权是针对交互性传播方式而向公众提供作品的权利，虽然软件服务提供者能够为用户在其个人选定的时间和地点获得，但是用户获得的不是作品，而仅仅是对作品的利用，因为用户无法从SaaS模式中占有复制件。因此，SaaS的作品使用行为就无法被著作权人所控制。M. 雷炳德教授认为，“过去，人们在法典上以判例的方式按照相应的作品使用类型把各项已知的财产权进行了一一列

① 第一主要委员会（Summary Minutes of Main Committee I）是指协商、制定WCT协议的外交会议的表决机构。

举，而现行《著作权法典》在第15条设立一项一般财产权，该一般财产权赋予作者一项综合性的绝对权，这种绝对权不但把目前已经存在的所有作品利用形式、还把将来将要出现的利用形式都保留在作者手中。”根据芝加哥学派的思想，在一个完美的市场经济中，财产权的归属或个人所有是在个人之间解决资源配置的最有效的方法，如果对于某一资源没有赋予私人权利或所赋予的权利不够合理，那么就会使得这些资源的所有人缺少最有效地使用这些资源的动力。[①] 再鉴于文化和信息商品的特殊本质，以信息为基础的商品和服务市场缺乏效率，易于失败，从经济学角度看，“这种情况下，市场运作不会导致帕累托最优”。如果知识产权的拥有者不能够排除不付费的用户，它们的税收会减少，它们创造新得到知识产权的愿望和能力也会降低；作为理性的资本家，它们会在别的地方投资。[②] 在没有法律保障的情况下，合同法的确能为软件服务提供者提供法律保障，但合同的相对性只能保障著作权人的债权，而不能为其提供排他性的支配权。

纵观著作权的扩张史不难发现，类比、拟制是著作权最主要的扩张技巧。[③] 假如将SaaS的作品使用行为类比成出租而归著作权人控制，那么随着SaaS产业的发展，未来的软件业将是以电子出租为一切价值的源泉，而出租权也成为软件著作权人行使其权利实现经济利益的重要保障。因此，通过经济学分析，我们可以知道扩大出租权保护的社会成本和社会为此付出的代价不大，制度性收益与执行制度所付出的成本进行比较，其效益是显而易见的。

---

① ［美］罗纳德·V. 贝蒂格：《版权文化——知识产权的政治经济学》，沈国麟、韩绍伟译，清华大学出版社2009年版，第78页。

② 同上。

③ 同上。

五、结　语

出租权制度设立的目的是矫正著作权人与作品使用人之间、著作权人与公众之间的利益失衡状态，保护著作权人在日益盛行的出租行业中的自身权益，补偿权利人的利益损失。当原有的经济基础所限制的作品出租方式被新的经济模式不断扩张时，出租权制度原本守候的“净土”也随之延伸了，而这种变化不是对出租权制度的摧毁，乃是在维持中心原点不变的前提下扩张四周。出租权制度的澄清与扩张，对因科技而改变的经济模式提供了权利保障，也明晰了权利保护的模式界限。在先进科技快速发展的当下，SaaS 正以更加显著的方式塑造着我们的生活，时代呼唤着著作权制度对 SaaS 继续给予充分关注和适当保护。

司法过程

论软件作品修改权

——兼评“彩虹显案”等近期案例*

王　迁**

国家版权局于2012年3月31日和7月6日分别公布的《中华人民共和国著作权法（修改草案）》（以下简称《修改草案》）第一次征求意见稿、第二次征求意见稿均删除了现行《著作权法》规定的人身权利之一——“修改权”。但与此同时，《修改草案》又将《计算机软件保护条例》（以下简称《软件条例》）中对“修改权”的规定原封不动地纳入其中。如果《修改草案》获得通过，就意味着只有计算机软件著作权人才享有独立的“修改权”。而就在《修改草案》第一次公开征求意见的两个月前，在业界引起广泛关注的“腾讯公司诉虹连网络公司等案”（以下简称“彩虹显案”）中，法院终审认定：被告开发并提供名为“彩虹显”的软件，使腾讯QQ软件用户可借此实现显示QQ隐身网友和其IP地址的功能，侵犯了原告腾讯公司对QQ软件享有的“修改权”。① 笔者认为，《软件条例》中的“修改权”与《著作权法》中的“修改权”相去甚远，

* 本文为作者主持的教育部新世纪优秀人才支持计划课题“技术措施的保护与规制”的初期成果。

** 作者简介：王迁，法学博士，华东政法大学教授。

① 参见湖北省武汉市江岸区人民法院（2009）岸知民初字第4号民事判决书；湖北省武汉市中级人民法院（2011）武知终字第100006号民事判决书。

《修改草案》作出上述调整是正确的。但审理“彩虹显案”的法院似误解了《软件条例》中“修改权”的含义。在未来的《著作权法》单独为软件权利人规定“修改权”的情况下，如果继续以这种方式适用“修改权”，会混淆著作权侵权与不正当竞争之间的关系。本文从分析现行《著作权法》与《软件条例》中“修改权”的区别及“彩虹显案”入手，对适用于计算机软件的“修改权”进行研究。

一、“修改权”是禁止他人修改软件的专有权利

国家版权局两次公开征求意见的《修改草案》均删除了现行《著作权法》规定的“修改权”，这是在正确认识著作权性质方面迈出的重要一步。此前学术界有一种通行的观点，即认为包括著作权在内的知识产权包含“自用权”和“禁止权”两个方面。前者是指知识产权人自己有利用智力成果等受保护客体的权利，而后者则是指知识产权人有权禁止他人未经许可利用受保护的客体。[①] 现行《著作权法》对“修改权”的定义，正是这一学术观点的反映。该法第 10 条第 3 项规定，修改权是指“修改或者授权他人修改作品的权利”。根据参与立法者的解释，作品的修改之所以必要，“一是因为要更好地反映作者的意志，二是随着客观事物的变化，人的思想、认识也在不断变化，作者也需要对某些作品作出符合实际的修

① 据此，许多著作将“修改权”首先解释为“作者自己修改作品的权利”，如“从积极方面讲，作者有权修改自己的作品……”，参见吴汉东主编：《知识产权法学（第 4 版）》，法律出版社 2011 年版，第 74 页。“在作品发表前，作者修改自己的作品本身是行使修改权的体现”，参见冯晓青：《著作权法》，法律出版社 2010 年版，第 88 页。“修改权包括四个方面的内容：（1）自己修改作品的权利……”，参见吴汉东主编：《知识产权法学（第 5 版）》，北京大学出版社 2011 年版，第 68 页。

改。作者不但享有作品产生的权益，也对作品产生的社会效果和责任负责。因此作者应有修改权。”① 显然，立法者是从“自用权”角度去规定“修改权”的，即认为《著作权法》应当赋予作者修改自己作品的权利。

然而，这一观点是经不起推敲的。例如，在颁布《著作权法》之前，戏剧作品的创作者当然不享有《著作权法》意义上的“复制权”和“表演权”。那么，该作者是否有权用复印机“复制”自己创作的戏剧作品，以及自行“表演”戏剧作品呢？答案当然是肯定的。因为复印和表演自己的作品本来就是宪法赋予公民的自由，也即“法无明文禁止即自由”。这与一国是否颁布了《著作权法》，以及该法是否规定了“复制权”和“表演权”没有关系。

因此，《著作权法》中“专有权利”的作用在于使权利人可以禁止他人对作品实施某种行为，而非使权利人自己可以对作品实施某种行为。上例中，戏剧作品作者享有“复制权”和“表演权”的作用仅在于，他人未经许可不得复制和公开表演戏剧作品。可见，“专有权利”只是“排他权”或“禁止权”，而非“自用权”。

只有将“专有权利”解释为“禁止权”而非“自用权”，才能正确地认识《著作权法》对“依法禁止出版、传播的作品”的保护。2010 年 2 月我国修改了《著作权法》，删除了原《著作权法》第 4 条第 1 款关于“依法禁止出版传播的作品，不受本法保护”的规定。这一修改的直接起因，是在“美国诉中国知识产权保护与执法措施案”中，世界贸易组织争端解决机构裁决《著作权法》第 4 条第 1 款不符合《伯尔尼公约》中有关作品应当自动获得保护的规定。② 这一修改意味着，依法禁止出版、传播的作品依然能够受到

① 胡康生主编：《中华人民共和国著作权法释义》，法律出版社 2002 年版，第 44 页。

② 对这一裁决的分析，参见王迁：“WTO‘中美知识产权争端’：美国赢得了什么？——评专家组对我国《著作权法》第 4 条的裁决”，载《华东政法大学学报》2009 年第 4 期。

《著作权法》的保护。

如果将“专有权利”解释为包含“自用权”，那就意味着色情照片的拍摄者可以凭借“发行权”和“信息网络传播权”发行与传播色情照片。那么，删除原《著作权法》第4条第1款的行为，岂不成了纵容此类违法行为了？而将“专有权利”解释为“禁止权”，上述问题则可以迎刃而解。“专有权利”的作用仅在于禁止他人未经许可以特定方式利用作品。权利人是否能够以特定方式自行利用作品，与其是否享有“专有权利”并无关系，而只取决于《著作权法》的其他条款或其他法律法规有无禁止性规定。因此，色情照片的拍摄者不能以其享有“发行权”和“信息网络传播权”为由，主张其有发行和传播色情照片的自由。相反，此行为受到行政法规和刑法的禁止。《著作权法》对色情照片（摄影作品）著作权的保护，仅体现在拍摄者可以阻止他人未经许可以发行和网络传播等方式利用色情照片。

根据上述著作权法原理，将《著作权法》中的“修改权”界定为一项“作者修改自己作品的权利”，是毫无意义的。即使我国没有颁布《著作权法》，或《著作权法》没有规定“修改权”，作者也可以自行修改作品。因为这原本就属于宪法所保护的公民权利。如果按照上文所述的著作权法原理，将“修改权”解释为“禁止权”，也即控制他人未经许可修改作品的权利，则又显得多余。这是因为我国现行《著作权法》还规定了“改编权”和“保护作品完整权”。如果他人未经许可对作品进行修改的结果，是在保留原作品基本表达的情况下产生了新作品，则应受“改编权”控制；如果该行为造成了对作品的歪曲、篡改，则该行为侵犯的是“保护作品完整权”。这样一来，“修改权”能够独立控制的行为，只剩下既没有产生新作品，也不构成对原作品歪曲、篡改的修改行为了。这种行为只可能是对作品进行不涉及意思内容的细微变更，实无独立存在的必要。目前，各主要国家的著作权立法中并未单独规定“修改权”，也正是基于这一考虑。[①]

因此，《修改草案》删除了现行《著作权法》中的“修改权”是符合著作权法原理的，但遗憾的是这一删除并不彻底。《修改草案》给“保护作品完整权”的新定义是：“修改作品以及禁止歪曲、篡改作品的权利”。根据国家版权局颁布的《〈中华人民共和国著作权法〉（修改草案）的简要说明》，之所以要作这样的调整，是因为“在征求意见过程中，多数意见认为修改权和保护作品完整权属于一个权利的两个方面……为此，草案删去修改权将其纳入保护作品完整权”。[②] 所谓“一个权利的两个方面”，是指“修改权”既指作者有权修改作品，又指作者有权阻止他人以歪曲、篡改的方式修改作品。这实际上还是著作权包含“自用权”和“禁止权”两个方面观念的反映。如上所述，这一观念是不能成立的。

二、软件权利人的“修改权”是经济权利，而非人身权利

在《修改草案》中，“修改权”已不再是一项能够为所有类型作品的著作权人享有的权利了，而是变成了专门为软件著作权人设定的权利——“修改权，即对计算机程序进行增补、删节，或者改变指令、语句顺序的权利”。显然，《修改草案》在删除现行《著作权法》中“修改权”的同时，纳入了现行《软件条例》中的“修

---

① 在西班牙等个别国家的著作权法中，“修改权”是为了配合“获取作品权”等其他权利而设置的，这种需要在中国并不存在。同时也无法将我国现行《著作权法》中的“修改权”解释为“半个收回权”。参见王迁：“我国著作权法中修改权的重构”，载《法学》2007 年第 11 期。

② 国家版权局：《〈中华人民共和国著作权法〉（修改草案）的简要说明》，第 15 页。

改权”。那么，《修改草案》只为软件著作权人规定“修改权”的做法是否适当呢？

笔者认为，现行《著作权法》与《软件条例》虽然都规定了“修改权”，但其性质不同。《著作权法》规定的“修改权”是一项人身权利，被立法者认为与“保护作品完整权”一起构成“一个权利的两个方面”，可谓“姐妹权利”。但软件本质上是一种实用性工具，难以像文学艺术作品那样体现作者的人格与精神、反映作者的思想与感情，因此，《软件条例》并未规定“保护作品完整权”。

在不存在“保护作品完整权”的情况下，《软件条例》中的“修改权”自然也不可能是作为“保护作品完整权”的“姐妹权利”而存在的人身权利。

既然《软件条例》中的“修改权”并非人身权，其性质又是什么呢？欧共体 1991 年制定的《计算机程序保护指令》（以下简称《指令》）第 4 条第 2 款明确规定，计算机程序权利人享有“翻译、改编、编排或以其他方式改动计算机程序”（the translation，adaptation，arrangemet and any other alteration）的权利。[①] 作为起草《软件条例》的重要参考，《指令》的这一规定为上述问题提供了答案。

笔者认为，将《指令》第 4 条第 2 款规定的 the right of alteration 译为“演绎权”更为合适。该条款的用语与《伯尔尼公约》第 12 条极为相似。《伯尔尼公约》第 12 条规定：“文学与艺术作品的作者对其作品享有许可改编、编排或以其他方式改动”（adaptations，arrangements and other alterations）的专有权利。[②] 而第 12 条被公认为规定的是“演绎权”，也即创作演绎作品并进行后续利用

① See Council Directive 91/250/EEC of 14 May 1991 on the Legal Protection of Computer Programs，Article 4（b）.

② 这一条之所以没有提及“翻译”，是因为《伯尔尼公约》第 8 条专门规定了“翻译权”。

的权利。[①] 对此，世界知识产权组织编写的《世界知识产权组织管理的版权与相关权条约指南》对其中的"其他改动"专门作出了解释：

"其他改动"……意指对作品的改动并未落入"改编"或"编排"的范围，但仍然具备这样一种性质，即改动的结果是可形成新的演绎作品（derivative works）……[②]

可见，"以其他方式改动作品"产生的是"演绎作品"。《伯尔尼公约》第2条第3款对"演绎作品"著作权归属的规定也印证了这一点。该条规定"翻译、改编、乐曲编排以及对文学或艺术作品的其他改动"（Translations，adaptations，arrangements of music and other alterations of a literary or artisticwork）"应得到与原作品同等的保护，但不得损害原作品的著作权"。显然，这里的"其他改动"产生的即为"演绎作品"。

参照对《伯尔尼公约》的解释，采用了相同用语的《指令》第4条第2款规定的也应是"演绎权"。第4条第2款在规定软件权利人有权许可"翻译、改编、编排或以其他方式改动计算机程序"的同时，还强调这一规定"无损于改动程序者的权利"，也即规定演绎作品作者的权利仍然受保护。[③]

如果对程序进行"改动"的结果并非产生演绎作品，谈何"改动程序者的权利"呢?《软件条例》的制定者在规定"修改权"时，一方面参考了《指令》第4条第2款，另一方面将其内容定为"对计算机程序进行增补、删节，或者改变指令、语句顺序的权利"，

① 参见世界知识产权组织：《伯尔尼公约指南》，刘波林译，中国人民大学出版社2002年版，第61页。

② World Intellectual Property Organization，Guide to the Copyright and Related Rights Treaties Administered by WIPO：and Glossary of Copyright and Related Rights and Terms，[WIPO Publication No. 891（E）2993]，p. 82.

③ "翻译"并未纳入《软件条例》中"修改权"的内容，是因为《软件条例》单独规定了"翻译权"。

实际上是试图对“改编、编排或以其他方式改动计算机程序”作出明确规定。

从上述分析可以得出三点结论。

首先，《指令》第4条第2款规定的“演绎权”是典型的经济权利。而《软件条例》中规定的“修改权”同样也是经济权利。这一点不仅可以从其与《指令》中“演绎权”的继承关系中推出，也可以从《软件条例》规定专有权利的结构中看出。《软件条例》没有规定“改编权”这项经济权利。那么，对于未经许可根据原软件创作改编版本的行为，用何种经济权利加以控制呢？答案是“修改权”。

其次，《软件条例》中的“修改权”更为恰当的名称应当是“演绎权”或“改编权”。“修改权”的名称，很容易与《著作权法》中作为人身权利的“修改权”发生混淆。如前所述，《修改草案》虽然删除了软件之外其他作品的“修改权”，但将“保护作品完整权”定义为“修改作品以及禁止歪曲、篡改作品的权利”，使得被删除的“修改权”事实上成为“保护作品完整权”的一项子权利。在这种情况下，单独为软件作品规定“修改权”，仍然没有消除混淆的可能性。

第三，《软件条例》中“修改权”的内容没有充分体现出“演绎权”的应有之意。前已述及，《指令》第4条第2款直接借用了《伯尔尼公约》对“演绎权”的规定，由此形成的“翻译、改编、编排或以其他方式改动计算机程序”的用语使人清楚地认识到，该款规定的是“演绎权”。这一规定清晰地划分了“复制权”和“演绎权”的界限。如果只是对软件进行了个别修改后进行后续利用，并未产生新作品，则规制该行为的是第4条第1款规定的“复制权”——以任何方式、在任何媒介上，全部或部分对计算机程序进行永久或临时复制。只有“改动”达到了产生新作品的程度，对新作品的后续利用才受“演绎权”的规制。

而《软件条例》将“修改权”定义为“对计算机程序进行增

补、删节，或者改变指令、语句顺序的权利”，表面上将“改编、编排或以其他方式改动计算机程序”的方式具体化了，但并未体现出这一权利的实质——控制创作演绎作品并进行后续利用的行为。如果对于由5000条指令构成的程序，某人仅“增加”、“删节”或“改变”了一条指令，或调整了两条语句的先后顺序，应当适用《软件条例》中的“复制权”还是“修改权”呢？《软件条例》对此无法给出确切的回答。

由此可见，如果未来的《著作权法》将软件权利人的“修改权”入法，就需要廓清“修改权”的内容和适用范围。而“彩虹显案”作为国内为数不多的单独适用《软件条例》“修改权”来认定侵权的案例，极具研究的价值。

三、软件权利人的“修改权”只能针对“代码化指令序列”

“彩虹显案”涉及的是对QQ软件的所谓“动态修改”。QQ软件具有“隐身”功能，也即用户可以选择隐藏自己的在线状态，使其他QQ用户认为该用户当时并不在线。同时，QQ软件并不显示用户的IP地址。而“彩虹显”软件与QQ软件一起运行后，却能够使用户的QQ软件界面显示其他用户在线与否的真实状态和其IP地址。原告腾讯公司据此指称被告虹连公司等侵犯了其对QQ软件享有的“修改权”。审理过程中，双方争议和法院关注的焦点之一在于，“彩虹显”软件是只修改了QQ软件运行时载入用户电脑内存中的数据，还是包括了QQ软件的源程序和目标程序。笔者认为，在涉及软件“修改权”的诉讼中，法院首先考虑这一问题是正确的。

在目前的司法实践中，对于软件著作权保护存在的一大误区，就是将日常口语中所说的“软件”等同于《著作权法》意义上的

"软件"。这一误解对软件作品"修改权"等权利的侵权认定会产生重大影响。它在司法实践中导致的结果，就是认为只要"修改"了软件中的任何内容，包括数据，都会构成对"修改权"的侵犯。

近期发生的多起因提供网络游戏"外挂"引起的著作权民事或刑事案例中，[①] 一种具有代表性的观点认为，"外挂"在运行中"修改"了网络游戏软件中的数据，构成对"修改权"的侵犯。如"外挂在制作运行过程中侵犯他人修改权的情形主要发生在外挂依附并修改网游的客户端（包括伪造、修改游戏数据封包）……"[②]"（外挂）通过对硬盘、内存之中的网络游戏客户端……数据进行修改或者对服务器端与客户端间的网络数据包拦截、修改……属于对网络游戏的修改，……侵犯的是游戏软件的修改权"。[③]

然而，这些观点却未能对构成《著作权法》意义上的"软件"与不构成"软件"的数据或其他类型作品进行适当的区分，实际上是将口语中的"软件"与《著作权法》意义上的"软件"混为一谈。在此基础上对"修改权"等专有权利的适用必然会出现问题。

试以笔者曾编写的一款"英语单词拼写测试软件"为例。该软件在运行时，首先会显示一个中文单词，要求使用者输入相对应的英文单词，并将输入的单词与软件中预存的英文单词加以比对。如果使用者输入的英文单词拼写正确，则告知"拼对了"并播放欢快的歌曲；如果拼写错误，则会提示"拼错了"并播放悲伤的歌曲。该软件由三部分组成：主程序、中英文单词库和两段歌曲。如果将

---

① "外挂"一般是指在电脑运行中，一个程序通过某种事件触发而得以挂接到另外一个程序的空间里（常用的触发事件有键盘触发、鼠标触发、消息触发等），挂接的目的通常是想改变被挂接程序的运行方式。现在的游戏外挂就是将外挂程序嫁接到游戏程序当中，通过截取并修改游戏发送到游戏服务器的数据而实现各种功能的增强，参见百度百科网站 http：//baike. baidu. com/view/238. htm，2012 年 8 月 10 日访问。

② 于志刚、陈强："关于网络游戏中'外挂'行为的刑法思考"，载《山东警察学院学报》2009 年第 1 期。

③ 罗鹏飞："擅自制作网游外挂出售牟利的法律适用"，载《人民司法》2008 年第 12 期。

该程序刻入光盘中销售，人们在口语中会说这是一张“软件光盘”。但是，在《著作权法》意义上，其中真正能够构成“软件”的只有“主程序”，而不包括中英文单词库和两段歌曲。《软件条例》第2条规定：“本条例所称计算机软件（以下简称软件），是指计算机程序及其有关文档。”而《软件条例》第3条则对“计算机程序”作出了非常清楚、明确的界定：

计算机程序，是指为了得到某种结果而可以由计算机等具有信息处理能力的装置执行的代码化指令序列，或者可以被自动转换成代码化指令序列的符号化指令序列或者符号化语句序列。

由此可见，《著作权法》意义上的“计算机程序”必须是“代码化指令序列”，而“代码化指令序列”与“代码化数据”并不是一回事。前者能够被计算机所执行，从而指挥计算机完成某一任务；而后者不具备这样的功能，只能被“代码化指令序列”所调用。口语中的“一套软件/程序”在被转化为能够直接为计算机所读取的“机器码”后，所有内容都以0和1的“代码”形式表现，其中不但包含了“代码化指令序列”，往往还有大量被“代码化指令”所调取的、以代码形式表现的其他类型作品（如文字作品、音乐作品、美术作品和摄影作品等），以及不构成作品的数据。由于这些作品和数据本身不是指挥计算机完成某种工作的“指令”，因此，即使其存在于口语上的“一套软件/程序”中，也并非《软件条例》意义上的“计算机程序”。

以在“英语单词拼写测试软件”中，其“主程序”才是“代码化指令序列”，它可以指挥计算机调取和显示词库中的中文单词，允许用户输入英文单词，将输入的英文单词与词库中预存的英文单词进行比对，显示比对结果并播放相应的歌曲。而中英文单词库是严格根据英语课本中列出的单词构建的，没有编写者独创性的选择与编排，因此仅仅属于无独创性的汇编，其中的内容不能受到《著作权法》的保护。两首歌曲则只能作为“音乐作品”受到《著作权法》的保护。因此，中英文单词库与两首歌曲虽然被编入了这套

“英语单词拼写测试软件”，却并不构成“计算机程序”，也不能作为“计算机程序”的一部分受到保护。以上关系可用下图表示：

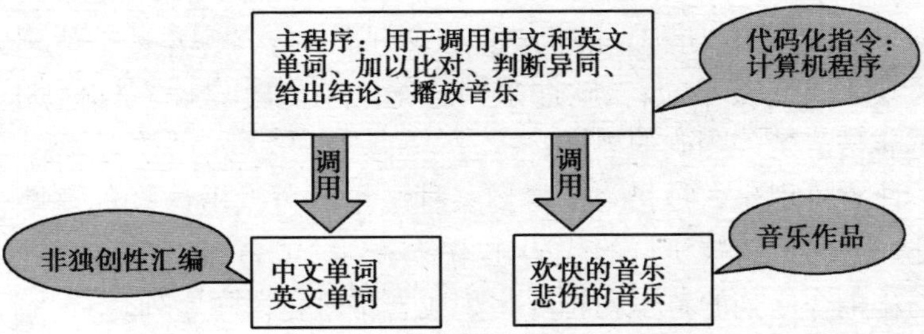

有一种观点认为，对我国《软件条例》第 3 条定义的“计算机程序”的范围不应作狭义的理解，而应作广义的理解。“就网游程序而言，程序附带的各种数据（包括以静态方式存贮于硬盘上的数据和根据指令在内存中动态存贮的数据和动态生成的网络数据包）也应视为计算机程序的组成部分”。[①] 这一观点缺乏法律依据，一旦付诸司法实践，会导致不同类型作品之间的界限荡然无存，以及权利归属的混乱。

仍然以“英语单词拼写测试软件”进行说明。如果他人未经许可修改了编写者辛苦输入的“中英文单词库”，是否就认定其修改了“视为计算机程序组成部分的”“以静态方式存贮于硬盘上的数据”，而侵犯了“计算机程序”的“修改权”呢？实际上，软件编写者只不过将英语课本中的单词汇集到了一起，既无对单词的“选择”（因为是全部收录），也无对单词的“编排”（因为仅按照在课本中出现的前后顺序收录），无任何独创性可言。该“中英文单词库”不但不能构成“代码化指令序列”，而且其作为无独创性的汇

① 寿步、陈跃华：《网络游戏法律政策研究》，上海交通大学出版社 2005 年版，第 67 页。

编，也不可能作为任何类型的作品受到《著作权法》的保护。为何只要被放入了软件，就“应视为计算机程序的组成部分”受到《著作权法》的保护呢?

同样，按照上述观点，如果他人未经许可仅修改了该软件中的两首歌曲，就应认定其修改了“视为计算机程序组成部分的”“以静态方式存贮于硬盘上的数据”，从而侵犯了“计算机程序”编写者的“修改权”。但问题在于，这两首歌曲虽然是“音乐作品”，却并非“计算机程序”编写者创作的，而是来源于他人。难道他人创作的“音乐作品”被放入软件中就变成了软件著作权人享有权利的“计算机程序组成部分”了吗？事实上，将他人创作的歌曲编入软件，仅构成《著作权法》意义上的“复制”行为。该行为不可能产生新作品或将歌曲转换为“计算机程序”，更不可能改变其权利归属。上述“程序附带的各种数据应视为计算机程序的组成部分”、受到《软件条例》保护的观点显然是不能成立的。

《软件条例》对“计算机程序”的定义也与各主要国家的立法相同。美国《版权法》第101条将“计算机程序”定义为“一套在计算机中被用于直接或间接产生特定结果的语句或指令”，其中包含了源代码和目标代码。[①] 澳大利亚《版权法》第10条对“计算机程序”的定义与美国《版权法》完全相同。日本《著作权法》第2条对“计算机程序”的定义也是类似的，即为了让计算机运行以获得特定结果，而向计算机发出的一系列指令。

欧共体在其通过的《计算机程序保护指令》中，虽然因担心技术发展太快而没有对“计算机程序”作出定义，但在此前，欧洲委员会仍然明确指出：“‘程序’一词应被理解为包含以任何形式、语言、符号或代码表达的一套指令，其作用在于使计算机去执行特定

① See Melvile B. Nimmer & David Nimmer, Nimmer on Copyright, k204 [C], Matthew Bender&Company, Inc. (2009).

工作或功能。”①

对此，联合国教科文组织编写的《版权法导论》（The ABC of Copyright）明确指出，计算机程序是指在信息处理系统中直接或间接使用的一系列指令。② 世界知识产权组织在其《著作权与邻接权法律术语汇编》中，也将“计算机程序”定义为“一组能够使具有信息处理能力的机器执行或实现特定功能、任务或结果的指令”。③

“数据”本身不可能被计算机所直接或间接执行，以完成特定工作、产生特定结果，因此并不构成“计算机程序”。需要指出的是，以代码形式出现的“数据”与其他类型作品在《著作权法》中的地位是有差别的。后者虽然不是“代码化指令序列”，不能作为“计算机程序”受到《著作权法》的保护，但仍然可以作为其他类型作品受到保护。例如，游戏软件在运行过程中，会显示图片、动画，播放音乐，甚至还会有故事情节。这些内容可能分别构成“美术作品”、“电影作品和以类似摄制电影的方法创作的作品”、“音乐作品”和“文字作品”。在英国法院审理的“Nova 诉 Mazooms 案”中，原告指称被告的游戏软件与自己在先的游戏软件在界面和效果上实质性相似，构成侵权行为。但由于被告并未获得过原告软件的源代码，因此无论是原、被告双方还是法院，均将重点放在游戏软件中体现的以下几类作品上：（1）以图像形式显示的“美术作品”；（2）以游戏设计说明体现的“文字作品”；（3）游戏本身体现的“戏剧作品”；（4）以移动图像表现的“电影作品”。④ 如果未经许可将游戏中的这些作品单独提出后使用，仍然构成著作权侵权行

---

① Proposal for a Council Directive on the Legal Protection of Computer Programs，COM/88/816，Final/Revised Version，Part Two，Chapter I，Article 1，Para1111.（1.1.）.

② 参见联合国教科文组织：《版权法导论》（汉英对照），张雨泽译、郭寿康审校，知识产权出版社 2009 年版，第 26 页。

③ 世界知识产权组织：《著作权与邻接权法律术语汇编》（中英法对照），刘波林译，北京大学出版社 2007 年版，第 53 页。

④ See Nova Productions Ltd v. Mazooma Games Ltd，［2007］EWCA Civ 219，Para 2.

为。当然，如果游戏软件权利人并未取得这些作品的著作权或专有使用权，即使他人未经许可从其游戏中单独提取这些作品加以使用，软件权利人也无权起诉他人侵权。

但是，对于软件中单纯的数据，如代表游戏中人物生命力、能量级别等的参数、数值而言，其既非“计算机程序”，也不可能作为任何作品类型受到《著作权法》的保护。因为单纯的数据只是“事实”，并非独创性的表达，不可能构成《著作权法》上的“作品”。这与产生该数据的过程或机制是否具有智力创造性毫无关系。对数据本身进行复制和修改，不可能构成侵犯计算机程序“复制权”和“修改权”的行为。

在迄今为止国外最著名的涉及“外挂”程序的侵权诉讼——“MDY 公司诉暴雪公司案”中，美国第九巡回上诉法院清楚地指出：使用针对“魔兽世界”的外挂程序“Gider”并不会侵犯暴雪公司的任何专有权利，因为其不涉及对“魔兽世界”游戏软件的“修改或复制”。①

四、提供软件修改工具并不构成“直接侵权”

在确定了《软件条例》规定的“修改权”仅针对“代码化指令序列”而非针对数据或其他类型作品后，要正确地适用“修改权”，仍然需要根据著作权侵权的类型，正确地区分“直接侵权”和“间接侵权”。“直接侵权”是指未经许可，直接实施受专有权利控制的行为；“间接侵权”则是指引诱他人直接侵权，或者在明知或应知他人侵权行为的情况下，提供实质性的帮助。

① See MDY Industries, LLC v. Blizzard Entertainment, 629 F. 3rd 928, at 941 (9th Cir, 2011).

在“彩虹显案”中，针对被告的抗辩——“彩虹显软件修改的只是QQ软件运行时载入用户电脑内存中的数据，并非QQ软件的源程序和目标程序”，法院明确认定被“修改”的是“代码化指令”。

笔者认为，法院将审理的重点从判断“数据”是否被修改，转向“代码化指令”是否被修改是正确的。但问题在于，即使“彩虹显”软件在运行中确实改变了QQ软件的“代码化指令”，该行为的实施者就是“彩虹显”软件的制作者与提供者吗？

本案原告腾讯公司指称被告的侵权行为是：

（两被告）制作、发布的彩虹显IP软件在运行过程中修改QQ客户端软件，侵犯了原告QQ客户端软件的著作权项下的修改权。[①]（着重号为笔者所加）

一审判决书详细描述了“彩虹显”软件“修改”QQ软件的过程，并指出用户安装“彩虹显”软件后可以起到如下效果：

在QQ进程中删除QQ部分指令语句、补充彩虹显软件的指令语句、改变QQ软件目标程序固有流程、结构、顺序、组织、原有函数的应用等，致QQ软件19处目标程序发生改变。[②]（着重号为笔者所加）

从判决书的描述来看，QQ软件是在“进程中”，也即“运行过程”中被“修改”的。如果QQ软件在运行过程中发生的功能变化能够被视为《软件条例》意义上的“修改”，则这种“修改”开始于QQ软件被运行之时，终止于QQ软件被关闭那一刻。那么，是什么行为直接导致了这种“修改”呢？

一审判决认为：

两被告未经许可，擅自在互联网上传播该软件（即“彩虹显”——笔者注）QQ软件19处目标程序被修改……因此，上述两

① 湖北省武汉市江岸区人民法院（2009）岸知民初字第4号民事判决书。

② 同注①。

被告对腾讯 QQ 软件的修改行为，侵犯了腾讯 QQ 软件作品著作权的修改权。[①]

二审判决认为：

（两被告）针对 QQ 软件进行开发彩虹显 IP 软件的行为，依照《软件条例》第 8 条第 1 款第 3 项的规定，构成对 QQ 软件目标程序的修改，侵犯了 QQ 软件著作权人腾讯科技公司对其软件作品的修改权。[②]

按照判决书的字面意思，“开发彩虹显软件的行为”（二审判决）或“在互联网上传播彩虹显软件的行为”（一审判决）就“构成对 QQ 软件目标程序的修改”。然而，一个仅仅被开发出来、孤零零地挂在网上供人下载的“彩虹显”软件是不会“主动”去“修改”QQ 软件的。特别需要指出的是，“彩虹显”软件不是一个计算机病毒，也并非隐藏在正常程序中待不知情的用户下载并安装后悄悄地自动修改硬盘中存储的 QQ 软件的。它需要用户基于改变 QQ 软件功能的主观目的（也即希望显示网友的 IP 地址和在线与否的真实状态），主动选择下载、安装和运行。这些由用户主动实施的行为，才是一审判决中所述的“致腾讯 QQ 软件 19 处目标程序被（动态）修改”的直接原因。

由此可见，如果将在 QQ 软件“运行过程中”改变其功能的行为视为“修改”，则“彩虹显”软件仅仅是一种“修改工具”。是那些主观上希望改变 QQ 软件功能的用户，主动选择下载、安装和运行了这一“修改工具”，实现了在 QQ 运行过程中对其的“修改”。

这与美国发生的“RealNetworks 诉 DVD 复制控制联盟案”类似。RealNetworks 公司向用户提供的 RealDVD 软件，可以规避电影 DVD 中禁止将电影复制到硬盘中的技术措施。用户将电影 DVD 插

---

① 湖北省武汉市江岸区人民法院（2009）岸知民初字第 4 号民事判决书。

② 湖北省武汉市中级人民法院（2011）武知终字第 00006 号民事判决书。

入光驱并运行该软件后，屏幕上会出现“保存 DVD”的选项，用户可以点击选择，从而将电影从 DVD 中复制到硬盘上。[①] 究竟是谁对电影作品实施了“复制”行为呢？显然，是使用 RealDVD 软件的用户，而非 RealDVD 软件的提供者。因此，该案中电影权利人并未起诉 RealDVD 的提供者未经许可“复制”其电影，而是起诉其提供用于规避技术措施的工具。

如果按照“彩虹显案”一、二审判决书的逻辑，RealNetworks 公司“开发”或者“在互联网上传播”RealDVD 软件的行为，岂不就是“致电影公司的 DVD 电影被复制”或“构成对 DVD 电影的复制”“侵犯了电影著作权人对其电影作品的复制权”了吗？此案恐怕也就不会成为涉及技术措施保护的著名案例了。同时需要指出的是，RealNetworks 公司在此案中被判承担责任的依据，也不是其“规避”了技术措施，而是提供了用于规避技术措施的工具，[②] 原因仍然在于实施“规避”行为的是使用 RealDVD 软件的用户。

同样道理，在“彩虹显案”中，原告指称的侵权行为是“彩虹显”软件“在运行过程中修改 QQ 客户端软件”。“修改”行为的实施者，当然也只能是主动下载、安装了“彩虹显”软件并运行 QQ 软件的用户。“彩虹显”软件的制作者与提供者，是不可能去修改成千上万名用户“在运行过程中”的 QQ 软件的。

还需要指出的是，“彩虹显案”的事实背景与涉及软件“修改权”的著名案例“番茄花园刑事案”和“迅雷诉蔡旋案”均存在实质差别。在“番茄花园刑事案”中，被告“未经微软公司的许可，复制微软 Windows XP 计算机软件后制作多款‘番茄花园’版软件”，并提供给公众下载。[③] 该软件实际上是 Windows XP 软件的精

---

① See RealNetworks, Inc1v. DVD Copy Control Association, Inc1, 641 F1Supp12d 913, at 924 (2009).

② See RealNetworks, Inc1v1 (c. v.) DVD Copy Control Association, Inc1 (c.), 641 F1Supp1 (.) 2d 913, at 924 (2009), at 9311.

③ 参见江苏省苏州市虎丘区人民法院（2009）虎知刑初字第 0001 号刑事判决书。

简版，也即修改软件后形成的复制件。换言之，对 Windows XP 软件的修改行为是由该案被告实施的。而下载了“番茄花园”版的用户只是运行经修改的软件而已。如果微软公司对该案被告提起侵犯“修改权”的民事诉讼，是可以胜诉的。同样，在“迅雷诉蔡旋案”中，被告制作了“迅雷兔子优化版”，将原版迅雷软件进行了优化处理后提供给公众下载。该修改行为是由被告实施的，因此法院判决被告侵犯了“修改权”。[①] 如果迅雷公司直接起诉“迅雷兔子优化版”的用户侵犯“修改权”，是不应得到法院支持的，因为用户并没有动手“修改”软件。

与上述两案的事实相反，“彩虹显案”的被告并没有向公众提供经过修改的 QQ 软件，其提供的仅仅是一个供用户运行的功能修改工具。对此，法院的判决书清楚地指出：

彩虹显 IP 软件是一个不能独立运行，只有在安装了腾讯 QQ 软件的基础上才能运行的软件。

既然“彩虹显”软件的制作者与提供者并未实施“修改”QQ 软件的行为，其行为就不可能构成对“修改权”的“直接侵权”。

五、提供修改工具并不构成“间接侵权”

“彩虹显”软件等“修改工具”的提供者虽然未直接修改作品，不可能构成对“修改权”的直接侵权，但如果其引诱他人利用该工具实施侵权，或通过该工具帮助他人实施侵权，则其行为将分别构成“引诱侵权”和“帮助侵权”，也即“间接侵权”。

但是，“间接侵权”的成立是以引诱他人或帮助他人实施“直

① 参见广东省广州市天河区人民法院（2008）天法知民初字第 96 号民事判决书；广东省广州市中级人民法院（2009）穗中法民三终字第 2 号民事判决书。

接侵权”为前提的。[1] 因此，要在类似“彩虹显案”的诉讼中认定提供“彩虹显”等修改工具的行为构成“间接侵权”，必须首先认定用户使用“彩虹显”等修改工具的行为构成“直接侵权”。那么，用户同时运行软件和修改工具，导致软件的功能发生改变的行为构成“直接侵权”吗？

对此问题的回答，取决于对《软件条例》第 16 条的理解。该条规定：

软件的合法复制品所有人享有下列权利：……（三）为了把该软件用于实际的计算机应用环境或者改进其功能、性能而进行必要的修改。但是，除合同另有约定外，未经该软件著作权人许可，不得向任何第三方提供修改后的软件。

笔者认为，无论根据该条自身的内容，还是结合司法解释的规定，都可以对上述问题给出否定的回答。

首先，即使将对软件的“修改”理解为包括“动态修改”，则“彩虹显案”中的用户运行“彩虹显”软件也符合该条的规定。既然 QQ 软件是供用户免费下载的，那些下载并安装了 QQ 软件的用户就属于“软件的合法复制品所有人”。原版 QQ 软件不能显示网友的 IP 地址和在线与否的真实状态，通过运行“彩虹显”软件对 QQ 软件进行“动态修改”，就可以使 QQ 软件具有这一功能，这当然属于为了满足用户对 QQ 功能的要求，“改进其功能、性能而进行必要的修改”。

即使“QQ 软件许可协议”禁止用户使用“彩虹显”之类的修改工具，用户使用修改工具的行为也并非侵权。这是因为《软件条例》第 16 条规定的是用户修改软件的“法定权利”，当事人不得通过合同取消这一“法定权利”。

其次，从“未经该软件著作权人许可，不得向任何第三方提供修改后的软件”的用语来看，该条针对的是制作“修改版”软件的

① See Metro-Goldwyn-Mayer Studios v Grokster, 545. S 913 at 930 (2005).

行为。换言之，修改者不是像“彩虹显案”中的用户那样在“软件运行过程中”对软件进行修改，而是像“番茄花园刑事案”和“迅雷诉蔡旋案”中的被告那样，制作了“番茄花园版”和“迅雷兔子优化版”软件。因为只有制作了一个稳定的、可被反复运行的“修改版”，才谈得上向“第三方提供修改后的软件”。

需要指出的是，这一规定也暗示了《软件条例》中“修改权”控制的行为实际上并非“修改”行为本身。如果对经授权使用的计算机程序进行修改后，仅供修改者本人使用，没有以任何方式提供给他人，很难想象这种修改行为会对权利人的利益造成什么损害。即使《软件条例》并未规定“软件合法复制品的所有人”有修改软件的“法定权利”，“合理使用”的一般原则也可使该行为免责。因此“修改权”真正要控制的行为，应当是“向任何第三方提供修改后的软件”。

据此，如果“番茄花园刑事案”和“迅雷诉蔡旋案”的被告是为了改进 Windows 和迅雷软件的功能与性能制作了“番茄花园版”和“迅雷兔子优化版”，并仅限于修改者本人使用，没有以任何方式向他人提供，则《软件条例》第 16 条对其完全适用，该行为并不构成侵权。

根据“举重以明轻”这一基本的法律解释方法，如果法律已经明确规定一种性质较严重的行为不构成侵权，则性质较轻的行为当然也不构成侵权，无须法律再作出明文规定。从“修改”的性质来看，制作“修改版”软件，当然比仅仅“在运行过程中”借助工具改变软件的功能要严重得多。如果前者都不构成侵权，后者当然也不构成侵权。

第三，《最高人民法院关于审理著作权民事纠纷案件适用法律若干问题的解释》第 21 条明确规定：计算机软件用户未经许可或者超过许可范围商业使用计算机软件的，依据《著作权法》第 47 条第 1 项、《软件条例》第 24 条第 1 项的规定承担民事责任。

比较《著作权法》第 47 条第 1 项和《软件条例》第 24 条第 1

项可以发现,[①] 两者唯一重合的就是侵犯“复制权”的责任，并不涉及侵犯“修改权”的责任。

显然，上述司法解释所要解决的问题，是用户商业性使用盗版软件是否构成对“复制权”的侵犯并承担责任。[②] 我国法院在判决此类用户承担侵权责任时，是以该条司法解释作为法律依据的。[③] 在均不涉及向他人提供软件的情况下，用户使用盗版软件的行为与用户修改正版软件的行为相比，显然是前者性质较为严重。同样根据“举重以明轻”的法律解释原理，如果前者都不构成侵权，后者当然也不构成侵权。

上述司法解释将使用盗版软件承担侵权责任的前提定为“商业使用计算机软件”，这意味着非商业使用盗版软件都不会被认定为侵权。“彩虹显案”涉及的均是普通用户运行正版软件的行为。显然，根据上述司法解释的精神，用户在运行 QQ 等正版软件的过程中，调用“彩虹显”等修改工具“动态修改”QQ 等软件的行为，不可能构成侵权。在用户使用修改工具“动态修改”软件的行为不构成直接侵权的情况下，制作和向用户提供这一修改工具的行为自然也不可能构成间接侵权。

综上所述，只有动手修改“代码化指令序列”、制作“修改版”软件的行为才可能构成对“修改权”的“直接侵权”。制作并提供能使用户在软件“运行过程中”对软件进行“动态修改”的“修改工具”，并不构成对“修改权”的“直接侵权”。如果这一行为仅是为了使正版软件用户能够在软件运行过程中改进其功能或性能，则并不构成帮助或教唆侵权的行为，也即不构成“间接侵权”。当然，

---

① 2010 年修改《著作权法》之后，该“司法解释”提及的《著作权法》第 47 条第 1 项已变成现行《著作权法》第 48 条第 1 项。

② 应明、孙彦：《计算机软件的知识产权保护》，知识产权出版社 2009 年版，第 402 页。

③ 参见“微软公司诉被告大众保险股份有限公司侵犯计算机软件著作权案”，上海市浦东新区人民法院（2009）浦民三（知）初字第 126 号民事判决书。

制作并提供“修改工具”如果违反了诚实信用原则或公认的商业道德，有可能构成对软件开发商的不正当竞争，但这与《著作权法》中的“修改权”并无关系。

为此，应当将《修改草案》中专为软件权利人规定的“修改权”改称为“演绎权”或“改编权”，并明确该权利的内容是控制以原软件作品为基础创作出新的软件作品并进行后续利用的行为。只有这样，才能厘清“修改权”与其他专有权利的界限，并避免对“修改权”的错误理解和适用。

计算机字体单字的可著作权问题研究

——兼评中国《著作权法》的第三次修改*

黄 汇**

计算机字体单字的可著作权问题是随着“方正电子公司诉宝洁公司侵犯计算机字体‘飘柔’案”① 的发生而逐渐被学界所意识到。虽然随着二审判决的出台，该案已暂告一段落，但该案触及的著作权问题之广泛深刻，堪称近年来知识产权案件之首。学界对该问题的探讨可谓百家争鸣、异彩纷呈。为使学术界对计算机字体单字之著作权保护有一个更为清晰深刻之认知，笔者就该案涉及的基础问题展开进一步的反思、分析与质评，以期达致对该问题的真理性认

* 本文系国家社科基金项目“中国特色知识产权理论体系研究”（项目编号：11&ZD076）以及中国博士后面上基金资助项目“著作权法上公共领域的实现研究”（项目编号：2011M501265）的阶段性成果。本文原载于《现代法学》2013 年第 3 期。

** 作者简介：黄汇，西南政法大学民商法学院和知识产权学院副教授，法学博士，现为教育部重点人文社科研究基地中南财经政法大学知识产权研究中心博士后研究人员。

① 该案的基本案情是：北大方正电子公司是一家专业从事字库开发的厂家，长期从事多种计算机字体字库的开发。1998 年 9 月，该公司与字体设计师齐立协议，取得其创作的倩体字稿的著作权。后在其基础上，经过创造性劳动，完成了字体的数字化和字库化转换，并命名为方正倩体。该字体有幽雅、柔美和华丽的特点，如少女婷婷玉立的倩影。后方正公司发现宝洁公司未经许可，在其生产的洗发露等产品的包装、标识、商标和广告中大规模使用了倩体“飘柔”二字，认为构成了对其计算机字体“飘柔”二字著作权的侵权，二者成讼。该案经北京市第一中级人民法院终审。具体案情可以进一步参见北京市第一中级人民法院（2011）一中民终字第 5969 号民事判决书。

识，并试图以此为契机为中国《著作权法》的第三次修改完善提供建议。

一、计算机字体单字可著作权基本范畴的学理分析

（一）计算机字体单字著作权保护的真实对象

就“方正电子公司诉宝洁公司侵犯计算机字体‘飘柔’案”看，该案涉及的计算机倩体字的前身，仍然是自然人的手稿字体，它是设计者齐立在国标印刷字体的基础上，根据市场要求重新设计字体外观和艺术特质的产物。因此，计算机字体著作权保护的是字体通过“笔画、笔顺、笔法”和字间结构所折射出来的字体独有的“外观、形态、风格和样式”，字体著作权人垄断的不是汉字的书写法则，而是经高度审美化和艺术处理后所表现出来的字体的外观式样。只要书写时没有使用权利人字体特有的外观形态和风格样式，而是利用该字的通常含义来抒情表意，或利用不同字体或者是书法上不能称其为“体”的个体写字习惯来书写，就不会构成侵权。因此，计算机字体单字的著作权保护，保护的不是汉字的字体架构，而是外部的美化修饰，保护的是汉字外观之“形”而非意义之“神”。

（二）计算机字体单字可著作权的“独创性”判定

在判断计算机字体单字的可著作权问题上，核心要件是“独创性”判定。本案计算机倩体“飘柔”二字，它既非依据现有字体推演而来，也非对他人已有字体的机械抄袭和模拟重合，而是设计者在国标印刷字体上结合字体创作之特点，对字体外观重新综合、描

述和刻绘之结果，体现了设计者自己的心力、判断和创造。因此，计算机倩体字充分体现了设计者的“创造”，而非简单的“劳动”投入。至于“独创性”程度，不同的作品肯定会有差异：文学作品的独创性要比工程设计图、产品设计图的独创性高；电影作品的“独创性”要比“计算机软件”的独创性高。就是相同作者在不同历史时期、不同心境和环境影响下，其作品“独创性”程度也都迥然有别。但《著作权法》关注的是独创性的“有无”问题而非“高低”问题。[①] 因此，我们不能认为计算机字体单字的独创性没有书法单字的独创性高，就否认计算机字体单字可以构成作品。

有观点认为，计算机字体由于要受到汉字结构和笔画规范的限制，因此设计空间极度有限，难以具有独创性。[②] 我们认为虽然必须承认作品“独创性的出现须以客观上存在创作机会为前提”，对不同性质的作品而言，创作的机会可能完全不同，“比若说地图作品、辞书的独创性机会相对于小说、科幻读物的独创性机会而言就要小得多”，[③] 但这也只是独创性大小的问题而非有无问题。虽然计算机字体单字的创作确实要受到字体原形的诸多规定性限制，作者创作的余地不大，但“设计者仍然可以利用可塑空间，基于人们阅读时的视觉感受和字体的美感等多方面的考虑，展示它的独特之处”。[④] 正是基于此，人们才能在方寸见格的文字上设计出倩体、秀英体、静蕾体和圆趣卡通体等风格多样、形态多变的不同计算机字体类型来。因此，计算机字体单字的设计同样可以具有独创性，这

---

① 李明德、许超：《著作权法》，法律出版社 2003 年版，第 31 ~ 32 页。

② 如在“北大方正电子有限公司诉广州宝洁有限公司字体侵权案”中，一审法院北京市海淀区法院就认为，“每个字的结构和笔画本身是固定的，不能进行再创造或者改变，否则会成为通常意义上的‘错字’”。具体参见北京市海淀区（2008）海民初字第 27047 号民事判决书，载 http：//www. law-lib. com/cpws/cpws _ view. asp？id = 200401522153，访问时间：2012 年 8 月 25 日。

③ 韦之：《著作权法原理》，北京大学出版社 1998 年版，第 16 ~ 17 页。

④ 索来军：“方正告宝洁侵权：字体与字库著作权法保护谁?”，载 http：//www. ppsj. com. cn，访问时间：2012 年 7 月 28 日。

就好比有人可以巨幅画卷为背景创作大型泼墨山水，也有人可以在米粒或发丝上雕刻以展示其针尖上的功夫与技艺，难道能认为后者就不是作品，不具有独创性了?①

在判定计算机字体单字的独创性时，正如美国著名的版权法学家哥德斯坦教授所说的那样，“法院对不同种类的客体应适用不同的原创性要求”。② 但我国的法院却拿计算机字体单字与传统书法字相比较，来认定前者独创性的有无，③ 该做法是否科学？首先，著作权法保护的艺术作品中，书法作品应该说是最具个性者。就像沈尹默先生所言的那样，“世人公认中国书法是最高艺术，无色而具图画之灿烂，无声而有音乐之和谐，引人欣赏，心畅神怡”。因此，将计算机字体单字和最具抽象性、最具变化性和最富个人性的书法作品相比较，来判定其艺术价值和独创性的有无是否可行？著作权法究竟应遵循一个最高的艺术水准来判定独创性，还是应遵循不同艺术作品创作的一般规律来界定“独创性”?

其次，是不是越具个性的对象就一定越具独创性？显然不是。就像有学者拿书法作品中的草书为例，按说草书是最狂放的艺术，最能展现作者的创作空间和艺术想象，也最有资格获得著作权。但鉴于文字首先是一个文化交流之工具，因此文字的表意功能决定了作者不能在独创性道路上走得太远。就像有学者所说，“我不认为草书是美的纯艺术，因为它失去了文字的意蕴”。“写字和书法不能

---

① 在独创性判断上，笔者倒是认为，作品的创作空间和独创性可能恰好呈反比例关系，即作品创作空间越小其独创性程度可能越高。

② Paul Goldstein, R. Anthony Reese. Copyright, Patent, Trademark and Related State Doctrines: Cases and Materials on the Law of Intellectual Property. West, 2012.

③ 如在“北大方正电子有限公司诉广州宝洁有限公司字体侵权”案中，海淀区法院就是以计算机字库单字和书法家书写的单字作比较来认定前者的独创性的，法院认为，“因字库字体需要整体风格的协调统一，其中单字的独特风格受到较大的限制，与书法家单独书写的极具个人风格的单字书法相比，无法相提并论”。参见北京市海淀区人民法院（2008）海民初字第27047号民事判决书. http://www.law-lib.com/cpws/cpws_view.asp?id=200401522153，访问时间：2012年8月25日。

走极端，走了极端就失去了实用价值，从而失去了存在价值，也就没有了生命力。”① 这也许就是各种考试和投稿都不使用审美性很高之草书的重要原因。由此看来，美实际上也是有着种种规定性的。具体到计算机字体，因其具有审美价值的同时还是人类信息交流的基本工具，所以，以计算机字体单字这种具有实用价值的作品相较于以纯粹追求艺术价值为目的的书法作品而言具有较弱的美感特征为理由，来否定计算机字体单字可著作权性的做法是否合适，也值得反思。

再次，是不是说有个性的对象才具有审美价值，可重复的对象就一定不具有审美性？笔者认为，应该这样来认识问题：比如说舞蹈作品中的群体舞，任意抽出当中的一个都是相同而没有个性的，但我们显然不能认为群体舞和其中个体的独舞就不是美，不具有可作品性。由此可见，可重复性也不是否定作品美感和其艺术价值的决定因素，就像有学者所说“当美的器物能大量得到的时候，它并不会使已有的美消灭，倒是离开了个人性，美才开始踏上了越来越深刻的道路”。② 按照现代美学观念，美不仅仅是一门艺术，还是一门科学，美的事物不但可以被创造，还可“按照美的规律来制造”。③ 正因为美是有章可循的，人类才办起了美术学院来传授书法和绘画的知识。既然美是有章可循且可以制造的，就意味着只要技术上可能，美的事物就可以按一定的规律来再现。

计算机字体恰好具有了这样的特征。它是计算机这种现代机械复制技术和人类审美意识合谋的产物，并导致了其具有某种可重复获取和批量生产的特征。尽管“机械复制技术的引入的确导致了艺术创作中……那种‘独一无二’性的消失，并最终造成了艺术‘韵

① 范梦：《艺术美学》，中国青年出版社2011年版，第288页。

② ［日］柳宗悦：《工艺文化》，徐艺乙译，广西师范大学出版社2011年版，第186～190页。

③ 朱光潜：《谈美书简》，中华书局2012年版，第40页。

味’的消散”,[①] 但机械复制技术却使艺术和美具有了大众化的性质，带来了艺术品的大规模扩散和传播。人们能因此认为可“标准化”生产和“批量化”制作的事物就一定不是美了吗？显然不能。因为，强调“独一无二”艺术韵味的美学做法，遵循的是古典“本真美学”的思路。但不管是“本真美学”，还是引入计算机等机械手段后所形成的所谓“机械美学”，都是美学中的一种，后者不过是前者的辩证否定罢了。所以，在笔者看来，对艺术作品而言，可重复的特点如果说有价值的话，也仅是作品原件和复制件的区别，但谁又能否认美术作品的复制件就不具艺术价值、不属于作品了呢？

更何况说，在计算机字体单字独创性判定上，还须注意的是“独创性”和“审美性”原本是两个概念。客体能否获得著作权保护以“独创性”而非以“审美性”为要件。因为，从著作权基本法理看“艺术本身并不具有法律上的可诉性，艺术价值与审美价值都不能成为法官审理案件时判断是否受到著作权保护的标准”。[②] 该原理在国外著作权法理论上被称为“美学不歧视原则”。[③] 之所以要拒绝著作权法的艺术或审美价值的标准，“就是要确保版权的保护不会建立在个别法官的偏好和审美观上”。[④] 因此，即使认为计算机字体不具有审美上的独特性和相较于书法作品而言较低的审美个性，也不应成为否定计算机字体单字可著作权的理由。因为审美性原本就并非著作权法所能界定和伸张，其因人因时而异，是一个历史的范畴，著作权法自不应引入一个无法确定之要件去丈量作品的构成与否。

最后，就计算机字体单字独创性的判断来看，它不应在字体内

---

① 周宪：《文化现代性与美学问题》，中国人民大学出版社 2005 年版，第 231 页。

② ［德］雷炳德：《著作权法》，张恩民译，法律出版社 2005 年版，第 46 页。

③ Ryan Littrell. Toward a Stricter Originality Standard for Copyright Law. B. C. L. Rev, 2001,（43）：193.

④ Christine Wallace. Overlapping Interests in Derivative Works and Compilations. Case W. Res, 1985（35）：103.

部进行，而应在不同字体之间展开对比。比如本案的“飘柔”二字，在倩体字下，基于共同的笔画、笔顺和构造特点，它们都具有“优雅、柔美、华丽如少女亭亭玉立的倩影”之特征。但如果利用圆趣卡通体来表现的话，则都具有“生动活泼、跳跃自然、天真浪漫”之特色，把两种不同字体下的“飘”或“柔”字单独摄取出来比对，人们一定能察觉其间的艺术反差。所以，同一字体下不同单字之间好比是同一父母生下的多包胎兄弟，他们长得相似，但谁能否定他们和其他父母生下的小孩存有区别呢？法国画家丹纳曾形象地说：“一个艺术家的许多不同的作品都是亲属，好像一父所生的几个女儿，彼此有显著的相像之处……”① 但你能否认不同画家之间的作品总存在差别吗？所以，以同一字体下不同单字之间具有“同一性”来排斥不同字体下单字之间“差异性”的做法，显然违反了形式逻辑上的“排他律”要求，不具科学性。

（三）计算机字体单字可著作权与创作手段的关系考辨

按著作权的一般理论，作品必须是人类智力劳动的成果，② 应当展现自然人作者思维的“创造魅力”。③ 但计算机字体的创作需借助于计算机才能完成，尤其是计算机倩体字的“修字和质检”阶段需要计算机技术的介入。因此，有见解认为计算机字体的创作有违人类智慧之本性，不能获得著作权。我们认为，虽然计算机字体的创作的确须借助于计算机来完成，但计算机不过是现代人类知识创造过程中最高效的工具罢了。作为本案的倩体字“飘柔”二字，其可能产生的字体的“形态、风格、样式”都为设计者的自然人所能

① ［法］丹纳：《艺术品的本质》，傅雷译，上海书画出版社 2011 年版，第 2～3 页。

② 陶鑫良、袁真富：《知识产权法总论》，知识产权出版社 2005 年版，第 89 页。

③ Julia Reytblat. Is Originality in Copyright Law a “Question of Law” or a “Question of Fact?”: The Fact Solution. Cardozo Arts & Ent L J. 1999，(17)：176－181.

预见、所能界定和所能控制。从开始到结果，计算机都无法对字体的每个单字进行设计构思与美化安排，也无法对其外观进行主观的界定、判断和拟制。因此，借助于计算机完成的“飘柔”倩体字仍是人类智慧劳动之成果，体现了自然人作者的意志力、创造力和想象力。

作为承载了字体的计算机软件，其“运行结果本身既不能产生字库外与字库内艺术风格相同的单字，更不能产生与字库内艺术风格完全不同的单字”。[①] 因此，运用计算机完成的字体并未改变人类“独作”作品之事实。[②] 实际上，如果非要拿计算机字体和书法字体作一比较的话，笔者认为作为“艺术与技术的结合”，[③] 书法作品的创作又何尝能离开作为工具的“笔墨纸砚”？但千古以来，谁会因为书法家借用了“妙笔”而否定其“生花”的事实，并进一步否定书法的可作品性呢？又比如说雕塑作品，“发展到现代雕塑阶段，创作雕塑的工具和方法除了我们通常概念中的泥刀、石锤进行敲敲打打以外，已经在使用大型工业器械、化学手段，通过模具锻造、剪裁切割、焊接等进行创作。由于雕塑所具有的独创性和艺术性，无论传统雕塑还是现代雕塑，仍然受到著作权法的保护。所以，对字体而言无论该字是手写、手绘、刀刻，还是计算机设计出来的，只要是独创的，体现了美感，就应该被认定美术作品，享有著作权”。[④]

至于说计算机字体，任何人运行字库软件得到的结果相同，我们认为应该这样来看待该问题：计算机每次能输出相同的字体，只

---

① 姚兵兵、卢山：“字库单字的美术作品性质”，载《中国版权》2012 年第 1 期。

② 类似观点参见张今、卢亮：“计算机艺术字体的作品属性有著作权保护”，载《中国版权》2011 年第 5 期。

③ 常宝堂、刘扬：“书法作品独创性认定标准问题探析 ”，载 http://sxfy.chinacourt.org/public/detail.php?id=12783，访问时间：2012 年 7 月 5 日。

④ 隋立会：“关于字库版权问题的几点思考”，载 http://www.chinaiprlaw.cn/file/2011042019156.html，访问时间：2012 年 8 月 3 日。

能证明计算机这种现代复制技术的伟大，它使具有审美意义不同字体的单字可以被稳固地保存下来，并能被反复地复制利用。有的国家如美国，作品能被保存下来并被反复复制利用甚至是作品可版权的前提条件。[①] 该规定明确宣示了现代版权和工业大生产相联系。所以，计算机技术使字体单字可以被保存下来并能在工业上反复再现运用的事实，也不应成为否定计算机字体单字构成作品的理由。这就如同音乐作品，其经表演者表演并经现代录制技术制成录音制品后，在卡拉 OK 厅任何人使用同样的调放设备，都可以反复地将该音乐毫无区别地调试出来，这时我们能因为每个人的操作结果相同，就否定最初固定在录制设备中音乐的作品禀赋了？显然不能。

计算机倩体字的创作上，如果我们借用“创造不同于劳动，知识产权保护的是创造而非作为技艺的劳动”[②] 的观点来界定的话，笔者倒是认为，自然人“从设计字稿字体开始到将其扫描输入计算机，再到利用计算机进行数字化拟合和修字、质检的一系列过程”都应属于“创造”行为，它是自然人设计者在字稿字体的基础上，借助于计算机对字体外观进行选择、取舍、综合、判断，并对其整体美进行反复锤炼的过程，该过程独一无二又无可替代。而完成后的字体转移到软件上，仅是作品载体的改变；只要作品的首次固定体现了作者的创造力和智慧本性，其后载体的千万次改变，也都改变不了最初作品的创造属性和独特价值。至于说，计算机倩体字完成后人们利用计算机程序自动提取不同的笔画或偏旁部首来组装单字，才属于不折不扣的“劳动”，其可重复又不包含任何的智识含量，且任何人操作得到相同的结果。这就好比是印刷厂的印刷工人，每个印刷工人使用同样的印刷设备都能印出同样的文件来。尽

---

① 《美国版权法》第 102 条 a 款规定：“版权保护固定在任何有形表述工具上的原创性作品。通过有形的表述工具，作品可以或直接，或借助机器、设备而被感知、复制和传送。”

② 刘春田：“知识产权制度是创造者获取经济独立的权利宪章”，载《知识产权》2010 年第 6 期。

管如此，印刷工人出再大的力卖再大的汗，也永远只能印刷出“书籍”而绝不可能创造出“作品”。[①] 因此，在评价某一客体是否属于作品时，只能以最初成就作品行为的性质加以判断，而不能以后来人们可以反复获得的复制性劳动去评判最初的创造行为。

质言之，我们认为“著作权法对作品的保护，绝不取决于是使用机械还是使用电子设备进行创作，而是取决于创作作品需要付出起码的人的创造性劳动”。[②]“手工制作或模具或机械制作都仅为（实用艺术）作品产生的不同方式，在可版权性判断上不具区分意义。即使以模具或机械制作，只要作为结果的该产品之外形符合美术作品的条件，就不得仅以其为非手工创作为理由而否定其著作权法上的保护适格性。此外，作品的著作权保护以符合独创性为实质条件，也与其是否‘一品制作’无关，不因其创作是否以量产为目的而有所区别，也不因其嗣后是否演化为模具制作而失去可版权性”。[③]

二、计算机字体单字著作权保护实践中的基础问题探讨

前文主要从著作权基本法理的视角明晰了计算机字体单字的可著作权性，在具体保护中还有以下基础问题尚待解决：

---

① 但如果让印刷工人来创作的话，很难创作出作品。作者独立完成了创作行为，就肯定不可能千人一面，而是千人千面、风格各异。

② 谭筱清主编：《数字时代知识产权保护的理论与实务研究》，苏州大学出版社2005年版，第160页。

③ 丁丽英：“实用艺术品纳入著作权对象的原则”，载《厦门大学学报》2004年第6期，第45页。

（一）计算机字体单字受著作权保护的具体类型辨析

计算机字体单字如果说可受《著作权法》保护，又究竟作为何种作品类型来保护更加科学？笔者认为，把它归入现行《著作权法》中的“美术作品”来保护是可行的，理由是：

第一，根据我国《著作权法》及其实施条例的规定，[①] 所谓的“美术作品是指绘画、书法、雕塑等以线条、色彩或者其他方式构成的有审美意义的平面或者立体的造型艺术作品”。根据这一界定，美术作品实际上有三个特征：首先，它是平面和立体的造型艺术品；其次，其表达要素为线条、色彩或其他方式；最后，其类型包括绘画、书法、雕塑等。[②] 对计算机字体而言，它属于造型艺术品毋庸置疑；其次，计算机字体单字创作特点就在于通过字体的“笔形、线条、结构”来体现其审美价值和艺术特征。所以，计算机字体单字也完全符合美术作品以“线条、色彩或其他方式”为其主要表现形式的表达要求。但计算机字体单字究竟属于书法还是绘画作品？笔者倾向于它是介于这二者之间的美术作品。正如倩体“飘柔”二字，其既要运用书法的线条来体现字体之字型结构的运动韵律和趋向，也需要依靠绘画的线条、块面、结构等造型语言，使设计出来的字体在满足平面线条艺术的同时，又能使公众在领略这些单字时体察到其透射出来的女性的“端庄、柔和与大气美”。因此，计算机字体实际上应是书法和绘画艺术的结合，是空间艺术和视觉审美艺术的珠联璧合，其创作需要创作者进行丰富的艺术想象、创作变换和文化摹拟。所以，把计算机字体单字作为美术作品来保护完全符合美术作品的本质特征。

不过，这里需重申的一个重要问题是：美术作品作为艺术作品

---

① 参见《著作权法实施条例》第 4 条第 8 项。

② 金勇军：《知识产权法原理》，中国政法大学出版社 2002 年版，第 266 页。

中的一种，按说作者“个人的动手性具有决定性的重要意义”，[①] 因此有学者就担心字体“通过计算机转化为可在计算机中显示的作品后，这个对作品美学元素解构的过程已经破坏了美术作品的审美意趣，就不能再作为美术作品来保护”[②] 了。笔者认为，这种担心是多余的。因为按照现代著作权理论，个人的动手性对美术作品的形成实际上是并不总是具有决定价值。比如说雕塑作品，谁能否认它在很大程度上系出自于浇铸工人之手创作完成？但谁会认为由于有了浇铸工人的参与，雕塑作品的审美价值就大打折扣了？美术作品中的版画何尝不是如此？很多版画的原件甚至是蚀刻工人根据艺术家的草图在木头、石材等材料上雕刻完成的结果，又有谁会因为蚀刻工人的介入而否定版画作品的审美价值呢？更遑论纯由建筑工人完成的建筑作品了。因此，以个人的动手性为理由来否认计算机字体单字美术作品的禀赋并不合理；因为除书法作品外，对不同美术作品而言，个人动手的特征并不总是必要。

第二，从比较法视角看，在美国，如果字体有装饰性图案的话，也有把计算机字体作为类似于我国美术作品的“绘画、图表和雕塑作品”来保护的情形。[③] 另外，我国境内已经有多起司法判例把计算机单字作为美术作品来对待。[④] 因此，将计算机字体单字作

---

① ［西班牙］德利娅·利普希克：《著作权与邻接权》，联合国译，中国对外翻译出版公司2000年版，第52页。

② 第五次文泓知识产权读书会文字实录，载 http://www.iprcn.com/Rdjj_Show2.aspx?News_PI=394，访问时间：2012年9月5日。

③ Jacqueline D. Lipton. TO ? or Not to ?? Copyright and Innovatiton in the Digital Typeface Industry［J］. U. C. Davis L. Rev. 2009,（43）: 143, 158.

④ 具体参见“北大方正电子有限公司诉潍坊文星科技开发公司案”的一、二审判决［（2003）一中民初字第4414号］、［（2005）高民终字第00443号］；“北大方正电子有限公司诉暴雪娱乐有限公司案”的二审判决［（2007）高民初字第1108号］以及“北京汉仪科印信息技术有限公司诉青蛙王子（中国）日化有限公司、福建双飞日化有限公司、苏果超市有限公司案”的一审判决［南京中院（2011）宁知民初字第59号］，载 www.cpahkltd.com/CN/info.aspx?n=20111110102248580852，访问时间：2012年9月18日。

为美术作品保护有充分的比较法上的资源可资借鉴。不过，在利用“美术作品”保护计算机字体单字时，有两个更为现实和具体的问题引起了学者们的担忧：其一，依据我国《著作权法》，美术作品享有展览权，如果将计算机字体单字归入美术作品保护，印有该字体物品的合法持有人，如印有“飘柔”洗发水的厂家在货架上销售产品，是否属于公开展览而需要著作权人的额外授权？[①] 其二，如果将计算机字体单字归入美术作品保护，著作权人的署名权如何行使？宝洁公司是不是要在每瓶洗发水“飘柔”二字旁注明著作权人？笔者认为这两个问题都好解决，不应成为计算机字体单字作为美术作品保护之障碍。

首先，就展览权看，且不论诸如《伯尔尼公约》未规定美术作品有展览权，部分规定了展览权的国家如德国也明确规定只有未发表的作品才有展览权；作品一经发表，展览权就随发表权一同用尽了。[②] 虽然我国没有作出类似规定，但鉴于计算机字体系实用美术作品，其价值不在于展览而在于将其运用于生产活动后的意义，因此著作权人主要不是通过展览来获得收益，所以在解释上亦应将其排除在享有“展览权”的客体之外。再说，在我国《著作权法》未作修改的情况下，即使认为实用美术作品有展览权，鉴于计算机字体具有“除了字样的设计，并无干湿浓淡之谓，亦无力度之别，没有原件与复制件之分”[③] 的特点，所以也完全可以适用《著作权法》第 18 条“美术等作品原件所有权的转移，不应视为作品著作权的转移，但美术作品原件的展览权由原件所有人享有”的规定，以排除计算机字体单字展览权的适用。

其次，就署名权问题而言，对此我国《著作权法实施条例》第

---

① 吴伟光：“中文字体的著作权保护问题研究——国际公约、产业政策和公共利益之间的影响与选择”，载《清华法学》2011 年第 5 期。

② 黄勤南主编：《新编知识产权教程》，法律出版社 2003 年版，第 69 页。

③ 李琛：“计算机字库中单字著作权之证伪”，载《知识产权》2011 年第 5 期。

19 条已给出了明确规定："使用他人作品的，应当指明作者姓名、作品名称；但是，当事人另有约定或者由于作品使用方式的特性无法指明的除外。"这即是说，对他人的计算机字体单字进行商业化使用时，既可以通过约定方式来行使署名权；也可以在使用方式特别时，如本案将他人的计算机字体单字用做商标，使用情形特殊无法指明作者身份时也可以不指明。实际上，在对作者署名的省略不会对作者已有名誉和声望造成损害且不会减少作者依作品获得名誉或声望机会的情况下，允许根据作品使用的目的和方式省去作者署名之做法，不为我国《著作权法》独有。《日本著作权法》（第 19 条）和《匈牙利版权法》（第 47 条）都有这样的规定。[①] 因此，作者认为通过美术作品来保护计算机字体单字，上述两方面的顾虑实际上都可以被合理地排除掉。

（二）计算机字体字库与字体单字受著作权保护的辩证关系

在计算机字体单字可著作权问题的讨论中，另一个争议更大的议题是：更多人乐意接受将计算机字库[②]作为美术作品保护，却否定当中单字的可著作权性。[③] 美国有学者形象地说道："我们给予的是建筑物的设计以版权保护，而不保护建筑物的每一块砖头。"[④] 对此，我们持怀疑态度，理由如下：

第一，如果说字库整体构成美术作品而单字则否，就如同你指

---

① 郑成思：《知识产权——应用法学与基本理论》，人民出版社 2005 年版，第 366 页、376 页。

② 所谓的计算机字库是指字体单字在计算机软件下的集合。

③ 参见北京市海淀区在"北大方正电子有限公司诉广州宝洁有限公司案"所持的立场，具体参见北京市海淀区（2008）海民初字第 27047 号民事判决书。http：//www. law-lib. com/cpws/cpws_ view. asp？id = 200401522153，访问时间：2012 年 8 月 25 日。

④ Dan Burk. Expression. Selection， Absttraction： Copyright's Golden Braid. *SYRACUSE L. REV.* 2005，（55）：593，615.

着某个自然人作者说“你是人”然后你又指着他的心脏说“它不是人的心脏”一样滑稽。字库与单字犹如森林与树木，如果说字库有著作权而单字却不具有，就犯了“只见森林未见树木”的错误。因为，字库的“独创性”实际上是由单字笔画、线条、块面设计的独特性统一而来。因此，保护计算机字库实际上就是保护单字在“具体笔画或字形结构等表达层面的‘一致性’，它是表达性的因素，而非抽象的思想层面的‘风格’”。[①] 所以单字与字库在独创性问题上是规定与被规定的关系而不是简单的砖头与构筑物的关系。那种认为字库整体构成作品而单字则否的见解，就好比我们指着一片森林叹息“这片森林真美，只可惜没有美丽的种苗”一般滑稽，所以这种倒因为果的做法不足为取。

第二，有观点认为如果字库和单字都享有著作权，人们购买字库后使用单字还须付费，将带来“字字付费、家家交钱”的局面。[②] 再说当单字形成字库实用工具后，单字的权利就应用尽了。对此，笔者认为应这样来看待问题：首先，人们在大街小巷上所看到的牌匾或招贴，可能取自某一商业字库，但更多是当事人自己书就之结果，也或委托他人创作完成之结果，抑或是对公有领域字体的运用，绝大多数情况下都无须付费。所以，明确字库和单字都有著作权不会带来所谓的“字字付费、家家交钱”的情况。至于说单字进字库实用工具后，权利就用尽了，笔者表示异议。就好比书法艺术家将自己书写的千娇百媚、形态各异的“露”字收入书法字帖后，有人需要像宝洁公司那样大规模对字帖中某个书法“露”字为商业性复制和发行使用，试问：著作权人不能收费？实际上，不仅单字进字库后权利不应被穷竭，就是字典的义项之于字典这种实用工具

---

① 崔国斌：“单字字体作品和字库软件可能受著作权保护”，载《法学》2011 年第 7 期。

② 张玉瑞：“字体、计算机字体的版权保护”，载《电子知识产权》2010 年第 9 期。

本身，也不会因“义项”进字典后著作权利就被穷竭了。前些年发生的“中国社会科学院语言所等诉王同亿等抄袭字典作品侵权案”，[①] 学者们也认为字典和义项属于独立作品，义项不会因进入字典实用工具后著作权就穷竭了，未经许可对字典义项的使用同样构成侵权。[②]

第三，从保护的合理性上看，只有同时赋予字库和单字著作权才能保护字库开发者的利益。因为对字库购买人而言，即便是专业字体设计公司，对字库中“所有单字的使用在现实中毕竟是少数，使用人更多体现的是对字库中部分单字的使用”。因此，如果说字库整体享有著作权而单字不享有，字库开发者的利益将被实质性架空。就好比是人们购买一本画册，画册整体本身构成汇编作品，但仅将画册作为作品保护是不够的，因为画册中的单幅画作仍有其独立的价值，人们可能更需要对画册中单幅作品进行利用。因此，从保护的合理性角度看，也绝不能认为画作进了画册后，其著作权就被穷竭了。相反，应在保证画册整体著作权的同时，注意单幅画作著作权的独立性，否则画册著作权人的利益将难以获得实质性的保障。

第四，如果说《著作权法》上有权利穷竭的话，也一定要注意著作权权利用尽的是作品原件或复制件的发行权。[③] 另外，更关键的是作品整体权利用尽不应延及作品之部分的著作权用尽。好比电影作品，经销售后用尽的也应是电影作品著作权中的“发行权”，

---

① 具体案情参见中国社会科学院语言所等诉王同亿等抄袭字典作品侵权案，载 http://blog. sina. com. cn/s/blog_ 4856ccf50100mk0w. html，访问时间：2012 年 9 月 10 日。

② 罗东川：“辞书作品中具有独创性的义项受著作权法保护？——中国社会科学院语言研究所、商务印书馆诉王同亿、海南出版社侵犯辞书作品著作权纠纷案”，载 http://www. chinacourt. org/article/detail/2002/06/id/5988. shtml，访问时间：2012 年 8 月 19 日。

③ 吴汉东：《知识产权基本问题研究》，中国人民大学出版社 2005 年版，第 324 页。

电影作品中的音乐、剧本、剧照的著作权不会因此穷竭用尽。因此，即便你购买了电影作品，对电影作品中主题曲、音乐、剧照等为复制、发行、信息网络传播的使用时，仍需相关著作权人的许可。又比如说专利产品，当专利产品的整机和零部件都有专利权时，专利产品出售后用尽的也仅是整体专利产品的“许诺销售、销售和使用权”，而不会穷竭部件的专利权。也即，未经许可任何人以生产经营为目的拆解专利产品而使用专利部件的行为仍然构成侵权。所以，那种认为字库产品出售后，单字权利也用尽了的见解，显然是对著作权法上“权利用尽”理论的严重误读。

第五，有观点指出，从国际范围来看，很多国家如美国、日本、韩国的版权法或者明确将字库中的单字排除在著作权保护范围之外，或者是根本无对单字进行保护的案例，但这些国家的字库产业照旧发展甚好。在美国，该种没有知识产权保护但产业创造力依然旺盛的领域被称为是“知识产权的盲区”① 地带。有基于此，有学者就认为字库产业营利与否与字库中的单字是否受保护并无直接的关系。我们对此持不同见解，因为我们完全可以质疑说：如果这些国家也对计算机字体单字进行保护的话，兴许它们的字库产业会发展得更好！更何况“知识产权作为一种公共政策工具”② 和“激励创新的媒介”,③ 它仅是刺激产业经济发展的手段之一，字库产业要发展还离不开一国经济、科技和文化教育等多种手段的激励性支持。因此，以发达国家不保护计算机字体单字而字库产业发展良好来推演我国不给予计算机字体单字著作权保护也属合理的做法，不符合形式逻辑上的充足律要求。更何况，一个国家对哪些知识产权

① Adam Moore. Intellectual Property, Innovation, and Social Progress: The Case Against Incentive Based Arguments [J]. HAMLINE L. REV. 2003, (26): 1762 - 64.

② 吴汉东：《知识产权的多元属性及研究范式》，载《中国社会科学》2011 年第 5 期。

③ K. Arrow. Economic Welfare and the Allocation of Resources to Invention, in R. Nelson (ed.), The Rate and Direction of Inventive Activities. Princeton University Press, 1962: 165.

进行保护，原本就是个国别政策的选择问题，并不具有可比性。这就好比是在民间文学艺术保护的议题上，为何从来就没有谁会责问：为何美国不给予保护而中国却给予保护呢？

第六，还有理论从合理期待和默示许可的角度出发，认为当字库出售后，在权利人未作事先明确禁止的情况下，字库购买者不但拥有了对字库整体进行商业性使用的权利，还获得了对字库（通过软件输出）之单字的商业性使用的默示许可。[①] 也就是说，字库（软件）购买者购买字库后，不但可以对字库（软件）进行利用，如利用字库进行内部编辑、为他人进行小样设计和对设计的结果进行输出、打印外，还获得了对字库中单字商业性使用的合理期待。对此我们认为，对字库购买者可合理期待的权利作无限扩张的解释并不合理。因为，字库不管是企业版还是家庭版，购买者充其量只能获得该字库工具的实用功能，比如说利用字库来进行文档编辑，为他人进行广告设计，并将设计的结果进行排版、打印和将广告小样交付他人以确认等。但字库购买者绝不可能获得对字库输出之单字进行大规模商业性“二次使用”的权利。这就好比我们购买了一个预存了歌曲的 MP3，我们支付价款获取的“对价”利益应仅限于对 MP3 播放器实用功能的使用，如利用 MP3 来下载和播放预载的歌曲，但绝不可能还获得了将 MP3 中预存和新下载的音乐进一步大规模商业使用的权利。因为歌曲不是 MP3 的孳息，可以套用民法上的物权规则：在获得了物权的同时还获得了对孳息的所有权。而认为购买字库者获得了对字库单字商业性使用权利之看法，就是把单字作为了字库的孳息来看待，试问：这合理吗？

第七，从比较法的角度看，确有国家的版权法明确规定，字库购买者享有对由字库输出的文档进行任何后续使用的权利，即字库一旦出售其单字的权利就用尽了。如英国《版权、设计以及专利

---

① 芮松燕：“计算机字库中单字的著作权保护——兼评‘方正诉宝洁’案”，载《知识产权》2011 年第 10 期。

法》第54条第1款规定："下列行为不侵犯由字型设计构成之艺术作品的版权：（a）在常规的打字、排版或印刷过程中使用字型，（b）为上述使用目的而持有某一物品，或者（c）对上述使用行为产生的文档、材料进行任何处分；即使上述物品是作品的侵权复制件，使用该物品产生的文档、材料亦不构成侵权。"该规定常被国内学者用做字库中单字权利穷竭的重要证据加以示例。但该规定的理解也不乏异议者，有学者就认为这里"所谓'在常规的打字、排版或印刷过程中使用字型'应指以'实用性'为主要目的使用字库单字……如果以'艺术性'为主要目的使用独创性单字都可能被认定为侵权行为"。"所谓的'实用性'使用，是指将字体当做记录和传递信息的工具，而'艺术性'使用则是指将字体当做可欣赏、可书写的对象来使用"。[①] 笔者赞同该种理解。因为，计算机字体单字，不管其外观多富有变幻、审美价值有多大不同，它首先是"文字"，具有传情达意的功能。因此，如果仅是利用计算机字体单字所代表的"文字"来实现抒情表意的"实用功能"时，显然不能认为构成侵权，因为著作权法不保护"功能"。相反，如果利用涉及的是计算机字体的"艺术"价值部分的话，即便按照英国《版权、设计以及专利法》来理解，其著作权也不会因任何使用目的而穷竭。结合"飘柔"案，宝洁公司显然不是使用"飘柔"二字来传递产品信息功能那么简单，因为如果仅为该目的何须一定用倩体？但宝洁一旦使用了倩体字的"艺术"部分时，即便按英国《版权、设计以及专利法》的理解，也应认为构成了字体单字的侵权而非侵权的例外。

综上所述，笔者认为无论从哪种视角来看，计算机字体的单字和字库都应同时具有著作权，且单字进字库后其著作权利也不应被

① 陈绍玲："汉字字库的著作权保护——以'方正诉宝洁侵犯著作权纠纷案'为视角"，载 http：//blog. sina. com. cn/s/blog_ 4a5ddb240100swii. html，访问时间：2012 年 12 月3 日。

穷竭。这不仅符合《著作权法》的基本法理，也和范式国家对该问题的正确理解立场一致。因此，那种认为单字进字库后著作权就被穷竭的见解实不足取。

三、结　语

基于前述分析，为使我国计算机字体产业获得更好的发展，借助于我国处于《著作权法》第三次修改的良好契机，借鉴相关国际公约和外国先进立法之规定，特拟定几个有关计算机字体单字著作权保护的条款供立法机关参考，以适时推进我国相关立法的完善：

第 n 条　美术作品，是指绘画、书法、雕塑、计算机字体，包括字库与单字等以线条、色彩或者其他方式构成的有审美意义的平面或者立体的造型艺术作品。

第 n+1 条　计算机字体，包括含字库与单字作为美术作品保护，应具有明显的独创性特征，否则不受保护。①

第 n+2 条　计算机字体，包括字库和单字作为美术作品保护，享有美术作品著作权人所享有的一切权利，但展览权除外。

第 n+3 条　计算机字体，包括字库和单字的著作权应受合理使用限制，且以下行为不构成侵权：（1）非出于艺术功能，仅出于纯粹信息传递功能，在常规打字、排版或印刷过程中使用计算机字体；（2）为前述使用目的持有某一物品；（3）对上述使用行为产生的文档、材料进行任何处分，即使上述物品是受保护计算机字体的侵权复制件，使用该物品产生的文档、材料亦不构成侵权。

---

① 这是借鉴德国等国家做法后所作的安排，目的是更好地划清字体保护和公共领域的界限，以更好地保护社会公众传统的用字自由。

第 n+4 条　计算机字体，尤其是字库的购买者出于纯粹的艺术目的，在不符合第 n+3 条的条件下使用单字的，需经著作权人的同意并支付报酬，否则为侵权。

第 n+5 条　计算机字体受著作权保护期为 25 年，自字体首次销售后开始算起，截止于第 25 年的 12 月 31 日。[①]

希冀上述建议对我国未来《著作权法》的立法完善有所助益。

① 这里主要借鉴了欧盟、英国、德国和我国香港地区的做法，这些国家和地区都明确规定字体保护的时间最长不超过 25 年。

未注册商标的权利产生机制与保护模式

冯术杰*

在中国法的语境下，未注册商标包括未注册驰名商标、超过普通注册商标保护范围的注册驰名商标、“在先使用并有一定影响的商标”、①“在先使用但不具有一定影响的商标（在先使用的普通未注册商标）”、② 通过使用获得显著性的描述性商标③以及《反不正当竞争法》上的知名产品特有的名称、包装和装潢。④ 处于申请日与注册日之间的商标应在注册商标权的范畴内予以规制，在此不论。⑤ 目前，对这些未注册商标保护制度的研究尚未形成完整的理论体系，对其权利产生机制没有作出清楚的阐释，对其保护途径的

---

* 作者简介：冯术杰，清华大学法学院讲师。

① 即我国《商标法》第31条所保护的未注册商标。根据该条，申请商标注册“不得以不正当手段抢先注册他人已经使用并有一定影响的商标”。

② 即对应我国《商标法》第31条所保护的商标。

③ 根据我国《商标法》第11条的规定，描述性标识经过使用取得显著特征并便于识别的，可作为商标注册。

④ 我国《反不正当竞争法》对知名产品特有的名称、包装、装潢的保护与对未注册商标权的保护出于同一法理。此类客体自身的命名和装饰功能并不影响其发挥识别性功能从而同时成为商标。See Arthur R. Miller and Michael H. Davis, Intellectual Property; Patents, Trademarks and Copyright, 3rd Edition, Thomson West, 2000. p. 170. 另参见李明德：《美国知识产权法》，法律出版社2003年版，第336页。

⑤ 冯术杰：“论注册商标的权利产生机制”，载《知识产权》2013年第5期。

法理认识也不充分。[①] 在法哲学层面，劳动财产权理论常被用于解释未注册商标权的产生；[②] 在商标法自身的理论框架内，学界也通常认为因商标使用而产生的事实上的显著性是对未注册商标予以保护的正当性所在；在民法的框架内，商标权的产生问题属于知识产权法融入民法体系的问题。有学者早已指出："知识产权的发生、行使和保护，适用全部民法的基本原则和基本的民事规范。"[③] 目前的著述多关注于商标权的性质和内容，并将其与物权进行参照对比，得出注册商标权准用物权有关规则的结论。[④] 但知识产权（尤其是商标权和专利权）的产生是如何适用民法的基本原则和规范的问题，学界却少有论及。[⑤] 而在民法体系内，"民事权利的变动为法律上最为重要和最为复杂的问题"，[⑥] 因此从民法角度对未注册商标权的产生机制进行研究具有重要意义。

从民法一般理论来看，民事权利总是存在于民事法律关系之中，故民事权利的产生必然同时也是其赖以存在的民事法律关系的产生，而民事法律关系总是产生于法律事实。那么，从法律事实的角度来看，未注册商标权法律关系是产生于商标使用行为吗？对于这种使用行为应如何定性？该使用行为应满足何种条件？这一权利产生机制对未注册商标权的保护模式有何影响？本文即尝试运用法律事实理论来分析未注册商标权的产生机理，并在此基础上对其保护模式予以考察。

---

① 有学者对此作了有益探讨。参见王春燕："商标保护法律框架的比较研究"，载《法商研究》2001 年第 4 期。

② 彭学龙："试论商标权的产生机理"，载《电子知识产权》2006 年第 6 期。

③ 刘春田："知识财产权解析"，载《中国社会科学》2003 年第 4 期。

④ 汪泽："知识产权与物权之比较"，载《中国工商管理研究》2003 年第 4 期；蒋万来：《知识产权与民法关系之研究》，中国社会科学出版社 2010 年版，第 138～162 页。

⑤ 有学者探讨了知识产权的变动模式，并采用类比方式分析指出知识产权准用物权的变动模式。参见苏平："知识产权变动之理论基础及模式选择"，载《重庆理工大学学报（社会科学版）》2012 年第 9 期。

⑥ 梁慧星：《民法总论》，法律出版社 2011 年版，第 61 页。

一、作为法律事实的商标使用行为

首先，未注册商标权的产生与商标使用人是否意欲创设商标权的意思表示无关。某个标识成为具有识别性的商标，是指经营者对有关标识的使用使得公众将特定产品或服务与该经营者相对应，从而得以将其与其他经营者的产品或服务予以区分。其作为一个客观的事件或状态，与经营者及公众的意志均无关。比如，公众可能将某个经营者产品包装上的独特颜色组合认作区分该经营者产品与其他同类竞争产品的标识，而该颜色组合对于经营者来说纯粹是个装饰性图案，甚至经营者并不认可公众将其视为他的商标。即便如此，其都不影响未注册商标显著性的存在及未注册商标权的产生。因此，使产品或者服务标识在经营中产生显著性特征的商标使用行为是一种事实行为，而非法律行为。在“伟哥案”中，最高人民法院认为，对未注册商标标识主张权利的人必须有实际使用该标识的行为并具有将该标识作为其商标的意图。[①] 但从上文的分析可见，商标使用者的意图并不是未注册商标权产生的要件。

---

① 威尔曼公司于1998年6月2日向国家商标局提出“伟哥”商标的注册申请，并在相关药品上使用该商标。辉瑞公司于2002年9月20日对商标申请提起异议，并于2005年10月11日在北京市第一中级人民法院对广州威尔曼公司等提起商标侵权和不正当竞争之诉。辉瑞公司的异议和起诉均基于其作为“伟哥”未注册商标的权益人的事实，但辉瑞公司承认其未在中国内地对该商标作过商业使用，而是媒体和公众将其外文商标“VIAGRA”称为“伟哥”。2008年12月17日，国家商标局在（2008）商标异字第10226号及第10227号商标异议裁定书中认定，经多年宣传使用，“伟哥”已实际成为与辉瑞公司的相关药品及商标所对应的中文标识，且为社会公众所知晓，异议成立。最高人民法院在（2009）民申字第312号和第313号民事裁定书中认定，媒体在宣传中将“VIAGRA”称为“伟哥”，不能确定为反映了辉瑞公司当时将“伟哥”作为商标的真实意思，故申请再审人所提供的证据不足以证明“伟哥”为未注册商标，侵权主张不成立。

其次，在实行商标注册取得制度的国家，未注册商标原则上得不到保护，能够得到保护的必须是具有较高知名度的在先使用商标。在实行商标使用取得制度的国家，也只有对一个标识的充分和持续的商业性使用才能产生商标权。① 普通法上的假冒之诉也不保护刚投人使用的未注册商标。② 这表明单纯的商标使用行为并不能导致未注册商标权的产生。但这不足以否定使用行为与未注册商标权产生之间的因果关系，因为在民事权利领域有些行为必须达到一定的量的门槛才能引起法律关系的发生。比如，在取得时效制度中，占有人仅在对物的持续占有达到法定年限后才能取得所有权。就未注册商标权而言，适用的不是这样的时间性量化门槛而是后果性门槛即商标使用行为应使得所使用的标识具有显著性。可见，商标使用行为所引起的后果（显著性）是该权利产生的必要条件，甚至可以认为该后果已经取代商标使用行为成为导致未注册商标权产生的法律事实。如果是这样，那么该法律事实的性质作为客观事件，是一种状态。③ 所谓商标“被动使用”的概念即建立在这一认识的基础之上。④

但实际上，未注册商标权仍是产生于商标使用这一事实行为，商标使用行为所引起的后果（标识的显著性）只是事实行为的一个构成要件。因为与实现私法自治原则的法律行为不同，事实行为适用法定主义原则，其客观性特征和权利义务效果法定性的特征决定了它在法律上必定有构成要件问题。⑤ 在实证法上，各国民法对于事实行为的要件概括也并不限于对行为的描述，而往往包括行为的

---

① 李明德：《美国知识产权法》，法律出版社 2003 年版，第 288 ~ 289 页。

② 在普通法国家引入商标注册取得制度之前，未注册商标权可以通过相对较短时间的使用而获得。See David 1. Bainbridge, Intellectual Property, 6th Edition, Longman, 2006, p. 730.

③ 梁慧星：《民法总论》，法律出版社 2011 年版，第 63 页。

④ 邓宏光：“为商标被动使用行为正名”，载《知识产权》2011 年第 7 期。

⑤ 黄安生：《民事法律行为》，中国人民大学出版社 2002 年版，第 82 ~ 83 页。

后果或状态的持续等事实要素。而且，“民法对事实行为的概括往往以行为所造成的客观后果作为最终构成要件。这就是说，对于事实行为来说，不仅有是否构成的问题，而且有何时构成的问题。而事实行为的构成时间是民法所不能回避的，它决定着权利义务的发生和时效的起始。”① 这一理论完全适用于未注册商标权的产生机制，因为未注册商标权仅产生于其显著性或较高知名度的发生之时。这也契合《商标法》第13条关于驰名商标保护规范的解释和适用的实践。根据该条的规定，符合条件的驰名商标可以阻止某些在后的注册商标申请。为此，权利主张者须证明其商标于在后注册商标申请日之时已处于“驰名”状态。② 这正表明商标使用行为所造成的客观后果是商标使用这一事实行为的最终构成要件。

由此，我们可以得出的结论是，未注册商标权产生于商标使用这一事实行为，该事实行为的构成条件包括商标使用行为和作为该行为后果的商标显著性。接下来的问题则是商标使用行为是如何使所使用标识产生显著性的。

二、商标使用行为与显著性的产生

对这个问题的讨论必须引入与商标具有天然密切关系的另一个概念——商誉。在普通法的假冒之诉制度中，商誉被定义为经营者就其产品或服务享有的能吸引客户的声誉。③ 具体而言，声誉可以

---

① 黄安生：《民事法律行为》，中国人民大学出版社2002年版，第82~83页。

② 在普通法上的假冒之诉中，也要认定被诉行为开始之日原告的商誉是否已经建立。See David Bainbridge, Intellectual Property, 6th Edition, Longman, 2006, pp. 730 - 731.

③ See Commissioners of Inland Revenue v. Muller & Co's Margarine Ltd. (at 223). 转引自 David 1. Bainbridge, Intellectual Property, 6th Edition, Longman, 2006, p. 725.

包含良好的信誉和知名度两个方面。假冒之诉制度的核心保护对象是前者，而未注册商标的显著性主要涉及后者；因为前者的目的在于制止对良好商誉的“搭便车”行为，而后者旨在保护商标的识别功能。因此，就产生未注册商标权的商誉而言，它应当是达到某种最低门槛的商誉。一个经营者从开业之始就积累商誉，其经营活动（包括产品或服务的提供、广告宣传等）对商誉的提升或降低产生持续的影响。

通常而言，商标显著性的产生过程表现为，产品或服务提供者的经营行为使其产品或服务在公众中积累了商誉，形成了“公众—产品或服务的商誉—产品或服务的提供者”的关系。同时，公众也将经营者所使用的标识与该特定产品或服务的商誉联系在一起，形成了“公众—产品或服务的商誉—商标—产品或服务的提供者”的关系。值得注意的是，一方面，经营者的商誉是与其提供的产品或服务紧密结合在一起的，公众是通过辨别彼此商品之间的不同来区分不同商誉的；[①] 另一方面，尽管公众明白该商誉一定对应着一个经营者，但是往往并不清楚与该商誉所对应的具体经营者究竟是谁。[②] 一个常识性的例子就是，人们通常并不知道那些知名品牌背后的公司名称。公众其实是借助商标或者产品特有的包装、装潢、名称等商业标识，才将以特定产品或服务为载体的商誉彼此区分开来。未注册商标成为可以区分特定经营者的标识，就是因为它与特定经营者的商誉之间存在联系，是该商誉的载体。这也是为什么通常要求未注册商标必须与其商誉一起进行转让的原因。而判断未注册标识是否具有显著性或较高知名度，就是判断与该标识所联系的商誉是否达到一定的量化门槛，[③] 这一限制门槛事实上是一个人为

① 李明德：《美国知识产权法》，法律出版社2003年版，第288～289页。

② Arthur R. Miller and Michael H. Davis, Intellectual Property; Patents, Trademarks and Copyright, 3rd Edition, Thomson West, 2000. p. 158.

③ 当然，这里排除了不可能具有显著性的标识，比如产品的通用名称。

主观拟定的标准。

可见，未注册商标的显著性产生于经营者特定产品或服务之商誉产生过程中的标识使用，在这一过程中标识与承载特定商誉的产品或服务形成了明确的对应关系。而在“索爱案”、[①] “陆虎案”[②] 和“伟哥案”中，涉案的所谓“商标”并没有与特定经营者在特定商品上的商誉建立联系，其所对应的也不是产品或服务的提供者，而是另一个商标，媒体或公众使用涉案所谓“商标”的情形就是如此。商标的显著性意味着它在公众心目中直接对应着某个特定产品或服务的商誉，凭借该标识与特定产品或服务之间的这种联系能够

---

① 刘建佳于2004年8月7日获得“索爱”商标的注册，指定产品为影碟机和电话机等商品。2005年6月7日，索尼爱立信（中国）公司对该商标提出撤销申请；其主要理由是：争议商标是对该公司的“索爱”未注册驰名商标的侵害，该商标的注册具有不良影响。索尼爱立信（中国）公司用于证明其合法权益的证据就是媒体使用“索爱”对其公司和产品的报道，但据报道该公司副总裁曾公开否认“索爱”为其公司简称。2007年11月28日，商标评审委员会在商评字（2007）第11295号裁定书中裁定异议不成立。2008年1月23日，索尼爱立信（中国）公司向北京市第一中级人民法院提起行政诉讼，称争议商标的注册是其在先使用的具有一定影响的未注册商标的恶意抢注。2008年8月1日，北京市第一中级人民法院在（2008）一中行初字第196号行政判决书中认为，“索爱”已被广大消费者和媒体认可并使用，具有了区分不同商品来源、标志产品质量的作用，这些实际使用效果、影响自然及于索尼爱立信（中国）公司，其实质即等同于使用，遂判决撤销商标评审委员会商评字（2007）第11295号裁定。刘建佳向北京市高级人民法院提出上诉。北京市高级人民法院在（2008）高行终字第717号行政判决书中认为，索尼爱立信（中国）公司并未主动将“索爱”商标作商业使用因而对其不享有权益，判决撤销一审判决。

② 吉利公司于2001年3月7日在汽车等产品上获得了“陆虎”商标的注册。2004年4月26日，路华公司对该商标提出撤销申请，理由是其在商标申请日前已经被中国公众用于呼叫“LAND ROVER”越野车，吉利的注册属于恶意抢注其在先使用并有一定影响的商标，但路华公司提供的证据主要是媒体使用“陆虎”时其“LAND ROVER”越野车的报道。商标评审委员会在商评字（2010）第17256号裁定书中认定撤销理由不成立。北京市第一中级人民法院在（2011）一中知行初字第1043号判决书中认定，“陆虎”作为英文“LAND ROVER”的中文呼叫已经被中国相关公众广泛认同，与“LAND ROVER”当时的权利人宝马公司形成了唯一的对应关系，因此，中文“陆虎”已被广大消费者和媒体认可，具有了区分商品来源、标志产品质量的作用，实质上已经成为“LAND ROVER”在中国的使用标识，判决撤销商标评审委员会的上述裁定。北京市高级人民法院（2011）高行终字第1151号判决书维持了一审判决。

将其与其他产品或服务相区分。在前述案件中，公众并不能在市场上凭借“索爱”“陆虎”或“伟哥”来识别特定的产品，而必须借助“索尼爱立信”“LAND ROVER”或“VIAGRA”这些与特定产品的商誉联系在一起的商标才能找到对应的产品。因此，前述涉案的所谓“商标”不构成商标，只能算是相关商标的一种通俗称谓，不能适用我国《商标法》第31条有关禁止商标抢注的规定。[①] 同理，与知名商标相近似的假冒标识是经由该知名商标而指向后者的产品服务提供者；而假冒标识本身并没有与该商品服务提供者的商誉建立联系，因此也不具有显著性，不能产生未注册商标权。[②]

三、作为商标使用行为后果要件的显著性

在商标使用取得制度下，经营者只要在其提供的产品或服务上真实而有效地使用商标就可以获得商标权；这种使用不必获得广泛的公众承认，只要是持续的商业性使用就可以。[③] 可见，未注册商标的显著性门槛就是使用行为使得所使用的标识产生事实上的显著性，即相关公众能使被使用的标识就特定产品或服务与其提供者之间产生对应关系，从而与其他经营者相区分。使用是商标权取得的唯一途径，商标使用取得制度的价值取向就是保护事实上的正当法

① 尽管这些涉案的所谓“商标”不构成未注册商标，但因为这些标识与有关商标间的联系而容易引起混淆，因此应禁止其进行注册（参见李深：“商标所指的意义与解读——评‘索爱’商标争议行政诉讼案”，载《中国专利与商标》2009年第3期）。此外，民法的公序良俗原则也可用于确定该商标申请行为的效力。

② 正如有学者指出的，这是商标“被动使用”理论所难以解释的问题。参见黄汇、谢申文：“反驳商标被动使用保护论”，载《知识产权》2012年第7期。

③ 李明德：《美国知识产权法》，法律出版社2003年版，第288～289页。

益和竞争秩序。[①]

在商标注册取得制度下，注册程序较之使用取得更能公示商标权的存在并且明定权利的边界与范围，从而有助于提高法律制度的确定性和商标取得制度的实施效率。为此，立法者希望并力推经营者通过注册取得商标权，并且为此而不再承认使用行为可以产生商标权。比如，《法国知识产权法典》第 L. 712—1 条规定，商标所有权通过注册取得。自 1964 年《法国商标法》[②] 生效实施以来，除驰名商标之外，取得商标权的途径只有注册，商标的使用行为不产生任何权利。[③] 对《比荷卢商标公约》[④] 具有司法解释权的比荷卢法院在 2011 年给比利时最高法院的诉前问题答复中明确指出：《比荷卢商标公约》的立法者选择了只保护注册商标，任何人都不能就未注册商标寻求该公约的保护；立法者这样做的目的就是要鼓励商标注册，从而为第三人提供法律稳定性，即第三人可以通过商标注册簿来核实其是否能使用所选定的商标。[⑤] 意大利最高法院也在 1998 年第 3236 号判决中指出，意大利商标制度的一个重要基础就是要鼓励商标注册的逻辑。[⑥] 这种向商标注册取得制度倾斜的做法是以牺牲以往所承认的未注册商标保护的“利益”为代价的；但相对于商标注册主义制度带来的好处，这一代价被认为是可以接受的。

同时，商标注册取得制度的逻辑也在技术层面瓦解商标使用取

---

① 普通法上没有法律事实引起法律关系发生的概念，法官在涉及商标权存立纠纷的案件中尤其须做好这种自足性的论证。

② Loi n̊64—1360 du 31 décembre 1964 sur les marques de fabriyue, de commerce ou de service.

③ JérÔme Passa, Droit de la propriété industrielle (Tome I), L. G. D. J., 2006, p. 152.

④ 《比荷卢商标公约》是比利时、荷兰和卢森堡三国共用的“商标法”，比荷卢商标局是三国共用的商标局。

⑤ Arrêt N°. C. 07. 0447. N, Cour de Cassation (Belgique), 15 Sept. 2011.

⑥ Simone Verduc-Galletti et Alessandro Mannini, 《la protection de marques non enregistrées et autres signes commereiaux en Italie》, Les cahiers de Propriété intellectuelle, Vol. 21, No. 2, 2009, pp. 555 - 564.

得模式，这尤其表现在在先使用的未注册商标与在后注册的商标发生冲突的时候：如果在先使用的商标仅达到了使用取得制度下的显著性门槛，那么就不能对抗在后的注册商标申请。试想仅在有限的局部地区和部分公众中具有显著性的未注册商标如何能阻止他人在全国范围内的权利主张？而即便在商标使用取得制度下，仅在甲地使用的商标也不能阻止他人在距离较远的乙地使用相同的商标。[①]原因很简单，因使用而取得的商标权，其效力仅及于商标使用行为所涉及的地域范围，[②] 这就是事实行为引起民事权利发生的法定性后果。如果要阻止在后的商标注册，在先使用的商标就必须具有足够的显著性或知名度，从而使得其权利范围足够大。在严格采用商标注册取得制度的国家，如法国、比利时、荷兰、卢森堡、葡萄牙，能达到这种显著性门槛的只有《巴黎公约》第6条之二意义上的驰名商标，驰名度使得此类商标可以得到相当于注册商标的保护；[③] 在采取商标注册取得制度的另一些国家，如德国、瑞典和芬兰，具有一定知名度的使用商标可以产生完整的“商标权”。[④] 在中国法上，能达到这一门槛的未注册商标只有未注册驰名商标和超过普通注册商标保护范围的注册驰名商标，即便获得了第二含义上的描述性商标也必须经由注册才能产生完整的商标权。[⑤] 也就是说，我国《商标法》所承认的可以通过使用而产生商标权这一民事权利的情形仅限于驰名商标。那么，在先使用并有一定影响的商标和知名商品特有的名称、包装、装潢是依据何者获得保护的呢？体现为民法上诚实信用原则的《商标法》第13条对于前者的保护以在后

① 违反诚实信用原则的恶意行为在此暂且不论。

② Arthur R. Miller and Michael H. Davis, Intellectual Property; Patents, Trademarks and Copyright, 3rd Edition, Thomson West, 2000. p. 159.

③ JérÔme Passa, Droit de la propriété industrielle (Tome I), L. G. D. J., 2006, p. 152.

④ Annette Kur, Harnronization of the Trademark laws in Europe: An Overview, II C, 28 (1), 1997, pp. 1 - 23.

⑤ 参见我国《商标法》第11条。

注册商标申请人的“不正当”抢注手段为必要条件，而《反不正当竞争法》本身就是诚实信用原则的类型化适用。因此，也可以说这一保护途径是诚实信用原则和反不正当竞争法。

四、诚实信用原则和反不正当竞争法作为未注册商标的保护依据

从比较法来看，采用商标注册取得制度的国家对在先使用的未注册商标也并非全然不予保护，尽管原则上不赋予其“权利”：在商标注册环节，它们通过诚实信用原则来规制商标的恶意抢注；在商标使用环节，则一般借助反不正当竞争法来禁止对于具有较高商誉之商标的假冒行为。如前所述，商标注册取得制度的价值选择使得立法者拒绝保护未注册商标的做法具有了正当性，这一取舍被认为符合比例原则。但是，商标法是民法所涵盖的一个领域，也是法理意义上的反不正当竞争法的一个部分，因而商标制度所遗弃的“权益”仍在民法和反不正当竞争法的关怀之中。作为民法基本原则的诚实信用原则不可能不理会商标领域的恶意抢注行为，而反不正当竞争法也不能不对经由假冒商业标记的商誉侵犯行为予以规制。从这个角度来看，诚实信用原则和反假冒规则在商标法领域的适用不是商标法调遣使用的结果，而是民法和反不正当竞争法自身的需要。

就诚实信用原则的适用而言，在性质上，这已经不是对未注册

商标“权（利）”的实现，而是对恶意行为受害者的保护。[①] 在这种情形下，对于未注册商标的使用认定已经不具有决定意义，核心的是对于抢注者的恶意认定和对诚信原则的解释。[②] 比如，在法国法上，明知是他人使用的商标而抢注的行为或以阻碍竞争对手的商标使用为目的的抢注行为[③]都在禁止之列；[④] 欧盟法院也对《欧盟商标条例》第 51 条第 1 款（b）项[⑤]的恶意情形作了开放性解释。[⑥] 我国《商标法》对商标恶意抢注行为的规制也是适用诚实信用原则，[⑦] 但问题在于我国《商标法》第 13 条对于该原则的适用范围规定得太窄，仅适用于具有较高知名度的商标而不能适用于普通的在先未注册商标。这一做法使得该条款的法理基础摇摆于诚实信用原则与正当商誉保护之间，也反映出立法者在诚实信用原则的适用上不敢向司法机关赋权的保守态度。由于该条款对商标恶意抢注行为

① 这两者在适用条件上的区别在于：前者不以抢注者的恶意为条件或直接适用法律上的恶意推定（我国《商标法》第 13 条对驰名商标的保护属于未注册商标权的实现而不是诚实信用原则的适用，驰名商标权的产生所要求的高显著性条件为恶意推定提供了可靠的事实基础），而后者则仅适用于权益主张者能证明抢注者恶意的情形。

② 正如我国《商标法》第 15 条对代理人或代表人恶意抢注被代理人或被代表人商标的规制。该条的适用即不以涉案商标的知名度为条件。

③ CA Vervailles, 19 déc. 1996; D. Affaires 1997. 312 et sur pourvoi, Cass. Com. Ler juin 1999: D. 2001. Somm. 472, orbs. Durrande.

④ Pierre Sirinelli, Sylviane Durrande et Antoine Latreille, Code de la propeiété intellectuelle (commenté), 10e édition, Dalloz, 2010, Art. L. 712－2, note 2, p. 614.

⑤ 《欧盟商标条例》(40/94) 第 51 条是关于商标无效的绝对理由，其第 1 款（b）项规定，欧盟商标应在某些情形下被宣告无效，其中包括商标申请人提交申请是恶意作为的情形。

⑥ See Chocoladefabriken Lindt&Sprüngli AG v. Franz Hauswirth (C-529/07); Ron Moscona, Bad Faith as Grounds for Invalidation Under the Community Trade Mark Regulation-the ECJ Decision in Chocoladefabriken Lindt&Sprüngli AG v. Franz Hauswirth GmbH, E. I. P. R., 32 (1), 2010, pp. 48－50.

⑦ 《最高人民法院关于审理商标授权确权行政案件若干问题的意见》（法发〔2010〕12 号）第 18 条规定：根据我国《商标法》的规定，申请人不得以不正当手段抢先注册他人已经使用并有一定影响的商标。如果申请人明知或者应知他人已经使用并有一定影响的商标而予以抢注，即可认定其采用了不正当手段。

的规制效果太差，执法机关不得不在其解释和适用中尽可能地作出变通的补救：法院往往在抢注方具有明显恶意的案件中才不得不勉强认定被抢注商标“具有一定影响”；[①] 而对于连勉强认定都不能奏效的情形，国家商标局和商标评审委员会也曾通过对《商标法》第41条第1款[②]的扩张解释，使得“以其他不正当手段取得注册的”、不具有一定影响的未注册商标得依诚实信用原则被撤销，但这一解释已经被最高人民法院相关司法解释的规定[③]所否定。[④] 实际上，关于诚实信用原则的适用，《商标法》第15条的规定即是很好的例子：该条禁止代理人或代表人抢注被代理人或被代表人的商标。该规范的适用不以被抢注商标的知名度为条件，而仅以代理或代表关系的存在为恶意抢注的证明。这一规定来源于《巴黎公约》第6条之七，属于国际层面广泛承认的商标恶意抢注情形。

在反不正当竞争法方面，普通法上的假冒之诉和大陆法上的反不正当竞争法都在商标法之外对商标的保护起着补充作用，其目的就是制止对良好商誉的恶意“搭便车”行为。而这也正是商标法与反不正当竞争法在商标保护上的分工界限，这一分工的理论基础就

---

① 比如“家家酒案”，参见北京市高级人民法院（2006）高行抗终字第474号判决书。

② 根据我国《商标法》第41条第1款的规定，已经注册的商标，违反本法第10条、第11条、第12条规定的，或者是以欺骗手段或者其他不正当手段取得注册的，由商标局撤销该注册商标；其他单位或者个人可以请求商标评审委员会裁定撤销该注册商标。

③ 《最高人民法院关于当前经济形势下知识产权审判服务大局若干问题的意见》（法发〔2009〕23号）指出，应“正确区分撤销注册商标的公权事由和私权事由，防止不适当地扩张撤销注册商标的范围，避免撤销注册商标的随意性”；随后的《最高人民法院关于审理商标授权确权行政案件若干问题的意见》明确规定，人民法院在审理涉及撤销注册商标的行政案件时，审查判断诉争商标是否属于以其他不正当手段取得注册，要考虑其是否属于欺骗手段以外的扰乱商标注册秩序、损害公共利益、不正当占用公共资源或者以其他方式谋取不正当利益的手段。对于只是损害特定民事权益的情形，则要适用《商标法》第41条第2款、第3款及《商标法》的其他相应规定进行审查判断。

④ 汪泽：“《商标法》第四十一条第一款‘以其他不正当手段取得注册’的理解与适用——第1127045号‘Haupt’商标争议案评析”，载《中国发明与专利》2007年第3期。

是商标的两个功能即商标的识别功能（由商标法保护）和商誉的承载功能（由反不正当竞争法保护）。[①] 在20世纪20年代美国学者推出驰名商标反淡化保护理论之后，商标新功能理论的发展并未对大陆法主要国家的传统商标功能认识带来很大冲击，法国和德国均仍认为商标商誉的保护问题在性质上属于反不正当竞争法的范畴。[②] 但随着驰名商标反淡化制度在各国商标法框架内的推广，大陆法系国家也逐渐将对注册商标的商誉保护规则纳入商标法的范畴。比如，在商标的侵权判定和损害赔偿确定中会考虑被侵权商标的知名度，从而实现对此类商标的强化保护而不必同时援引反不正当竞争法。但就未注册商标而言，由于其在采取商标注册取得制度的国家中不能被赋予商标权，而其又属于反假冒制度所保护的多种商业标识之一（其他如企业名称、标牌），因此很自然地被归入了反不正当竞争法的调整范围。多数欧洲国家也是通过反不正当竞争法保护具有一定商誉的未注册标识。[③] 比如在法国法上，《法国民法典》第1382条关于侵权责任的条款就对未注册商业标识的不正当竞争行为予以规制。在意大利法上，驰名商标之外的未注册标识的保护也都没有规定在知识产权法典中，而是适用《意大利民法典》中规制不正当竞争行为的条款；而该条款的引用者都必须证明其所使用的商标具有较高知名度，而且要通过实际使用的证据明确其受保护的地域范围。[④] 德国、瑞典和芬兰尽管在立法上规定商标权可以通过使用取得，但这不是与商标注册取得制度相对称的使用取得制度；因

---

① See Hazel Carty, Do Marks with a Reputation Merit Special Protection?, E. I. P. R., 192), 1997. pp. 684 – 688.

② See Hazel Carty, Do Marks with a Reputation Merit Special Protection?, E. I. P. R., 192), 1997. pp. 684 – 688.

③ See Gerhard Schricker, Twenty-five Year of Protection Against Unfair Competition, II C, 26 (6), 1995, pp. 782 – 801.

④ Simone Verduc-Galletti et Alessandro Mannini, la protection de marques non enregistrées et autres signes commereiaux en Italie, Les cahiers de Propriété intellectuelle, Vol. 21, No. 2, 2009, pp. 555 – 564.

为其保护的只是具有较高声誉的未注册商标，而且这种商标权的保护逻辑和实现方式在性质上仍是反不正当竞争法。比如权利主张者必须在每个案件中举证证明其商标具有较高的声誉，其“权利”仅在其知名度所及的范围内被保护，此种商标权并不必然像注册商标那样能阻止在后的相同或近似商标注册，[①] 侵权人的恶意（推定）是侵权构成的要件，在德国还不能依此种权利向专利商标局提出异议而只能诉诸费时费力的司法程序。因此，从法律性质上来说，德国商标法对未注册商标的保护并不是通过使用取得制度而是通过反不正当竞争法实现的。在中国法上，未注册商业标识的保护被规定在《反不正当竞争法》第5条之中，而根据《最高人民法院关于审理不正当竞争民事案件应用法律若干问题的解释》，《反不正当竞争法》第5条第2项对知名商品有关标识的保护以第三人的恶意为条件并考虑被假冒标识知名度的地域范围。[②] 这表明我国《反不正当竞争法》对商业标识的保护也是以商誉的保护为目标，其与《商标法》的分工界限在理论基础上也是清晰的。[③] 因此，具有一定知名度的未注册商标也应当由反不正当竞争法而非由商标法保护。

此外，在诚实信用原则和反不正当竞争法这两种对未注册商标的保护制度之间还存在一个协调的问题：对于具有较高知名度从而可以获得反不正当竞争法保护的商标，如果它不能依据诚实信用原则阻止在后的商标注册，是允许它在原有的地域范围内继续使用，还是因其对在后注册商标构成侵权从而要停止使用？与专利法领域

① Rialto. /. Rialto（I ZR 8/89）.

② 《最高人民法院关于审理不正当竞争民事案件应用法律若干问题的解释》（法释〔2007〕2号）第1条第2款规定，在不同地域范围内使用相同或者近似的知名商品特有的名称、包装、装潢，在后使用者能够证明其善意使用的，不构成《反不正当竞争法》第5条第2项规定的不正当竞争行为。

③ 只是我国《反不正当竞争法》第5条第1项关于假冒注册商标的规定不再必要，因为目前的《商标法》已经吸纳了保护注册商标的商誉这一本属于反不正当竞争法的职能。实践中，这一条款也一直是个摆设。

可以允许在先使用的例外不同，[①] 商标法领域不允许可能造成混淆的两个相同或近似商标的共存；因为即使相关竞争者可以对其相互利益作出妥协，消费者的利益也会受到侵害，而后者被认为是一种必须保护的公共利益。因此在理论上，在先未注册商标与在后注册商标发生冲突时，解决的方案必须是“有你没我，有我没你”，但不同的国家有着不同的协调性解决方案。在法国法上，在后的善意注册商标所有人有权制止在先未注册商标的使用，即便前者具有一定的知名度。在理论上，这一规则肯定会损害在先使用人的“利益”；但在实践中，凡是在先使用的商标具有一定的知名度（即便其知名度限于局部地区），在后的注册商标基本上都会依诚实信用原则被撤销。原因就在于，恶意推定规则在此类案件中得到了广泛适用，即便在后注册人不处于在先使用商标的使用区域也会推定其作为相关领域的经营者应当知道该使用商标的存在。[②] 因此，诚实信用原则适用中的这一恶意推定规则在很大程度上补救了法国因实行严格注册取得制度给在先权益主体造成的损害。在意大利，在先使用并具有较高知名度的未注册商标可以得到反不正当竞争法的保护：[③] 如果其知名度覆盖全国大部分地区，则可以阻止在后的商标注册；而如果其知名度仅存在于局部地区，则不能阻止在后的善意

① 即专利申请日之前已经开始使用专利技术或已经做好必要的使用准备的第三人，可以在专利权授予之后在原来的范围内继续使用，而不构成专利侵权（参见我国《专利法》第69条）。允许此种在先使用权作为专利权的例外，不会侵害公众利益，对于专利权人的权益限制也非常有限。比如，此种例外符合《与贸易有关的知识产权协议》第30条所规定的条件，即属于专利权的有限例外，不会与专利权人权利的正常行使发生不合理的冲突，也不会不合理地损害专利权人的正当利益。

② 在我国对知名商品特有的名称、包装和装潢的保护实践中，也有观点主张凡是具有一定知名度的被仿冒商品均可以被认定为是知名的，从而实行恶意推定。

③ 反不正当竞争法的保护以未注册商标所具有的较高商誉为条件，因此这一条件是动态满足的，总要以权益主张者的举证责任实现为适用条件，这会促使当事人积极采用商标注册取得制度。

商标注册，但可以在该区域内继续使用。[①] 这一做法是对在先知名未注册商标和在后注册商标的保护作出的妥协安排，符合公平理念。但问题是，在商品和信息流通极为便利的当代社会，允许两个相同或近似的商标在同一国境内共存，仍有造成混淆的可能，所以这一做法在多数情况下只能适用于小规模、特产性、地方性的产品和服务如特色地方餐馆。

中国法没有在反不正当竞争法和商标法之间就在先使用的具有较高知名度的未注册标识保护作出有效的制度协调：能得到反假冒保护的标识如果不能依诚实信用原则阻止在后的商标注册，则就要因对在后注册商标构成侵权从而被“灭掉”。借鉴前述国家的做法，我们应在商标法和反不正当竞争法两个领域作出改进。在商标法上，应放宽诚实信用原则在商标恶意抢注案件中的适用范围：凡是在先未注册商标具有一定的知名度就应推定在后商标的注册申请具有恶意，这尤其符合我国当下商标恶意抢注行为频发的现实。[②] 在反不正当竞争法上，应将具有一定知名度的未注册商标列为反假冒保护的客体，将其与知名商品特有的名称、包装和装潢并列。未注册商标保护的字面缺失也是目前反不正当竞争法的一个重要缺陷。在实践中，凡是涉及未注册商标保护的案件，当事人囿于法律条文文字表述的局限性不得不将其商标表述为产品的名称、包装或装潢；而实际上这是人为的术语扭曲，将未注册商标纳入反不正当竞争法的调整范围就可以解决这一问题。

---

① Simone Verduc-Galletti et Alessandro Mannini, la protection de marques non enregistrées et autres signes commereiaux en Italie, Les cahiers de Propriété intellectuelle, Vol. 21, No. 2, 2009, pp. 555 – 564.

② 新近的司法实践已经开始朝这一方向发展，例如巢某诉中华人民共和国国家工商行政管理总局商标评审委员会商标争议行政纠纷案（参见北京市第一中级人民法院（2012）一中知行初字第 2195 号判决书）。审理法官认为，我国《商标法》第 31 条中的知名度条件是用于认定抢注者的恶意，因此不需要较高的知名度，只要能证明被告知晓即可（参见徐琳：“2012 年商标评审案件行政诉讼情况汇总分析”，载《国家工商行政管理总局商标评审委员会法务通讯》2013 年第 1 期）。

五、结　语

综上所述，未注册商标权产生于以商标使用和显著性为构成要件的事实行为，在商标注册取得制度下仅驰名商标得以产生未注册商标权；具有一定知名度的未注册商标的保护属于反不正当竞争法的范畴；诚实信用原则适用于各种未注册商标的抢注规制。这一结论至少具有以下规范解释和制度设计层面上的意义：

第一，未注册商标权及商标事实上的显著性或知名度的产生与商标使用人的意思表示无关。在“索爱案”和“伟哥案”中，索尼爱立信（中国）公司和辉瑞公司都曾否认或反对涉案标识是其商标，但这对于未注册商标权或商标知名度的认定没有影响。

第二，未注册商标权或商标知名度的主张者应证明两个事实对象即商标的使用行为和使用行为产生的商标显著性。商标使用行为的证据包括产品或服务提供者在经营活动中对有关标识以任何方式进行使用的证据，只要这种使用使得该标识与其产品或服务的商誉建立联系。关于未注册商标的显著性或知名度的最直接证据就是对相关公众的调查报告，间接证据就是有关该商标的使用证据（即可以通过销售数量、销售网络、宣传推广等证据来推断该商标的显著性或知名度）。因此，一方面，在前述“索爱案”“路虎案”“伟哥案”等案件中，未注册商标权益的主张者不仅应证明涉案标识具有显著性，而且要证明该显著性产生于经营者对该标识的商业性使用行为；另一方面，在以商标事实上的显著性或知名度为证明对象的案件中，[①] 仅有关于标识使用的证据并不总是能够达到证明标准，

---

① 其包括驰名商标的认定、在先使用并有一定影响的商标的认定、反不正当竞争法上的知名商品的认定以及通过使用获得显著性的描述性商标的认定。

应认识到公共调查报告这类直接证据的重要性和必要性。①

第三，在中国的商标注册取得制度下，仅驰名商标能产生未注册商标权；其他未注册商标不产生商标权，不能得到权利性质的商标法保护。这是达到商标注册主义制度的目标所必须付出的代价。我国既已明确采用商标注册取得制度，就不能同时采用与其相冲突的商标使用取得制度。近年来，由于商标恶意抢注行为未能得到有效的法律规制，部分学者从实质正义的角度出发夸大了保护未注册商标的正当性和必要性，甚至将商标显著性仅解读为事实上的显著性，从而否定商标注册取得制度的重要性和必要性。这是不恰当的。

第四，诚实信用原则是规制商标抢注的规则基础，应被广泛适用于各种未注册商标的抢注行为，通过立法、司法解释和商标审查实践逐渐予以类型化。恶意认定是该原则适用的关键而不应对被抢注商标的商誉作出要求。对于具有较高知名度的未注册商标，应对在后注册申请人的恶意作出推定。这能在很大程度上解决目前《商标法》第31条在立法和司法上存在的问题，并能有效避免具有一定影响的在先未注册商标侵犯在后注册商标情形的发生。

第五，具有较高知名度的未注册商标应通过反不正当竞争法予以保护，这符合我国商标法和反不正当竞争法的分工框架及其所依据的法理基础。为此，只需将具有一定知名度的未注册商标与知名商品特有的名称、包装和装潢并列为《反不正当竞争法》第5条所保护的客体，这也正好能避免未注册商标保护在《反不正当竞争法》中的字面缺失所带来的法律解释和适用中的扭曲现象。

---

① 在德国商标法实践中，对商标知名度的认定就经常采用市场调查方式以反映相关公众对有关商标的认知程度。我国法院在商标案件中对市场调查报告的采用率和采信度仍然很低。

单字形体设计的著作权保护*

卢海君**

伴随着计算机字体行业的发展，围绕字体利益纷争也此起彼伏，学界就是否应赋予字体以著作权保护众说纷纭，特别在单字形体设计是否应受著作权保护的问题上，争论更是激烈。字体及单字形体设计的著作权保护关系到字体及单字形体的开发者和使用者之间的利益冲突与平衡：开发者在创作过程中付出了创造性劳动，需要一定的回报才能有进一步开发新字体的激励；使用者需要自由利用汉字来传播信息、发展文化。如何做到字体及单字形体保护中私益与公益的平衡成为一个值得深入讨论的话题。

一、著作权保护字体的困境

（一）制度困境

从国际协议与典型国家和地区的立法案例来看，在著作权法律

---

* 本文系对外经贸大学2012年度校级科研课题（青年项目）“我国企业‘走出去’战略中知识产权海外维权与风险防范机制研究”（项目编号：12QNFX01）的研究成果。

** 作者简介：卢海君，对外经济贸易大学法学院副教授，法学博士。

制度框架下保护字体，通常是将其作为美术作品加以保护的。在以美术作品来保护字体及其中的单字形体设计的时候，有两个制度性问题需要解决：其一，字体或其中的单字形体设计是否具备原创性；其二，文字的实用性是否否定字体及其中的单字形体设计的可著作权性。

第一，原创性问题。著作权法保护的对象是思想表达，但并非任何表达都能受著作权保护。换言之，表达或者作品要受著作权法保护需要满足一定的条件，著作权法理论上一般将该条件称之为可著作权性（copyrightability）。在可著作权性要件之中，最为核心的部分是原创性，也即一部作品只有在具备原创性的时候才可能受著作权法的保护。[①] 字体及其中的单字形体设计确实是作者思想的表达形式，但这种表达形式是否具备原创性，确是一个比较难以回答的问题。能否确定字体及其中的单字形体设计著作权保护的合理的原创性标准，成为字体著作权法保护的制度困境之一。

第二，实用性问题。文字作为日常生活文化、交流的工具，其实用性不言而喻。这种实用性的发挥是依靠文字的基本构造进行的。字体及其中的单字形体设计是在文字的基本构造基础之上进行的艺术性创作，其是典型的实用艺术作品。在使用艺术作品的著作权保护中，有一个重要的问题就是，避免著作权法保护到其不应该予以保护的物品的实用性和功能性层面。于是，一系列标准和原则被提出来，以应用于使用艺术作品的可著作权性要件，其中，“可分离性标准”就是一个重要的标准。字体及其中的单字形体设计能否满足实用艺术作品著作权保护的特殊要件，成为字体著作权法保护的制度困境之二。

（二）价值困境

由于字体及其中的单字形体设计是在文字基本构造的基础之上

---

① 卢海君：《版权客体论》，知识产权出版社 2011 年版，第 135 页。

创作完成的，对其赋予不适当的著作权保护可能会影响到公共利益的实现。

其一，是否影响社会文化交流。字体是具有艺术性的文字，具有传递信息的功能。文字属于公有领域的范畴，对字体尤其是字体中的单字形体设计赋予著作权保护，是否会垄断对该文字的使用，是否会影响社会文化交流，存在着质疑。从著作权法产生到发展至今，无不体现着各种利益间的博弈与制衡。利益平衡是著作权法的主旋律。怎样在字体及其中的单字形体设计的著作权保护和公共利益的实现之间找到一个平衡点，成为字体及其中的单字形体设计著作权法保护的价值困境之一。

其二，是否影响网络的开放性。有学者认为，在当代网络环境中，对计算机字体的私有保护与软件开源运动相抵触。[①] 网络的开放性给社会公众带来了便利和快捷，是互联网的基本特征之一。如何在字体及其中的单字形体设计的著作权保护和技术中立原则的遵守之间找到一个平衡点，成为字体及其中的单字形体设计著作权法保护的价值困境之二。

二、单字形体设计的著作权性

（一）单字形体设计属于美术作品

从1960年至1972年，WIPO召开六次政府专家委员会对印刷字体的国际保护进行研究，并于1973年6月12日在维也纳订立《印刷用字体之保护及其国际保存维也纳协议（The Vienna Agreement for

① Blake Fry, *Why Typefaces Proleferate Without Copyright Protection*, J. ON TELECOMN. &HIGH TECH. L, VOL. 8.

the Protection of Type Faces and their International Deposit)》（以下简称《维也纳协议》）。其中，第 2 条之（i）规定，字体（typeface）指的是文字、数字及其他表意符号的系列设计（set of the designs），且该设计并不包括单纯由技术要求（technichal requirements）所决定的设计。[①] 字体在形体方面往往具有统一风格（style）。字体是字体设计者创作行为的产物，是“风格”这一“思想”的“表达”，可能成为适格的著作权客体。在前数字时代，字体往往体现于字模（font）中，字模是字体这一表现形式的载体，是一种印刷工具，通过这种工具，字体得以再现；[②] 在数字时代，字体的创作方式更加丰富，字体的载体日益多元，字体的再现往往通过字库软件予以实现。然而，字体作为作品的本质并没有发生任何变化。著作权的客体是作品，作品是思想的表达，是一种表现形式，具有非物质性。作品往往借助载体予以实现，但载体并非作品，载体是所有权的客体，载体与客体之间是一种体现与被体现的关系。由此可见，字体是作品，字模是载体，尽管在前数字时代，由于字体产业和印刷业保护的需要，字模的保护曾经一度成为立法的热点，有一些国家也企图用利用著作权法律制度来保护字模，但基本结论往往都是字模不受著作权保护。字模难以成为著作权客体的根本原因在于，字模是载体，是所有权的客体，是物质性的。企图寻求字模的著作权保护的失败并不表明字体不应受著作权保护。在数字时代，字体以数字化的方式存储于光盘或硬盘之中，通过字库软件予以复制和再现。然而，字库软件并非字体，尽管软件和字体都可以成为著作权客体，但软件是一系列代码化指令序列和符号化指令序列，本质上

---

① 《维也纳协议》第 2 条之（i）规定，字体（type faces）是指关于字体的一系列设计，具体包括：a. 字母、字母表和诸如音调、标点符号之类的附件；b. 数字和诸如通用符号、象征符号、科学符号之类的其他造型标志；c. 装饰，例如边框、花型图案、渐变装饰等。

② 在数字时代，Front 是 Type face 特征的载体，font 是一种文档，通过该文档，使用者需嵌入 type face 字符到文件中。Type face 与 font 的界面逐渐淡化。

是文字作品；而字体是由线条、色彩等构造而成的，是造型艺术作品。保护字库软件作品确实可以对字库产业提供一定程度的保护，但这种保护并不能对字体提供等同于著作权的保护。

文字是一种表意符号，在这个意义上，它是人类的文化遗产，属于公共领域，不受著作权保护。然而，文字形体的设计，并非要发挥文字的表意功能，而是要从造型上给人一种美感，从视觉上给人一种冲击。这种设计，成就的是一种造型艺术作品。在风格上具有一致性的文字形体的设计就形成了一种字体。可见，字体是一种作品，是一种造型艺术作品，是一种美术作品。一般而言，作品要获得著作权保护，需要具备可著作权性，其中，原创性是可著作权性的核心要件。原创性最为基本的内涵是作品来源于作者，而不是抄袭、剽窃、篡改他人作品的结果。字体创作是在保持文字基本构造的基础上进行的。文字的基本构造是人类社会不断总结、不断发展的产物，是发挥表意功能的基础，属于公共领域，以文字的基本构造为基础的形体设计，有不少已经成熟了相当时间，早已过了著作权保护期限，这种字体不受著作权保护。尽管如此，字体设计的未来空间还是比较大的，尤其是汉字。因为汉字是象形文字，结构比较复杂，书写发挥空间比较大。在保持汉字基本结构不变的情况之下，字体设计者可以改变很多因素，以达到文字的形体具备超越基本构造的个性。例如，笔画的方向、笔画的粗细、笔画之间的构造、笔画的色彩搭配等因素的改变都可以导致不同特色、不能个性的字体的诞生。而个性作品原创性的重要衡量基准，在造型方面具备个性的字体满足了原创性的要求，能够获得著作权保护。

字体的可著作权性在诸多立法例中得以体现，在国际立法层面，《维也纳协议》明确保护字体。在国内立法层面，1988 年的《英国著作权、设计及专利法》将字体作为美术作品进行保护；德国于 1973 年加入《维也纳协议》，于 1981 年制定《关于 1973 年 6 月 12 日缔结〈维也纳协议〉的法律》，规定具备新颖性、原创性的字体受著作权法保护；我国香港特别行政区著作权法基本上以 1988

年的《英国著作权、设计及专利法》为蓝本，著作权条例保护字体；我国台湾地区的“著作权法”将“字型绘画”纳入美术作品保护范畴，所谓字型绘画是指，“就中国常用字整体文字之字群作一致性之绘画设计，如具有美学上之鉴赏价值，则属美术作品之范围，常使用为电脑字型或印刷、印刻之特别字型。”①

一系列文字、数字或其他表意符号的形体设计之所以能够形成一种“体”，在于它们有统一的“风格”，即其所形成的特殊造型具体表现于每一个文字、数字或其他表意符号中。由此可见，由一系列文字、数字或其他表意符号在具备统一“风格”时所形成的字体在具备原创性的时候应受著作权保护；这一系列文字、数字或其他表意符号中的一个或几个同样是作品，在具备原创性的时候同样应受著作权保护。在英国 1988 年的《英国著作权、设计及专利法》中，不论是具有统一风格的字体，还是字体中的单字形体设计都要受著作权法保护。

作品本质上是作品构成要素的组合，符号是作品表现形式的第一要素，在文字作品中表现为文字，在美术作品中表现为色彩和线条。构成文字作品的文字、短语、习惯表达不受著作权保护，构成美术作品的基本色彩和简单线条也不受著作权保护。然而，一部分文字作品中的一章、一节、一段可能受著作权保护，一幅美术作品的构成部分也是如此。由多个字所构成的书法作品作为整体应该受著作权保护，这部书法作品中的单个字在具备原创性的条件之下，也应该受到著作权的保护。同理，由一系列具有统一“风格”的文字、数字或其他表意符号所构成的字体在具备原创性的条件之下应受著作权保护，这一系列文字、数字或其他表意符号中的单个文字、数字或其他表意符号在造型上具备原创性的时候，也是应受著作权保护的作品。我国现行《著作权法》（2010 年）第 3 条规定，美术作品是受著作权法保护的作品。现行《著作权法实施条例》第

① 罗明通：《著作权法论（第 7 版）》，台英商务法律出版社 2009 年版，第 206 页。

4条规定，美术作品是指绘画、书法、雕塑等以线条、色彩或者其他方式构成的有审美意义的平面或者立体的造型艺术作品。字体和单字的形体设计属于造型艺术作品，在我国著作权法中属于美术作品。当这种作品满足我国著作权法所规定的保护要件的时候，应受我国著作权法的保护。

（二）文字的实用性并不否定单字形体设计的可著作权性

文字具有传播信息的功能，具有实用性，这种实用性是依靠文字的基本构造发挥的，这种基本构造是人类共同的文化遗产应当处于公共领域，不受著作权法保护。上述事实的存在并不否定以文字的基本构造为基础，在文字的形体方面进行个性创作的可能性。① 诚然，一部分字体历史比较悠久，已经进入公有领域，例如宋体、隶书、楷体等。然而，在文字基本构造的基础之上，遵循一定的风格，在文字的形体上作个性创作而形成的可著作权性的字体还是比较多的，例如倩体、静蕾体、启功体、舒同体等。

以文字的基本构造为基础所创作的在形体设计上具有个性的字体和字体中单字形体设计既具有实用性，也具有艺术性，在著作权法上可以归类为实用艺术作品（work of applied arts）。在实用艺术作

① 在日本著作权司法实践中，字体被一些经典判决判定不受著作权保护，例如，日本最高法院判决“八木昭兴诉桑山三郎·柏书房事件”（东京地裁1979年3月判决、东京高裁1983年4月判决、最高裁1985年4月和解）。在该案中，原告八木所设计的字体被被告桑山和柏书房擅自在书籍中使用。东京地方法院和东京高等法院都认为字体是不受著作权保护的。判决的理由是：“认定字体的著作权就是给予特定的人排他的权利来独占万人共有的文化财产——文字。”这些案件也被许多学者引用来否定字体的著作权保护。事实上，该案判决所依据的理由并不具有说服力。文字确实属于人类的文化遗产，不过，文字传递信息的功能是靠文字的基本结构进行的，在文字的基本结构上的个性设计是作者智力创作的成果，在满足原创性的条件之下可以获得著作权保护。该案的判决理由同样可以用来否定书法作品的著作权保护，而书法作品在各国的著作权法中是普遍受保护的。

品中，艺术作品体现于实用物品之中，物品的“艺术层面”与“实用层面”通常结合在一起，只不过在不同的使用艺术作品中，这种结合的程度有所不同而已，利用著作权法对该类作品进行保护有可能超出物品的“艺术性层面”而将垄断权扩张到物品的“实用性层面”，而后者通常是专利法的领域。著作权法保护要件比专利法保护要低，而且保护期限比专利权要长，如果著作权法通过物品的“艺术性层面”取得著作权的方式获得对物品“实用性功能”的垄断，有可能背离知识产权法促进科学和实用性进步的目的。鉴于实用艺术作品的特殊属性，实用艺术作品国际保护制度的建构和国内立法的进程都经历了一个从不保护到保护的过程；即使立法赋予实用艺术作品以著作权保护，也施加了诸多限制条件，保护的范围也比较有限。在实用艺术作品的国际保护层面，虽然不少国际条约确定了各成员国保护实用艺术作品的义务，但没有强行规定成员国必须采取某种立法模式，而是允许各国在不同的保护模式之中进行选择，以适合自己的特殊国情。从各国立法来看，尽管实用艺术作品在任何著作权立法作品中没有被界定，但几乎所有的国内著作权法都明确提及实用艺术作品是受保护的作品。例如《美国 1976 年版权法》第 101 条规定实用艺术作品属于“绘画、图形和雕塑作品”，而根据该法第 102 条的规定，该类作品是著作权客体的基本范畴之一。不过该类作品的著作权保护需要满足一定的特殊条件，实用物品的艺术层面只有同功能性层面区别并且独立存在，也就是满足通常所谓的“可分离性标准”才能受著作权保护。

著作权法保护的是物品的艺术性层面，专利法保护的是物品的实用性层面，如果著作权法僭越了艺术性层面而保护到功能性层面，可能会造成不适当的后果。因此，著作权法应该遵循一定的标准以避免这种情况的发生。“可分离性标准”正是在这一背景下提出的，其基本内涵是，一个实用物品要获得著作权保护，必须具有一些从物理上（physically）或者从观念上（conceptually）能够同该物品的实用性层面区分开来的要素。[1]《美国 1976 年著作权法》所确定的可分离性既可以是“物理上的可分离性”（physical separability），也可以是“观念上的可分离性”（conceptual separability）。实用艺术作品著作权制度发展的初期，物理上的可分离性标准占据主导地位，观念上的可分离性标准是在经济社会的不断发展，实用艺术作品著作权保护制度不断成熟的时候才开始彰显其重要功能的。例如，至 1975 年美国著作权办公室才开始依赖观念上的可分离性标准。[2]

不管是物理上的可分性标准还是观念上的可分性标准，它们的目的都是要将实用物品的设计层面与实用层面区分开来，避免著作权法对物品的功能性进行保护而产生阻碍创造的不当后果。不过，两种标准的侧重点并不相同。前者要求物品的美学功能或层面能够“真实的”（literally）与其实用性层面区分开来，要求当实用性物品的艺术性成分能够实际（也就是物理上）同该物品的实用性部分分开而不减损该物品的内在实用性功能，[3] 或谓当去除物品的功能性特征之后，物品的设计特征完好无损（intact），例如美洲豹汽车安全罩上的动物雕塑能够同汽车或者安全罩的实用性分离开来；[4] 后者则仅要求物品的美学要素能够在“理论上”（theoretically）同其实用性层面区分开来。例如，一个花瓶上的绘画设计能够同花瓶在

---

① H. R Rep. 1476, 94th Cong., 2d Sess. 54 (1976), Reprinted in 1976, U. S. Code Cong. &Ad. News5659 ~ 5801. at 55.

② 1975 Revision Bill, ch. Ⅶ, at 12 (1975 Draft). See J. H. Reichman, *Design Protection in Domestic and Foreign Copyright Law*, From the Berne Revision of 1948 to the Copyright Act Of 1976, 1983 Duke L. J. 1143 (December, 1983).

③ Richard H. Chused, *A Copyright Anthology the Technology Frontier*, Anderson Publishing Co. Cincinnati, Ohio (1998), p. 140.

④ Melville B. Nimmer, David Nimmer, *Nimmer on Copyright*, Matthew Bender &Company, Inc. (2009), 2.08 [B] [3].

观念上分离，因为艺术价值在观念上区别于花瓶的实用性层面。[①]

物理上的可分离性标准在区分物品的美学层面与实用层面可以发挥一定作用，在实用艺术作品著作权法律制度上具有一定法律地位。现实中确实存在实用艺术作品的艺术性层面能够在物理上与功能性层面分离开来的情形。但实践中如何操作缺乏统一标准。它被批评为是拙劣的标准，不准确，缺乏标准化的含义。[②] 另外，该标准也可能过于严格，许多实用艺术作品并不能够满足它。例如，两维的图形作品并不能够实际上同承载该图形作品的物品在物理上分离开来。[③] 物品整体形状和构造的设计似乎更不能满足该标准。适用该标准导致的结果是，许多需要保护而且著作权保护不会产生负面效果的实用艺术作品得不到著作权保护，著作权法的目的难以实现。于是，著作权立法和司法实践中发展出观念上的可分离性标准，企图弥补物理上的可分离性标准的缺陷。

观念上的可分离性标准认为，实用物品的艺术性成分纵然不能够“实际上”同该物品的实用性部分相分离，在符合一定条件之下，也能够获得著作权保护。[④] 1984 年美国著作权办公室的实践纲要将观念上的可分离性界定为实用物品的艺术性特征能够分别于和独立于实用物品“被想象”（imagined）。[⑤] 观念上的可分离性标准的具体测试方法有“解不开的交织在一起标准”（inextricably inter-

---

① Jacob Bishop, *Stealing Beauty: Pivot Piont International v. Charlene Products and the Unfought Battle between The Merger Doctrine And Conceptual Separability*, 2006 Wis. L. Rev. 1067 (2006).

② Robert C. Denicola, Applied Art and Industrial Design: A Suggestion Approach to Copyright in Useful Articls, 67 Minn. L. Rev. 707 (April, 1983).

③ Robert C. Denicola, Applied Art and Industrial Design: A Suggestion Approach to Copyright in Useful Articls, 67 Minn. L. Rev. 707 (April, 1983).

④ Richard H. Chused, *A Copyright Anthology the Technology Frontie*r, Anderson Publishing Co. Cincinnati, Ohio (1998), p. 141.

⑤ Library Of Congress Copyright Office, *Preface to Compendium of Copyright Office Practices* (1984).

twined test），该标准认为，当物品的艺术性要素同其功能性要素“解不开的交织在一起”的时候，两种要素不存在观念上的可分离性，该实用物品不受著作权保护；[①]“主要/次要（primary/subsidiary）标准”，该标准认为，当物品的装饰性功能是“主要的”，而实用性性功能是“次要的”时候，该物品满足“观念上的可分离性标准”，可以获得著作权保护；[②]“可销售的可能性（likelihood of marketability）标准”，该标准认为，在“可销售的可能性标准”之下，如果即使一个物品失去了其实用性功能，它将因为美学质量继续对大量的消费者群体具有可销售性，观念上的可分离性存在；[③]“注重创作过程（the creative process）测试法”，该测试法认为，工业设计的支配特征是受非美学之功能性考量的影响，如果使用物品的形式和外观反映了艺术家不受限制（unconstrained）的艺术性观点，该物品应受著作权法保护，而且著作权法只保护此种物品，通过将焦点集中在创造性过程上，考察设计者的创造性过程是否受功能性考量的限制，可以将工业设计和实用艺术作品区分开来；[④]“暂时置换标准”（temproal displacement test），该标准认为，观念上的可分离性与物理上的可分离性不同，即使一个设计特征同物品的实用性层面在物理上是不可分的，其在观念上可能是具有可分离性的；[⑤]“可分离性的二元标准”（duality test），该标准认为，如果一个普通的观察者能够察觉到物品的艺术性层面和功能性层面，不论是同时察觉还是分别在不同的时间点察觉，观念上的可分离性都存

---

① Carol Barnhart Inc. v. Economy Cover Corporation. 773 F. 2d 411（2d Cir. 1985）（Judges Mansfield，Meskill and Newman）.

② Kieselstein-Cord v. Accessories by Pearl，Inc. 632 F. 2d 989（2d Cir. 1980）.

③ Melville B. Nimmer，David Nimmer，*Nimmer on Copyright*，Matthew Bender &Company，Inc.（2009），2. 08［B］［3］.

④ Robert C. Denicola，Applied Art and Industrial Design：A Suggestion Approach to Copyright in Useful Articls，67 Minn. L. Rev. 707（April，1983），p. 707，pp. 741－744.

⑤ Carol Barnhart Inc. v. Economy Cover Corporation. 773 F. 2d 411（2d Cir. 1985）（Judges Mansfield，Meskill and Newman）.

在，该标准不同于“暂时置换标准”，并不要求观察者的艺术性感知必须完全置换其功能性感知①等。

就字体和字体中的单字形体设计来说，其基本构造是用来传递信息的，但其个性创作却是具有艺术性的。其欲获得著作权法上的保护，需要满足可分离性标准。如上所述，尽管可分离性标准包括物理上的可分离性和观念上的可分离性，然而，在现代著作权法中，观念上的可分离性标准占据了主导地位。尽管字体和字体中单字艺术性的形体设计不能够实实在在地与其功能性分离开来，但是从观念上进行分离还是可能的。上述观念上可分离性的检测标准虽然都有可能在一定程度恰当判断使用艺术作品的可著作权性，然而多多少少都有一定的缺陷。相对而言，可分离性的二元标准是一个比较合适的标准。按照该标准，一个普通观察者在看到一个极具个性的字体或字体中的单字形体设计的时候，例如方正的倩体“飘柔”两个字的形体设计的时候，如果在脑海中产生了实用性的认识和艺术性的冲击，不论是同时察觉还是异时察觉，“飘柔”两个字的形体设计都满足了观念上的可分离标准，都能够获得著作权法的保护。而事实证明，方正倩体中“飘柔”这两个单字的形体设计由于在笔形、粗细、结构等方面的个性取舍，使得其具备了一种亲切、幽雅、柔美、精致、华贵、大气、端庄的风格，② 普通观察者不仅会被传达一种“飘柔”两个字的字典含义所具有的信息，而且会被“飘柔”这两个字的形体设计的艺术性所熏陶。方正公司所开

① Shira Perlmutter, Conceptual Separability and Copyright in the Designs of Useful Articles, 37 J. Copyright Socy U. S. A. 339 (April, 1990).

② 马东晓、董秀生：“浅析字库字体单个文字字型的美术作品保护——以方正字体为例”，载《科技与法律》2011 年第 1 期。

发的多种字体都被用在商标、商品的装潢和广告上，[①] 许多公司选择方正字体而不选择已经进入公共领域的字体作为促销手段，从另一个侧面说明了字体和字体中单字形体设计确实能够在消费者脑海中激起艺术性的想象。

（三）原创性的单字形体设计应受著作权法保护

一般而言，作品只有在具备原创性的时候才能够获得著作权保护：原创性最为基本的内涵就是作品来源于作者，而不是抄袭、剽窃、篡改他人的作品的结果；作品来自于思维的创造性力量，是“智力劳动”的成果；著作权保护的是主观的人类的选择，而不是客观情况，作品可著作权性的获得需要其包含作者的“主观选择”（subjective choice）；原创性要件主要强调作品来源于作者的主观创造性活动，可以说，作者的主观创作性活动同作品之间是“源”和“流”的关系。事实上，没有作品是“真正”原创性的，所有的作品都利用了已经存在的因素。考察一部分作品是否具备原创性，关键是考察该作品是怎样利用已存材料的，是全面复制，还是加入了作者自己的选择与判断。[②] 不论是字体还是单字的形体设计，都需要主观的人类创作活动，都是“智力劳动”的成果。只要这种形体设计来源于作者的，而不是抄袭、剽窃、篡改他人作品的，那么该设计就应受著作权法保护。我国司法实践中有不少案件正是基于字体及单字的形体设计是基于作者独立创作而具备原创性，认可其具有可著作权性的。例如，在北京北大方正有限公司诉山东潍坊文星

---

① 例如，宝洁公司的诸多产品上使用了方正字体。2008 年 5 月 12 日，方正公司在北京家乐福中关村店取证，买下宝洁生产的 55 款产品。这些产品上都使用了方正开发的字体，侵权的产品包括“飘柔洗发露”“飘柔精华素”“帮宝适纸尿裤”“自然阳光无磷洗衣粉”“佳洁士冰极山泉牙膏”和“护舒宝持久干爽”等。参见马东晓、董秀生：“浅析字库字体单个文字字型的美术作品保护——以方正字体为例”，载《科技与法律》2011 年第 1 期。

② 卢海君：《版权客体论》，知识产权出版社 2011 年版，第 168 ~ 170 页。

科技开发有限公司案的一审判决[①]和二审判决。[②]

值得一提的是，《维也纳协议》第 7 条规定，字体必须在形式或整体上具有原创性（originality）或新颖性（novelty），或者两者均有时，才能受保护。这一规定是考虑到文字本身具有传递信息的功能，同社会公共利益密切相关，在原创性的标准之上作出灵活规定，缔约国可以采纳比普通作品原创性标准更高的新颖性标准。[③]而事实上，新颖性标准在著作权法领域并非适当的标准。[④]然而，如果采取同普通作品一样的原创性标准来保护字体和字体中的单字形体设计，可能带来一些担心，即对字体及单字形体设计的著作权保护可能把已经处于公共领域的字体设计纳入私人领域。事实上，这一担心是不必要的。大多数新字体都是在已有字体的基础上改进而成的，所以这些新字体是已处于公共领域的字体的演绎作品。一般而言，演绎作品要获得著作权保护，必须相对于基础作品有可区别性的变化。[⑤]事实上，我们可以将字体及其字体中的单字形体设计的新颖性标准解释为可区别性变化标准，新字体及字体中单字形体设计必须相对于基础字体（即新字体及字体中单字形体设计的创作人在创作的时候所依赖的字体）有可区别性变化。[⑥]由技术要求决定的变化（例如字模材质的变化所要求字体及单字的变化）、仅仅是字体大小而非字体结构和形体设计的变化（例如从 5 号字变为

---

① 参见北京北大方正电子有限公司诉山东潍坊文星科技开发有限公司案，北京市第一中级人民法院（2003）中民初字第 4414 号民事判决书。

② 参见北京市高级人民法院（2005）高民终字第 443 号民事判决书。

③ 在日本的「モリサワ対エヌアイシー事件」（大阪地裁 1989 年 3 月判决、大阪高裁 1990 年 3 月和解）的案件中，大阪地方法院认为，“原告的字体是实用性很强的物，但是不具有美的创作性。所以不能认定具有著作权。”可是对于何为美的创作性，大阪地方法院并未说明。“美的创作性”是一个比较主观的标准，由于法院在其判决中并未予以说明，法院判决的影响有限。

④ 卢海君：《版权客体论》，知识产权出版社 2011 年版，第 189 ~ 190 页。

⑤ 卢海君：《版权客体论》，知识产权出版社 2011 年版，第 311 页。

⑥《维也纳协议》中有关字体国际保存的规定会对字体“新颖性”的判断提供一定程度的帮助。

3 号字）、仅仅是裁体的变化（例如字体及单字承载于金属字模上变为承载与计算机文档之中）都不能够导致具备可区别性变化的字体及单字形体设计的诞生。

据考证，德国著作权法虽然规定具备新颖性和原创性的字体可以获得著作权法保护，但是德国法院采取了比较严格的标准，否定了多数字体的著作权保护。[①] 然而，这并不能说明在形体设计上具备原创性并且相对于基础字体具备可区别性变化的字体及单字形体设计不一定不能够受著作权保护，最多只能说明在确定字体及单字形体设计的原创性标准的时候应当谨慎，倾向严格，以免对社会公共利益造成不利影响。例如，方正倩体是在黑体、楷体的基础之上设计而成，但是相对于黑体、楷体来说，其不论是在笔形、粗细还是在结构上，都作了符合倩体一致风格的改进设计，相对于黑体、楷体来说，具备可区别性变化标准，应受著作权法保护。

三、单字形体设计著作权保护公益与私益的矛盾及平衡

（一）恰当范围的著作权权能设置能够实现单字形体设计著作权保护私益和公益兼顾的目标

当字体成为受著作权法保护的适格客体的时候，在未经字体创作人许可的情况之下，他人不可以对其进行复制、发行等行为，否则就构成侵权。这种复制、发行的行为可以发生在传统的印刷领

① 萧雄淋："计算机字型是否受著作权法保护（一）"，载 http：//blog.ylib.com/nsgrotius/Archives/2009/12/28/13176，最后访问时间：2011 年 10 月 6 日。

域，也可以发生在其他商业领域。著作权客体天然具有公共利益属性，著作权制度也天然地表现为赋权和限权的有机结合。对作品赋予适当的著作权保护可以促进作品的创作，增进公共利益。字体及其中的单个文字形体设计是作者创造性劳动的产物，在具备原创性的时候，可以获得著作权保护。然而，这种保护尚且受到多种限制。其中，合理使用制度就是其中最为重要的一种。随着人类社会的不断发展与进步，已经有很多成熟、成型并且已经进入公共领域的字体可以供社会免费使用。而且，原创性制度排除了不具有个性、不具有特色的字体及单字形体设计的著作权。加之，合理使用制度等著作权限制制度又将许多使用行为排除在著作权侵权范围之外。因此，对字体及单字形体设计赋予著作权保护，适用原创性等著作权保护范围，适用著作权侵权判定及处罚的制度恰当判定著作权侵权行为成立及损害赔偿的范围，可以实现字体及单字的形体设计著作权保护中的私益与公益平衡。

《维也纳协议》确立了印刷字体的可著作权性，同时，也在著作权的权能方面作了比较多的限制，以期在提供字体创作激励的同时，能够兼顾公共利益的实现。《维也纳协议》明确表明，考虑到字体在文化传播中所扮演的重要角色，对字体的著作权保护必须受到限制。这一立法宗旨在《维也纳协议》第 8 条有关字体著作权的保护内容中得到充分体现。该条规定，字体的著作权人有权禁止他人在未经许可的情况之下，依赖印刷技术以为形成文字（composing texts）提供工具为目的，制作字体的复制品。另外，取得字体的人，在形成文字的通常过程中，对字体要素进行复制，并不在被禁止的范围之内。根据 1988 年《英国著作权、设计及专利法》的规定，字体及字体中的单字形体设计在具备原创性的时候能够获得著作权的保护。但著作权人的权利限于有权禁止他人在未经许可的情况下对字体进行商业利用（第 55 条），在印刷的过程中利用字体，不构成对著作权的侵害（第 54 条）。

从上述有关字体和单字形体设计保护的立法例我们可以看出，

即使对字体及其中的单字形体设计赋予著作权保护，也并非意味着在著作权的权能方面没有任何限制。相反，考虑到文字传递信息的实用性和公益性，字体及单字形体设计著作权保护的范围应该是有限的。只要将字体及单字形体设计的著作权保护限制在合理的范围之内，就可以实现既促进新型字体的产出，又保障公共利益实现的目的。因此，我国的著作权法不能因噎废食而一概否定字体及单字形体设计的著作权保护，而应该遵循社会发展的需要，遵守著作权法的基本原理，对字体及单字形体设计赋予适度的著作权保护。

（二）著作权限制制度的发展和完善能够在一定程度上缓解私益和公益的矛盾

著作权制度从来都是赋权和限权的结合，著作权限制制度是整个著作权制度的有机组成部分，尤其是合理使用制度在私益保护和公益维护之间能够实现较好的平衡。例如，我国香港特别行政区著作权法将字体作为著作权保护的客体，但同时规定在一般打字、作文、排版或印刷过程中使用该字体并不构成字体著作权的侵权，在保护字体产业和字体创作的同时，给社会公众留下比较大的自由使用空间。同理，我国内地著作权法同样可以在现有的著作权法律制度的框架下对字体及其中的单字形体设计进行保护，不必谈字体尤其是单字形体设计著作权保护色变，再基于字体及其中单字形体设计的特殊性，对字体及其单字形体设计的著作权保护加以合理的限制，以推动我国字体产业的繁荣发展，促进我国文化的进步。

国际视野

知识产权公约中国民待遇的“例外”*

何　隽**

具备生命力的原则都允许“例外”。“例外”拓展了原则的解释空间，延长了原则的存在时间，在另一个维度上证明了原则的价值。如果说，研究国际公约文本是与公约制定者跨越时空的茶叙；那么，对“例外”的探究则是与他们的促膝长谈。唯有潜入规则底层，洞悉利益纠葛，才能挖掘到原则文本的“深层”内涵，分析出原则适用的“模糊”边界，也才能真正理解公约制定者深邃的智慧。

引言：为什么研究国民待遇的例外?

国民待遇原则最早由 1883 年制定的《巴黎公约》所确定，现

* 本文部分研究得到了中国博士后科学基金项目（项目编号：2012M520226）、清华大学文化传承创新基金“优先领域导向类”项目（项目编号：2012WHYX018）和欧盟伊拉莫斯 LISUM 项目的资助。

** 作者简介：何隽，清华大学法学博士后。

已成为众多知识产权公约[①]所确认的首要原则，是现行知识产权国际保护体系的基石。其基本含义是指，在知识产权保护方面（包括影响知识产权的效力、取得、保护范围、维持和实施等事项），各缔约国[②]之间相互给予平等待遇，使缔约国国民与本国[③]国民享受同等待遇。

在《巴黎公约》之前，互惠原则（又称对等原则）是协调国家

① 现行知识产权国际保护体系中，意义重大的国际公约包括《保护工业产权巴黎公约（巴黎公约）》《伯尔尼保护文学和艺术作品公约（伯尔尼公约）》《保护表演者、录音制品制作者和广播组织罗马公约（罗马公约）》《关于集成电路知识产权条约（华盛顿条约）》《与贸易有关的知识产权协议（TRIPs 协议）》《世界知识产权组织版权条约（WIPO 版权条约）》《世界知识产权组织表演和录音制品条约（WIPO 表演和录音制品条约）》和《国际植物新品种保护公约（UPOV 公约）》等，上述公约中都确定了国民待遇原则。

② 本文使用“缔约国”表示签署、批准、核准、接受和加入某一知识产权公约，并因此遵守其法律条款的国家。在表达上述概念时，本文所讨论的知识产权公约文本中存在如下不同处理。根据《巴黎公约》（1967 年文本）和《伯尔尼公约》（1971 年文本），适用公约的国家（country）即为公约联盟的成员（member of the Union）；根据《UPOV 公约》（1978 年文本），公约的缔约国（state party）即为公约联盟的成员国（member state of the Union）。上述三个公约中同时出现了缔约国和联盟成员（国）两个概念，两者含义相同。世界贸易组织（WTO）的情况比较特殊，其前身关贸总协定（GATT）使用缔约方（contracting party），1994 年世界贸易组织建立后，改为使用成员（member），《TRIPs 协议》中即使用成员（member）概念。其余仅使用一个概念的公约，包括《罗马公约》使用缔约国（contracting state）；《华盛顿条约》《WIPO 版权条约》和《WIPO 表演和录音制品条约》均使用缔约方（contracting party）。

目前，知识产权公约的缔约方以国家为主，同时也存在单独关税区（separate custom territory）或政府间组织（intergovernmental organization）。需要注意的是，即使缔约方是政府间组织，该组织必须对于条约涵盖的事项具有权限并能约束其所有成员国立法，因此该组织成员国仍需要履行公约条款。同时，国内学界在论述知识产权公约国民待遇原则时主要采用“缔约国”概念（如吴汉东主编：《知识产权国际保护制度研究》，知识产权出版社 2007 年版），因此本文在讨论不涉及具体公约时，使用“缔约国”在涉及具体公约时，采用该公约所使用的概念。

③ 本文为了表述方便，在讨论没有具体指向单独关税区或政府间组织时，使用“本国”作为“缔约国”的相对概念。

间知识产权法律或政策分歧的重要工具。[①] 根据互惠原则，只有当国家乙同意保护国家甲的国民的作品时，国家甲才会按照其本国的最低标准来保护国家乙的国民的作品。《巴黎公约》签署后，随着知识产权公约的增多，国民待遇原则取代了互惠原则。各缔约国之间不再要求互惠待遇，而是每一缔约国必须将其给予本国国民的待遇同样给予其他缔约国国民。

知识产权公约规定了不适用国民待遇原则的保留事项。首先，明确规定了对司法和行政程序的保留。即规定一国国内法中关于司法和行政程序管辖权、指定送达地址或委派代理人的规定，均可以明确予以保留，不适用国民待遇原则。[②] 这种保留体现了对国家主权和司法的尊重。其次，基于互惠产生国民待遇原则在适用时事实上的保留。即在某一事项上，如果缔约国没有给予其他缔约国国民充分、有效的知识产权保护，则后者有权在该事项上不适用国民待遇原则。保留事项包括：对某些作品形式是否给予保护的保留，如对实用艺术作品的保留[③]；对某些作品是否给予保护的判断标准的保留，如对录音制品的首次制作或者发行标准的保留[④]、对广播节目的广播组织总部所在地和发射台所在地标准的保留[⑤]；对某些具体权利形式的保留，如对翻译权[⑥]和追续权[⑦]的保留、对录音制品的再度使用和公共场合公开转播电视节目的保留[⑧]、对某些植物属或

---

① See Peter K. Yu, Currents and Crosscurrents in the International Intellectual Property Regime, *Loyola of Los Angeles Law Review*, 2004, Vol. 38, pp. 355 ~ 356.

② 如《巴黎公约》（1967 年文本）第 2 条第 3 款、《华盛顿条约》第 5 条第 2 款、《TRIPs 协议》第 3 条第 2 款。

③ 参见《伯尔尼公约》（1971 年文本）第 2 条第 7 款。

④ 参见《罗马公约》第 5 条第 3 款。

⑤ 参见《罗马公约》第 6 条第 2 款。

⑥ 参见《伯尔尼公约》（1971 年文本）第 30 条第 2 款，附件第 5 条。

⑦ 参见《伯尔尼公约》（1971 年文本）第 14 条之 3。

⑧ 参见《罗马公约》第 16 条。

种的育种权的保留[①]等。

上述保留事项指出了国民待遇原则适用范围的例外，即在哪些情况下不适用国民待遇原则。除此之外，本文研究发现，即使公约没有规定或者没有直接规定对国民待遇原则适用的保留（即不适用国民国民待遇原则），因为某些特殊的原因，仍然会出现外国权利人和本国权利人在知识产权保护上的不同待遇。导致国民待遇例外的特殊原因包括：公约最低保护标准、知识产权起源国的权利状态、公约中的实质性互惠条款和公约缔约国的特别立法等几类（其中基于互惠的保留与因实质性互惠条款导致的例外存在重叠）。

对于使用范围的保留事项，通过查阅公约条文一般可以直接获得（虽然有时因存在条文间的交叉引用，并不能“直接”获得），而因特殊原因导致的例外却具有一定的隐蔽性，常常出乎知识产权权利人的预料，可以说是“意外”的例外。此前国内学界对知识产权公约中国民待遇原则例外的研究[②]主要针对适用范围的保留事项，没有因保留适用导致的例外和特殊原因导致的例外进行区分。而无论是从学理上，还是从实践上，对两种例外的区分都非常必要。

深入了解上述“意外”的例外，将有助于在具体情境中细致研判是否需要给予外国知识产权人以国民待遇，以妥善处理外国权利人在华利益，避免不必要的贸易争端；亦有助于明确辨识我国知识

---

① 参见《植物新品种保护公约》（1978年文本）第5条第4款规定。

② 国内学界对于国民待遇原则例外的研究，主要是针对适用范围的保留事项，也有学者称之为限制事项。参见曹新明：“试析国际著作权公约中的国民待遇原则”，载《法商研究》1995年第1期；蒋新苗、蒋茂凝：“国民待遇原则在跨国版权保护中的适用与例外（续）”，载《知识产权》1995年第5期；谢玉峰：“TRIPS协定下国民待遇原则研究”，苏州大学2007年硕士学位论文；保延宁：“我国适用WTO国民待遇原则的法律问题研究”，对外经济贸易大学2007年博士学位论文；杨向东：“WTO体制下的国民待遇原则研究”，苏州大学2006年博士学位论文。也有学者在研究《伯尔尼公约》中国民待遇原则之例外时，指出由于公约的最低保护要求导致的例外、因受起源国权利状态的影响而出现的例外和成员国以特别立法形式规避国民待遇原则。参见韦之、杨红菊：“《伯尔尼公约》中的‘国民待遇’原则之例外”，载《知识产权》1997年第4期。

产权权利人在公约缔约国可获得的保护尺度，以积极行使公约赋予的权利，维护我国权利人在国际竞争中的合法权益。因而，对国民待遇例外的研究具有非常重要的意义。以下将针对导致国民待遇例外的四类原因，逐一展开分论述。①

一、最低保护标准：反向差别待遇的起源

自《巴黎公约》通过实质性权利规定形成对外国权利人的最低保护开始，为避免因各国保护水平差异所导致的不公平现象，知识产权公约都规定了一些必须达到的最低保护要求。② 由于国际公约在一国国内法没有特别授权的情况下，通常不能直接适用于一国的本国国民，所以当一国国内法的某些规定没有达到国际公约的最低保护标准时，就会出现因外国人适用国际公约而本国人适用国内法所导致的反向差别待遇。③

---

① 《TRIPs协议》的国民待遇条款是对《巴黎公约》《伯尔尼公约》《罗马公约》和《华盛顿公约》四个知识产权公约的引用；《WIPO版权条约》和《WIPO表演和录音制品条约》可以看做是建立在《伯尔尼公约》和《罗马公约》基础之上的特别协定；《华盛顿公约》至今尚未生效。因此，本文重点分析《巴黎公约》《伯尔尼公约》和《罗马公约》中国民待遇的例外，其中所涉及的例外情况同样适用于《TRIPs协议》、《WIPO版权条约》和《WIPO表演和录音制品条约》。

② See Gail E. Evans, The Principle of National Treatment and The International Protection of Industrial Property, *European Intellectual Property Review*, 1996, Vol. 18, No. 3, pp. 149 – 160.

③ 差别待遇被认为是一种歧视性待遇，即给予外国国民的待遇低于本国国民；反之，给予本国国民的待遇低于外国国民，则为反向差别待遇，也被认为是一种反向歧视。

（一）《伯尔尼公约》与中国著作权保护（1991～2001年）

《伯尔尼公约》规定了著作权的最低保护期限、受保护作品的类型、作者享有的基本权利等，批准或加入公约的国家必须满足上述最低保护标准的要求。

我国在1991年10月加入《伯尔尼公约》时，《著作权法》刚刚施行，且当时《著作权法》并没有达到公约最低标准。这导致中国国内著作权人适用本国《著作权法》，而外国著作权人除了适用国内法，在国内法和国际条约出现冲突时可适用国际条约，从而出现外国作者与本国作者间的反向差别待遇。

根据《伯尔尼公约》，作为艺术作品保护的实用艺术作品的保护期限不应少于自该作品完成之后起算的25年；① 而当时中国的《著作权法》没有规定对实用艺术作品的保护。又如，根据《伯尔尼公约》，戏剧作品、音乐喜剧作品和音乐作品的作者享有授权公开表演和演奏其作品，包括用各种手段和方式公开表演和演奏的专有权利；② 而根据中国当时的《著作权法》，表演者使用他人已发表的作品进行营业性演出，可以不经著作权人的许可，但应按照规定支付报酬，③ 如果是免费表演已发表的作品，表演者可以不经著作权人许可，不向其支付报酬，但应指明作者姓名、作品名称。④ 以上两例说明，外国作者适用国际条约，而本国作者适用国内法，由此导致两者享受不相同的著作权保护。

《伯尔尼公约》于1992年12月15日在中国生效，为解决国内法低于公约最低保护标准的情况，1992年9月国务院发布《实施国

---

① 参见《伯尔尼公约》（1971年文本）第7条第4款。

② 参见《伯尔尼公约》（1971年文本）第11条第1款。

③ 参见《著作权法》（1991年文本）第35条第2款。

④ 参见《著作权法》（1991年文本）第22条第2项。

际著作权条约的规定》，规定按公约标准给予外国作品保护，而本国作品依旧执行国内法标准，由此导致中国国民与外国人之间不相同的著作权保护。上述情况直至2001年10月《著作权法》修订才得以改变。

（二）《TRIPs协议》与中国对专利权（品种权）或其申请权转让的限制

根据中国《专利法》和《植物新品种保护条例》的规定，对于专利（品种权）或其申请权的转让，中国国民和外国国民间存在反向差别待遇。

《TRIPs协议》第28条第2款规定，专利权人有权转让或以继承方式转移其专利并订立许可合同。而根据2000年8月修改的中国《专利法》第10条第1款规定，[①] 中国单位或者个人向外国人转让专利申请权或者专利权的，必须经国务院有关主管部门批准。[②] 当在世界贸易组织理事会被问及该条款是否违背《TRIPs协议》国民待遇原则时，中国方面认为，这一规定并不适用于外国人向中国个人或单位，或向其他外国人转让其专利申请权或专利权，因而并未违背国民待遇原则。[③]

类似情况还出现在《植物新品种保护条例》第9条第2款，即规定中国的单位或者个人就其在国内培育的植物新品种向外国人转让申请权或者品种权的，应当经审批机关批准。与上述《专利权》第10条的情况相似，这一规定并不适用于外国人向中国个人或单

① 《全国人民代表大会常务委员会关于修改〈中华人民共和国专利法〉的决定》于2000年8月25日通过，自2001年7月1日起施行。

② 现行《专利法》第10条第2款规定：中国单位或者个人向外国人、外国企业或者外国其他组织转让专利申请权或者专利权的，应当依照有关法律、行政法规的规定办理手续。目前的做法仍然是必须经国务院有关主管部门批准。

③ See WTO Council for TRIPs, *Review of Legislation*: China, IP/Q/CHN/1, IP/Q2/CHN/1, IP/Q3/CHN/1, IP/Q4/CHN/1. 10 December 2002, pp. 32 – 33.

位，或向其他外国人转让其申请权或品种权。

（三）《伯尔尼公约》与美国对著作权登记的要求

各国著作权法上登记制度有三种模式：[①] 其一，登记是取得著作权的先决条件，即权利取得模式；其二，登记是形式著作权的前提，即权利行使模式；其三，登记是权利的初始证据，即出示证据模式。根据《伯尔尼公约》规定，享有和行使著作权不需履行任何手续。[②] 截至2013年3月，已有166个国家批准或加入《伯尔尼公约》，这些国家绝大部分都已根据公约的最低要求对本国法进行了修改，即排除了前两种权利取得模式和权利行使模式的登记制度，但是仍有一些国家在其本国的著作权法或相关的法律法规中规定，对著作权的某些行使方式必须以登记为前提。

美国于1989年3月1日正式加入《伯尔尼公约》。在此之前，美国著作权法上有关版权手续，包括登记、交存和通知的规定一直与《伯尔尼公约》的最低要求相悖。《1988年伯尔尼公约实施法》的目标即是消除上述不符合公约规定的法定手续，重点删除了对已出版作品的通知要求，但是对于著作权登记和交存要求几乎没有改变。[③]

有关著作权登记的最重要变化是，在《伯尔尼公约》下，对于作品起源国不是美国的作品，著作权登记不能作为提起著作权侵权诉讼的前提条件。更确切地说，这意味着对于首次发表于美国的作品，或者作者是美国人但尚未发表的作品，著作权登记仍然是提起

---

① 李雨峰："版权登记制度探析"，载《知识产权》2008年第9期。

② 参见《伯尔尼公约》（1971年文本）第5条第2款。

③ 《1988年伯尔尼公约实施法》（Berne Convention Implementation on Act Of 1988）在美国作为《伯尔尼公约》的一部分，于1988年3月1日生效。

侵权诉讼先决条件。[①] 因此，《1988 年伯尔尼公约实施法》被认为是创造了一种“双层”登记制度，即当涉及侵权诉讼时，作品起源国为美国的作品处于登记制度的较低一层。[②]

二、起源国的权利状态：对知识产权独立性的否定

知识产权的地域性导致了保护上的独立性，即各国对知识产权的授予条件、权利范围和保护期限，相互独立，互不干涉。独立权利可以确保一国在依法授予知识产权时不会当然地受到在其他国家（包括其起源国）所作决定的影响。[③] 但是，在一些具体情况下，知识产权在其请求保护国的保护仍然受到其起源国所提供保护的限制或影响。

（一）《巴黎公约》中商标注册的规定

根据《巴黎公约》第 6 条之 5A（1）规定，在原属国正规注册的每一商标，除有本条规定的保留外，本联盟其他国家应与在原属国注册那样接受申请和给予保护。各该国家在确定注册前可以要求

---

① 根据《美国著作权法》（Copyright Act of 1976）第 408 条规定，著作权是否受到保护不以是否在版权局进行登记为条件。但是根据第 411 条规定，著作权登记是提出侵权诉讼的前提条件。在按照著作权法进行版权要求的登记以前，不得提出侵犯任何作品版权的诉讼。

② See Jane C. Gompel, The US Experience with Fornalities; A Love/Hate Relationship, Lionel Bently, Uma Suthersanen & Paul Torremans (eds.), *Global Copyright*: Three Hundred Years since the Statute of Anne, from 1709 to Cyberspace, Edward Elgar Publishing, 2010, p. 453.

③ See Catherine Colston, *Principles of Intellectual Property Law*, Cavendish Publishing, 1999, p. 9.

提供原属国[①]主管机关发给的注册证书。该项证书无须认证。

由于联盟成员国对商标注册的立法存在一些重大差别，一些国家在立法上允许商标由以下元素组成，如简单的字母或数字、本人姓名或地理名称，以某种语言或手迹书写的或不是书写的单词、立体物、表明曲调的乐谱等，而另一些国家则不允许。

为了缩小这种差别对商标注册的影响，根据《巴黎公约》第6条之5A的规定，在原属国正规注册的商标，本联盟其他国家也应该按照原属国注册的原样接受申请和给予保护。[②] 可以这样理解，如果一个商标已经在原属国正规注册，即使构成商标的要素不符合本国法律的规定[③]，只要其符合其他相关规定，如在本国不侵犯第三人既得利益、不存在缺乏显著特征、没有违背社会道德和公共秩序等，本联盟其他国家也有义务接受并予以保护。

这里出现了国民待遇原则的例外情况。按照《巴黎公约》所包含的一般规则，各成员国在其本国立法中决定商标申请和注册的条件（第6条），属于《巴黎公约》保护对象的外国注册申请人可以根据国民待遇原则适用本国法（第2条、第3条），但是根据第6条之5A所确定的商标原属国规则就导致申请人可以利用在原属国的注册，要求适用超过本国法所规定的待遇。[④]

---

① 这里的原属国是指申请人设有真实、有效的工商业营业所的本联盟国家；或者如果申请人在本联盟内没有这样的营业所，则指他住所地的本联盟国家；或者如果申请人在本联盟内没有住所，但是他是本联盟国家的国民，则指他的国籍所属国。参见《巴黎公约》（1967年文本）第6条之5A（2）。

② See Georg H. C. Bodenhausen, Guide to the Application of the Paris Convention for the Protection of Industrial Property as Revised at Stockholm in 1967, WIPO Publication, BIRPI, 1968, p. 108.

③ 本条款所规定的例外仅限于商标所据以构成的要素的范围，对于其他事项，如是否要求商标已使用等同样可以作为本国法排除适用原属国注册的理由。

④ Georg H. C. Bodenhausen, Guide to the Application of the Paris Convention for the Protection of Industrial Property as Revised at Stockholm in 1967, WIPO Publication, BIRPI, 1968, p. 108.

（二）《伯尔尼公约》中保护期的规定

根据《伯尔尼公约》第7条第8款，对于作品的保护期限将由被要求给予保护的国家的法律加以规定；但是，除该国家的法律另有规定者外，这种期限不得超过作品起源国规定的期限。

例如，德国[①]和法国[②]均规定著作权保护期是作者生前加去世后70年，但是由于中国《著作权法》规定的保护期是作者有生之年加50年[③]，因此中国作品在德国和法国也只能受到作者生前加去世后50年的保护。需要注意的是，此处对保护期的规定不是强制性的，即被请求保护的国家如果法律另有规定，即使本国提供的保护期长于起源国的保护期，仍可适用本国的保护期。

三、实质性互惠条款：利益对价带来保护差异

截至19世纪末，互惠原则作为知识产权保护领域的重要规范影响了众多双边条约。根据互惠原则，一国提供给他国的知识产权保护取决于其本国国民受到的保护。这种特性被认为[④]阻碍一国国内司法适用的一致性，如两个同在第三国的不同国家国民，依据第三

① See Germany. *Article* 64 *of German Copyright Act*, 9 September 1965, Amended by the Law of June 23, 1995.

② See France. *Artilcle LI*23 – 1 *of French Intellectual Property Code* (*Legislation Part*), July 1, 1992. Act No. 97 ~ 283 of Mars 1997 art. 5 Official Journal of 28 Mars 1997 in force on 1 July 1995.

③ 参见《著作权法》第21条第1款。

④ See Jonathan Putnam, The Law and Economics of International Intellectual Property: A Primer, Keith E. Maskus, Hamid Beladi &Kwan Choi (eds), *Frontiers of Economics and Globalization Volume* 2: *Intellectual Property*, *Growth and Trade*, *Emerald Group Publishing Ltd*, 2009, p. 65.

国法律受到的保护可能不同《巴黎公约》以国民待遇原则取代互惠原则，要求每一成员国必须将其给予本国国民的待遇同样给予其他成员国的国民，而不能要求互惠。公约认为，这种互惠已经通过遵守公约而得到了充分保障。①

然而，由于知识产权公约各缔约国之间在保护水平上存在差异，在某些情况下，公约仍允许以互惠原则作为国民待遇原则的例外。此时，缔约国提供给其他缔约国国民的保护，只需与后者对其国民提供的保护标准相对等②。也就是说，缔约国无须向其他缔约国国民提供高于其本国国民在对方国家受到的待遇。由此，基于利益对等，产生了国民待遇的例外。

（一）《伯尔尼公约》实用艺术作品保护模式之互惠

根据《伯尔尼公约》第2条第7款及第7条第4款的规定，公约联盟成员国需给予作为艺术作品保护的实用艺术作品③不少于25年的保护。公约允许各成员国自行立法决定对实用艺术作品保护的方式、条件和具体期限。同时，公约规定如果一件实用艺术作品在其起源国是作为工业品外观设计或模型受到保护，那么，在公约联盟其他成员国也只能受到同样的保护，除非在要求保护的国家没有关于外观设计或模型的特别保护制度。

---

① Georg H. C. Bodenhausen, Guide to the Application of the Paris Convention for the Protection of Industrial Property as Revised at Stockholm in 1967, WIPO Publication, BIRPI, 1968, p. 12.

② See Catherinr Colston & Jonsthan Galloway, *Modern Intellectual Property Law*, 3/e, Routledge, 2010, p. 9.

③ 公约使用一般性表述来涵盖小摆设及首饰、金银器皿、家具、壁纸、装饰品、服装等带有艺术性的制作品。See WIPO, Guide to the Berne Convetion for the Protection of Library and Artistic Works (Pairs Act, 1971), World Intellectual Property Organization, 1978, p. 16.

由于作为外观设计或模型保护取决于预先注册，[①] 而作为著作权上艺术作品保护则无须履行任何手续，因此上述规定实际具有互惠性，即只有在起源国以著作权形式保护实用艺术作品时，才可以要求其他成员国给予同等的著作权保护，所要求保护的国家没有外观设计或模型的特别保护制度的除外。

在有些国家如日本，实用艺术作品同时受到《著作权法》和《设计法》的双重保护。后者需要按照专利法的原则，要求被保护的作品具有新颖性，前者则只需具有创造性就可自动获得保护。[②] 这意味着，以日本为作品起源国的实用艺术作品，在其他国家可以对等地受到来自著作权的保护。

（二）《伯尔尼公约》中追续权承认之互惠

追续权（droit de suite）于1920年创设于法国。根据法国《知识产权法典》，追续权是艺术家不可转让的一种权利，使其在原作被首次转让后，可以获得此后每次转售价格中的小部分。[③] 有了追续权，大器晚成的艺术家对自己年轻时廉价卖给艺术商的作品仍有可能获得收益；如果他们等不到成名的这一天，至少他们的继承人还可以享受先人的荫蔽。[④]

在欧盟成员国中，奥地利、荷兰、爱尔兰和英国是为数不多的几个没有承认追续权的国家。1996年欧洲委员会提出关于统一延续

---

① 使用外观设计来保护实用艺术作品还会带来一个潜在的威胁，即该作品的装饰性部分可能因具有显著性而可以被或者已经被注册为商标，而使用外观设计保护存在一个保护期限届满的问题. See Nuno P de. Carvalho, The TRIPS Regime of Trademarks and Designs, Kluwer Law International, 2006, pp. 502 – 503.

② See Peter Ganea, Christopher Heath & Hiroshi Saito, *Japanese Copyright Law: Writings in Honour of Gerhard Schricker*, Kluwer Law International, 2005, p. 22.

③ See France. *Article L122 – 8 of French Intellectual Property Code (Legislation Part)*, July 1, 1992.

④ 李琛：“法题别裁第二回：求生计米勒忍埋半世名，感悲情法律新设追续权”，载《科技与法律》2004年第2期。

权指令的建议。[①] 尽管遭到了来自英国的强烈反对，2001 年欧盟理事会仍然通过了“欧洲议会和欧盟理事会第 2001/84/ EC 号指令：关于原创艺术作品作者利益的转售权”[②]，自 2006 年 1 月 1 日起在欧盟内部实施。此后在欧盟内部，当视觉艺术作品转售时，作者可以提取作品转售价格的 0. 25% 至 4% 。

《伯尔尼公约》第 14 条之 3 对追续权进行了规定，对于艺术作品原作和作家与作曲家的手稿，作者或作者去世后由国家法律所授权的人或机构享有不可剥夺的权利，在作者第一次转让作品之后对作品进行的任何出售中分享利益。但是，能否享受追续权并不适用国民待遇原则，而是取决于成员国之间的互惠性——只有在作者本国法律承认这种保护的情况下，才可在联盟成员国内要求上述保护，而且保护程度应限于被要求给予保护的国家的法律所允许的程度，并且分享利益的方式和比例由各国法律自行确定。

（三）《伯尔尼公约》中翻译权十年制限制之互惠

根据《伯尔尼公约》第 30 条第 2 款的规定，对于新加入公约的国家可以通过特别声明的方式，沿用《公约》1896 年文本来限制其他成员作品的翻译权，即如果某一作品在首次发行后的 10 年内，没有该特定国家通用语言的译作发行，则在该成员国不再保护其专有翻译权。任何国家在参加公约时都可以作出上述声明，但是如果作出这种限制声明的国家不是发展中国家。[③] 则其他成员国对来自该国的作品的翻译权也可以作出相应的限制。这里互惠性待遇取代了国民待遇。

---

① See Simon Stokes, Art and Copyright, Hart Publishing, 2001, pp. 78 – 85.

② EU. *Directive* 2001/84/*EC of the European Parliament and of the Council of* 27 *September* 2001 *on the Resale Right for the Benefit of the Author of an Original Work of Art*, 2001.

③ 参见《伯尔尼公约》（1971 年文本）关于发展中国家的特别协定第 5 条。

《伯尔尼公约》在其附件中对涉及翻译权的强制许可进行了规定，[①] 允许发展中国家在满足一定条件时，可以由其主管当局授予一种非专有的且不可转让的许可，但是这种许可仅能应用于教学学习或研究目的。该规定反映了发达国家和发展中国家间的某些妥协，然而，由于附件规定了复杂的限制和要求，实践起来非常困难，很少被真正运用。[②]

（四）《罗马公约》中再度使用录音制品报酬请求权之互惠

根据《罗马公约》第16条第1款的规定，缔约国可以拒绝赋予或限制有关录音制品的再度使用（也称二次使用）获得收益的权利[③]，而不论其国内法是否给予这种保护。

具体而言，在某缔约国就录音制品的再度使用赋予属于另一缔约国国民的制作者获得报酬权的情况下，准许前者按照后者给予前者国民的保护范围和期限，对给予后者国民的保护进行限制。即没有任何缔约国有义务给其他缔约国国民提供超出其本国国民所获得的保护。此为实质性互惠的做法。

（五）《UPOV公约》中特定属或种的品种权保护之互惠

根据《UPOV公约》（1978年文本）第3条，在成员国国内法

---

① 参见《伯尔尼公约》（1971年文本）关于发展中国家的特别协定第4条。

② See Graham Dutfield & Uma Suthersanen, *Global Intellectual Property Law*, Edward Elgar Publishing, 2008, p. 28.

③ 《罗马公约》使用的是再度使用录音制品报酬请求权，而没有使用二次商业使用的表达方式，但是其所要求的公开传播是指在公共场合（如餐厅、宾馆、夜总会等）向成千上万听众商业性地播放使用，与仅在家庭之间只有几个听众的私人使用并不相同。参见史文清、梅慎实：“简析保护著作邻接权的《罗马公约》”，载《政治与法律》1990年第4期。

对某一属或种的植物品种提供保护时，该成员国可以在对方国家也给予该属或种的植物保护时才给予对方国家的国民以相应的保护。因为植物品种权涵盖在《TRIPs 协议》的保护范围之内，所以有学者认为，《UPOV 公约》（1978 年文本）所规定的互惠保护与《TRIPs 协议》所规定的国民待遇原则及最惠国待遇原则相抵触。[①] 此外，也有学者声称上述规定回避了《TRIPs 协议》所规定的国民待遇原则及最惠国待遇原则。[②]

与 1978 年文本[③]不同，《UPOV 公约》1991 年文本排除了只在互惠条件下才给予国民待遇的情况。例如，如果 1991 年文本成员给予本国育种者超出 1991 年文本规定范围的独占性权利，那么就必须将此权利也给予其他 1991 年文本成员的国民，不允许只将此保护给予提供同样保护水平成员的国民。[④]

四、特别立法：对现有体系的实质规避

随着新技术的发展，以及对知识产权认识的不断深入，知识产权保护范围也在随之拓展。在需要增加新的保护客体时，必然面临立法上的双重选择：或者在现有知识产权框架内添加新的保护内

---

① Laurence R. Helfer, *Intellectual Property Rights in Plant Varieties: International Legal Regims and Policy Option for National Governments*, Food and Agriculture Organization of United Nations, 2004, p. 56.

② See Nuno P. de Carvalho, *The TRIPS Regime of Patent Rights*, *Kluwer Law International*, 2010, pp. 157 - 168.

③ 中国加入的是 1978 年文本。See UPOV Notification No. 70, *Accession by the People's Republic of China*, March 23, 1998.

④ Laurence R. Helfer, *Intellectual Property Rights in Plant Varieties: International Legal Regims and Policy Option for National Governments*, Food and Agriculture Organization of United Nations, 2004, p. 27.

容，或者在现有知识产权制度外采用特别立法形式加以保护。这两种策略导致国民待遇适用上的不同后果，如果采用后一种模式，则不能继续沿用现有知识产权公约中的国民待遇原则，在实质上起到了规避适用国民待遇原则的效果。

(一) 公共借阅权的特别立法

公共借阅权（public lending right），是指权利人因其著作权作品在图书馆中被公众借阅而享有获得报酬的权利，建立初衷是补偿作者由于图书馆对其作品的出借行为所带来的经济损失。

公共借阅权制度主要有两种立法模式，或者将公共借阅权直接纳入著作权法，使之成为著作权人的新的专有权利，或者将其单独立法。这两种模式目前都存在，前者如德国、比利时、匈牙利、立陶宛等，后者如英国（1979）、丹麦（1946 年）、芬兰（1961 年）、挪威（1947 年）和瑞典（1954 年）。[①] 1992 年 11 月 19 日，欧共体理事会颁布第 92/100/ EEC 号指令，即《知识产权领域中的出租权、出借权及某些邻接权的指令》[②]，要求欧盟各成员国对出借权实行统一的法律制度。在将 92/100/EEC 号指令转化为国内法的过程中，欧盟各成员国依然延续了上述两种立法模式。[③]

独立的公共借阅权制度是指，公共图书馆所借阅作品的作者基于其作品被借阅的次数可以获得相应补偿，该制度的资金由政府资

① See Dennis Hyatt, The Background of Propose Legislation to Study Public Lending Right in the United States: Issuses in Policy, Law and Administration, *Journal of Library Administation*, Vol. 7, No 4, 1986, pp. 125 – 140.

② EC. *Council Directive* 92/100/*EEC of* 19 *November* 1992 *on Rental Right and on Certain Rights Related to Copyright in the Field of Intellectual Property*, 1992.

③ 江向东："20 世纪 90 年代以后欧盟公共借阅权制度的新进展"，载《中国图书馆学报》2005 年第 3 期。

助[①]。例如，挪威于 1947 年建立公共借阅权制度，其目前的公共借阅权制度由 1987 年《公共借阅法》[②] 规范，以确保在挪威境内出版的作品可以被公共借阅，且其作者可以获得相应的补偿。又如，英国 1979 年的《公共借阅权法》[③] 给予作者因公共图书馆出借其作品而获得报酬的权利。该法有一整套详细的操作规则，包括作者的资格、书籍的要求、图书馆的选择和支付金额的计算。公共借阅权计划有政府的文化、媒体及体育大臣负责，提供了一套完全独立于著作权的知识产权保护制度。

对于采用著作权法来规定公共借阅权制度的国家，自然会面临外国作者的著作在图书馆外借时公共借阅权的保障问题，需要适用国民待遇原则。例如在德国，[④] 由著作权法授予公共借阅权，由于德国是《伯尔尼公约》的缔约国，所以对《伯尔尼公约》缔约国国民，如果其作品被借阅，便有权要求获得报酬。而对于采用单独立法模式，将公共借阅权独立于著作权法之外的国家，外国作者依据知识产权公约享有的国民待遇则无从谈起。例如，对于挪威和英国而言，虽然也是《伯尔尼公约》的缔约国，但是由单独立法规定公共借阅权，该权利不适用国民待遇原则，因此，相应支付的报酬只限于国内作者的作品。特别是当公共借阅的补偿金完全是政府对本国作者的一种补贴时，这种补贴不能推广至外国作者。[⑤]

---

① See Joan M. Reitz, *Dictionary for Library and Information Science*, Libraries Unlimited, 2004, p. 578.

② Norway. *Act No. 23 Relating to Remuneration for Lending by Public Libraries*, 29 May 1987.

③ UK. *Public Lending Right Act* 1979, 22 March 1979.

④ See Germany. Article 27 "*Remuneration for Rental and lending*" *of German Copyright Act*, 9 September 1965 Amended by the Law of June 23, 1995.

⑤ See Paul Goldstein, *Copyrights Highway*: *From Gutenberg to the Celestial Jukebox*, Stanford University Press, 2003, p. 156.

（二）传统文化表现形式的特别立法

传统文化表现形式（traditional cultural expression）的保护是近年来知识产权领域的研究热点之一。对于传统文化表现形式的保护模式主要有两种：一种是对现有知识产权进行专门调整；另一种是采用特别立法模式。

第一种模式，在现有知识产权框架中进行专门调整，包括对古老的和先前已存在的传统素材的一种现代释意、采用、收集或者安排作为著作权来保护；对一些原住民的和传统的文字与符号作为商标予以保护；当表演一个传统的歌被录制下来时，给予民间文学艺术表演者权利。① 采用现有知识产权模式对传统文化表现形式进行保护，存在一些难以克服的问题。②

第二种模式，采用特别立法的形式，即针对传统文化表现形式的权利界定、权利归属及其保护形式等问题采用特殊制度（sui generis system）加以规范。例如，1997 年菲律宾制定的《土著族群权利法》③、1999 年修改的《关于创建非洲知识产权组织（OAPI）的班吉协定》④、2000 年巴拿马制定的《为保护和捍卫其文化特征和

---

① See WIPO, *Intellectual Property and Traditional Cultural Expression /Folklore*, WIPO Publication No. 913 (E), 2004, pp. 16 – 19.

② 例如，当对传统文化表现形式使用著作权法加以保护时，首先将面临原创性问题，原住民族的创作大多是源于世代相传的既有文化表现，其创作是否具有足够的原创性？其次是，可复制性问题，这些创作能否固定于有体物上，并能够进行复制？参见何隽：“‘传统文化表现形式’与著作权保护——基于台湾地区三个案例的考察”，载《中国版权》2010 年第 5 期。

③ Philippines. *Indigenous People' s Rights Act (IPRA) of the Philippines*, 29 October 1997.

④ ARIPO. *Regulations under the Agreement Revising the Bangui Agreement of March* 2, 1997 *on the Creation of an African Intellectual Property Organization* (of February 24 1999), 1990.

传统知识而建立的管理原住民族群集体权利的专门知识产权体制》[①]以及2002年制定的《传统知识和文化表现形式太平洋地区框架》[②]等。2007年12月，我国台湾地区公布并开始实行“原住民传统智慧创作保护条例”，规定一旦“文化成果之表达”依法经主管机关确认并登记为智慧创作，[③] 取得登记的原住民族或部落即可据此主张“智慧创作专用权”，对抗任何侵害智慧创作人格权和财产权的行为；且智慧创作专用权永久保护，若智慧创作专有用权人消失，其专用权归属于全部原住民族享有，视同永续。

值得注意的是，当在现有知识产权框架内对传统文化表现形式加以保护时，需要根据所参加的知识产权国际公约给予外国国民以国民待遇。因此，在现有知识产权体系内保护传统文化表现形式，就会产生国民待遇的相关问题。例如，美国国会1990年通过《印第安艺术与工艺品法》[④]，赋予印第安人艺术与手工艺品协会颁发证明商标的权利，以保护印第安艺术家面临的由于其他仿冒印第安艺术家作品导致的不正当竞争行为。由于是在现有商标法体系内对传统文化表现形式给予保护，有学者认为授予一个特定群体上述商标权利与国际商标制度之间存在冲突，这种商标权保护是给予某些国民——如美国原住民和美国原住民部落——的优惠待遇，这些待遇违背了《TRIPs 协议》的国民待遇原则。[⑤]

---

① Pananma. Law No. 20 of 26 on the *Special Intellectual Property Regime with Respect to the Collective Rights of Indigenous Peoples to the Protection and Defense of Their Cultural Identity and Traditional Knowledge*, 26 June 2000.

② SPC (Secretariat of the Pacific Community), Pacific Islands Forum Secretariat and UNESCO Pacific Regional O ffice. *Regional Framework for the Protection of Traditional Knowledge and Expression of Culture*, 13 - 21 June 2002.

③ 该条例所称“智慧创作”，指原住民传统之宗教祭祀、音乐、舞蹈、歌曲、雕塑、编织、图案、服饰、民俗技艺或其他文化成果之表达。

④ USA. *The Indian Arts and Crafts Act of* 1990 (*1ACA*), 29 November 1990.

⑤ See Daphne Zografos, *Intellectual Property and Traditional Cultural Expression*, Edward Elgar Publishing, 2012, p. 216.

结语：中国的应对

追本溯源，引入国民待遇原则的最初目的，是为了达到便于国际司法解释和统一不同国家的法律适用的目标[①]——这似乎并不高明。然而，事实却是，国民待遇原则同知识产权具体制度及其他知识产权国际保护原则，如独立保护原则、最低保护标准原则以及最惠国待遇原则之间存在紧密的联系，这些原则之间的相互影响与相互融合，使得国民待遇原则自然成长为目前知识产权国际保护体系中的最重要一环，对知识产权国际保护体系的架构起到了最为关键的支撑作用——它使得知识像创造和使用知识的人一样顺畅流动成为可能。

于中国而言，在全球化时代，制定和执行法律的最大挑战在于，不仅需要严格遵守国际公约所规定义务，同时需要有效促进本国优先发展事项，这就需要我国权利人和立法司法机关灵活利用国际公约的例外，积极应对，以寻找降低社会和经济成本的可能途径。

（一）告别超国民待遇的历史

20 世纪末，我国在知识产权制度初建的同时加入了世界主要知识产权公约。1991 年 6 月 1 日起施行《著作权法》，1992 年 10 月 15 日即加入《伯尔尼公约》，而中国当时的《著作权法》并没有达到《伯尔尼公约》的最低标准。1992 年 1 月，中美双方签署《中美知识产权备忘录》，规定中国加入《伯尔尼公约》后，对于公约与

① See US Congress, Office of Technology Assessment, *Intellectual Property Rights in an Age of Electronics and Information*, OTA-CIT-302, U. S. Government Printing Office, 1986, p. 219.

中国国内法律、法规的不同之处，将适用国际公约。1992 年 9 月国务院颁布的《实施国际著作权条约的规定》即是在这个背景下的产物。

由于《实施国际著作权条约的规定》仅适用于外国作品，[①] 它所赋予的新的权益不能为国内著作权人享有，这使得在中国境内，中国著作权人使用国内法，国内著作权人在许多方面受到的保护低于外国著作权人受到的保护，即产生了著作权保护的“超国民待遇现象”。这在国内法与国际法交汇时并不常见，显示了中国在知识产权领域受到外界的巨大影响。[②]

作为一种过渡性安排，[③] 超国民待遇是无奈中的选择，然而，其危害小而言之是使得本国著作权人相对于外国著作权人处于竞争劣势，大而言之有损国家尊严。[④] 2001 年和 2010 年两次修改《著作权法》，其主要目标都是将本国法与国际接轨，达到知识产权国际公约的最低保护标准，消除超国民待遇现象。特别是 2001 年 10 月《著作权法》第一次修改，修订内容涉及权利内容、权利客体、权利保护和权利限制等诸多方面，具体增、删、改 53 处。值得警醒的是，在未来知识产权立法中，绝不能放弃本国国民的诉求，不能再出现超国民待遇现象。

---

① 《实施国际著作权条约的规定》第 1 条即规定：为实施国际著作条约，保护外国作品著作权人的合法权益，制定本规定。

② Andrew C. Mertha, *The Politics of Piracy: Intellectual Property in Contemporary China*, Cornell University Press, 2005, p. 129.

③ 沈仁干：“谈我国著作权法的修改”，载《知识产权》2001 年第 6 期。

④ 韦之：“从伯尔尼公约看中国著作权法之修改”，载《中外法学》1997 年第 5 期。

（二）洞悉起源国的权利状态

地域性[①]是知识产权的显著特征，由这一特征延伸出知识产权国际公约的独立保护原则——在知识产权国际保护中，一国只保护依据其本国法律产生的知识产权，而不保护依据其他国家法律产生的知识产权。[②] 然而，在承认知识产权保护的独立性的同时，必须注意到，在某些情况下，知识产权在其请求保护国的保护仍可能受到其在起源国的权利状态的限制或影响。

其中，《巴黎公约》中商标构成要素和《伯尔尼公约》中保护期的国民待遇的例外最为典型。根据《巴黎公约》中商标注册的规定，如果一个商标已经在原属国正规注册，即使构成商标的要素不符合中国法律的规定，只要其符合其他相关规定，我国也有义务给予保护。根据《伯尔尼公约》中保护期的规定，如果一国作品的保护期超过中国《著作权法》所规定的作者生前加死后 50 年，那么如无特殊规定，中国作品在该国的保护期也不能超过其在中国享受的保护期。

针对目前我国知识产权保护范围主要采用国际公约最低保护标准的现状，想要准确了解在请求保护国所能获得的保护，除了必须熟悉申请国的法律外，还必须洞悉起源国的权利状态。若中国作为权利起源国，对于请求保护国高于我国保护的规定，必须首先考察其是否存在国民待遇的例外，否则，高出的部分对我国权利人就只能是“望梅止渴”。若中国作为请求保护国，对于起源国超出我国保护范围的，只有在非常有限的情况下，才可能根据国民待遇的例

① 即知识产权依一个国家或地区的法律产生，只能在该国或地区领域内生效，超出这一领域便不被承认，不能加以行使。参见郑成思：《知识产权法》，法律出版 1997 年版，第 19 页。

② 参见刘家瑞：“论知识产权地域性在国际保护中的新发展”，载《政法论丛》1998 年第 5 期。

外，需要提供让我国权利人“望洋兴叹”的格外照顾。

(三) 擅用双边规则中的互惠

互惠原则曾是协调国家间知识产权保护的重要工具，即使在被国民待遇原则取代之后，也不排除在某些情况下，公约允许互惠作为国民待遇的例外。[①] 最为重要的是，适用互惠原则时，不要求国际条约的存在，一个国家只要认为其他国家会给予本国国民对等优惠，就可以单方面采用互惠原则。[②] 因此，明晰国民待遇例外事项，擅用双边规则中的互惠，就需要推动立法者继续完善我国现行的知识产权制度，为中国权利人争取更有利的国际竞争地位，谋求更多的实际利益。

著作权保护领域的这种互惠尤为显著。由于《著作权法》目前尚没有对追续权进行保护，根据《伯尔尼公约》中追续权承认之互惠，如果欧盟国家转售中国的艺术品，则我国的艺术家并不能得到转售收入中的任何利益。此外，由于《著作权法》并不保护实用艺术作品，此类作品仅可以通过专利法的外观设计进行保护，根据《伯尔尼公约》实用艺术作品保护模式之互惠，以中国为作品起源国的实用艺术作品，在其他国家也仅能按照外观设计进行保护。

值得关注的是，在2012年3月国家版权局公布的《著作权法修改草案》中新增了实用艺术作品和追续权的规定，但是，经过公开征求意见后，在7月《著作权法修改草案（第二稿）》中已经删除

---

① See Catherine Colston & Jonathan Calloway, *Modern Intellectual Property Law*, 3/e, Routledge, 2010, p. 9.

② See Jay Dratler, *Intellectual Property Law: Commercial, Creative and Industrial Property*, Law Journal Seminars Press, 1991, pp. §1.99 – §1.100.

了追续权的相关规定。[①] 根据《修改草案（第二稿）》，实用艺术作品被列为受《著作权法》保护的作品，指具有实际用途并有审美意义的作品。[②] 草案还规定，外国人、无国籍人的实用艺术作品，其作者所属国或者经常居住地国对中国作者的实用艺术作品给予保护的，受本法保护。这种限制性规定，体现了在实用艺术作品保护中的互惠性。同时，一旦实用艺术作品在我国获得著作权保护，则今后中国作者的实用艺术作品，在有同样保护规定的国家，就能够享受来自著作权制度的自动保护优惠。

（四）迎接特别立法的挑战

特别立法，是在现有知识产权制度外对某种特殊权利加以保护，由于其不能继续套用现有知识产权公约中的国民待遇原则，在实质上起到了回避适用国民待遇原则的效果。即根据特别立法给予本国国民的保护，无须因国民待遇原则，将其保护延伸到想在该国申请保护的外国国民。

在知识产权保护对象不断扩展的今天，对如何迎接特别立法的挑战必须有明确的思路。对增加新的保护客体时，首先需要解决，是在现有知识产权制度内规定，还是在制度之外规范。如果选择前者，可以根据现有国际公约适用国民待遇；如果选择后者，则相应的保护只需给予本国国民而无须惠及外国人。

因此，在考虑对我国的非物质文化遗产进行知识产权保护时，如果采用现有的知识产权保护模式，则意味着必须给予共同缔结或

---

① 早在 1991 年，知识产权界就有学者指出，我国的绘画、书法等美术作品随着改革开放的发展大量出售给国外，但是由于我国著作权法上没有追续权的规定，因此我国作者创作的艺术作品，无论价格如何飞涨都不能按照《伯尔尼公约》的规定取得求偿。参见郭寿康：“谈美术作品的追续权”，载《美术》1991 年第 3 期。

② 《修改草案（第二稿）》规定，实用艺术作品发表权的保护期为 25 年，但作品自创作完成后 25 年内未发表的，本法不再保护；其著作权中的财产权的保护期为首次发表后 25 年，但作品自创作完成后 25 年内未发表的，本法不再保护。

加入国际条约的缔约方国民以同等知识产权的保护，而如果该国没有在相关知识产权法中保护非物质文化遗产，就会形成我国保护外国人在我国享有的非物质文化遗产权利，而外国不保护我国国民的权利的单边保护局面。[①] 作为拥有丰富非物质文化遗产资源的国家，选择何种模式保护本国传统文化，维护之前几代人甚至更多代人的创造所得，是珍视历史价值和文化多样性的重要决策。

这场与公约制定者的对话并未结束。在历史的嬗递中，每一轮谈判、妥协，无疑都是一场“常规”与“例外”之间的较量，而我们将继续在原则理性之光的照耀下探索、前行。

① 周安平、陈云：“国际法视野下非物质文化遗产知识产权保护模式选择——以国民待遇为视点的探讨”，载《知识产权》2009 年第 1 期。

方法论与分析工具

搜索引擎服务商在提供链接过程中的权利与义务*

——基于霍菲尔德权利理论的一种分析

陆幸福**

研究的缘起

人类自近代以来经历了数次飞跃式发展，其中最近的一次便是互联网革命。互联网虽然建立在此前人类物质文明的基础之上，但它却带来了生活场域极为彻底的变化。今天的互联网不再仅仅是最初的研究平台，它已成为人类生活世界的一个重要组成部分，当下流行的所谓“微博控”“手机控”，其实都是“网络控”。互联网最大的功能是联结整个虚拟世界，将原先分割的现实世界在网络中连为一体。人类当前众多的行为可以通过网络讯捷完成，比如即时联

* 本文系2012年度西南政法大学校级重点课题《权利话语的批判与反批判》的阶段性研究成果。本文原载于《法学评论》2013年第4期。

** 作者简介：陆幸福，西南政法大学行政法学院副教授，重庆市大渡口区人民法院院长助理。

系，比如购物，而其中信息查询是一个极为重要的方面。互联网作为世界上最大的知识库，可谓举世无双、独占鳌头，这个巨大的可获取信息库已经演变成为一种全球性的一站式信息资源和交流网络，可服务于海量的公共、私人和商业利益。[①] 然而，互联网上汇聚了不计其数的信息，人们很容易淹没在信息的海洋而无所适从，如何获取对自己有用的信息便成为一个极为关键的议题。互联网搜索引擎[②]对此问题的解决堪称完美。1990 年，加拿大蒙特利尔麦吉尔大学的一群学生创造了 Archie,[③] 这是一种以字母为基础的数据收集项目，它下载所有 FTP 地址上的文件目录进行列表，并创建了一个可以搜索的文件名数据库,[④] 这便是搜索引擎的开端。在这之后，搜索引擎逐渐推陈出新，无论是搜索技术还是被搜索网页的数量都今非昔比，其中纳入搜索范围的网页和文件的数量早已超过了万亿之多。搜索引擎在当今世界的重要性可以用这句夸张的经典话语表达，“一个人存在与否取决于他是否能够被搜索引擎检索到”。[⑤] 搜索引擎的使用必然涉及人们之间的利益冲突，法律不应该袖手旁观。法律是调整人类行为的社会规范，当人类行为构造出某些重要领域且可能发生冲突之际，法律便起而介入。既然法律所调整的范

---

① David M Fritch, Click Here For Lawsuit-Trespass To Chattels In Cyberspace, 9 *J. Tech. L. & Pol'y* 2004. pp. 32 – 33.

② 搜索引擎可以分为两类：一类是经典搜索引擎，另一类是特殊搜索引擎。经典搜索引擎专注于两个主要任务：第一，在网上搜集信息并按照用户确定的标准进行归类；第二，列出与终端用户要求相关的链接清单。此类搜索引擎利用机器人在网上搜索信息并进行归类。特殊搜索引擎则致力于非常特别的主题，例如票务、论文收集等，此类搜索引擎仅仅收集服务提供商所选择网站的信息，其所涉及的领域更加有限且服务提供商控制此领域的范围。本文主要研究经典搜索引擎。参见 Alexandre Cruquenaire, Electronic Agents as Search Engines: Copyright Related Aspects, 9 *Int'l J. L. & Info. Tech.* 2001. p. 328。

③ Archie Search Engine, http: //en. wikipedia. org/wiki/Archie search engine. 2013 – 03 – 24.

④ Search Engine, http: //en. wikipedia. org/wiki/Search engine. 2013 – 03 – 24.

⑤ Lucas D. Introna and Helen Nissenbaum, Shaping the Web: Why the politics of search engines matters. *The Information Society* 16 (3) . 2000. p. 171.

围随着人类行为的扩展而扩展，那当人类行为扩展到搜索引擎之后，法律便自然对此进行规范，各国的立法和司法判决很好地验证了这一点。

早在20世纪90年代，美国法院就意识到了搜索引擎的重要性，在1996年ACLU v. Janet Reno一案的裁决中，宾夕法尼亚东区地区法院（District Court for the Eastern District of Pennsylvania）的法官认为，对于网络内容提供商而言，被搜索引擎检索到的能力至关重要。[①] 但最初与搜索引擎相关的诉讼并不多见，主要有两类：一类是作为搜索引擎受益者的网站服务商之间的争议，它们为了获得更多的关注而利用搜索引擎的某些功能；另一类是网站服务商和搜索引擎经营商之间的冲突。[②] 2000年之后，围绕搜索引擎的案件数量大大增加，案情也更加复杂。[③] 各国也相继制定了规范互联网的法律制度，其中部分条款便针对搜索引擎，例如中国国务院制定的《信息网络传播权保护条例》以及最高人民法院发布的《最高人民法院关于审理侵害信息网络传播权民事纠纷案件适用法律若干问题的规定》。伴随着一些判例的不断增加，搜索引擎服务商也相应地作出调整，也就是说判例对搜索引擎的相关行为起到了规范作用。例如，Google在2004年按照晚近的判例法修改了其关键词政策，允许美国的广告商竞标商标关键词，但禁止在广告文本中使用第三方的商标。[④] 然而，无论是制定法还是判例法都无法妥善解决围绕搜索引擎的法律争议，同案不同判现象屡见不鲜。网页快照是否构成侵权的相关案件便出现了此种情形，美国法院认为，Google提供网

① *ACLU v. Reno*, 929 F. Supp. 824, 837 (E. D. Pa. 1996).

② Urs Gasser, Regulating Search Engines: Taking Stock And Looking Ahead, 8 *Yale J. L. & Tech.* 2005 - 2006. p. 209.

③ 相关进一步的讨论请参见Urs Gasser, Regulating Search Engines: Taking Stock And Looking Ahead, 8 *Yale J. L. & Tech.* 2005 ~ 2006. pp. 211 - 214.

④ Pamela Parker, Google Shifts Trademark Policy, http://www.clickz.com/news/article.php/3339581. 2013 - 04 - 08.

页快照的行为可以根据千禧年电子版权法（DMCA）中针对“系统缓存”的“避风港”免责，[①] 而德国汉堡地方法院、西班牙巴塞罗那上诉法院在审理涉及 Google“快照”服务的案件时，均认定 Google 构成复制，在 Copiepresse v. Google 一案中，比利时两级法院也都认为“网页快照”服务构成复制。[②] 根据这些裁决，Google 公司的网页快照在不同国家遭遇了不同对待，这与当前不断向前推进的法律全球化背道而驰，但却又不可避免，面对一种新生且复杂的事物，先天滞后的法律有点力不从心。

在法律制度无法有效应对实际案件的情况下，法律理论理应出场。提供链接是搜索引擎最主要的功能，制定法和判例法之所以没有很好解决搜索引擎相关案件的根源之一便是对搜索引擎提供链接时的权利和义务界定不清，至少是没有恰当而全面地对其进行梳理以便定性，而之所以界定不清的原因则是没有找到合适的解释工具。其实早在20世纪初，霍菲尔德就在《司法推理中应用的几个基本概念》一文中精确地分析了权利和义务的各种形式，这就是霍菲尔德权利分析理论，该理论对于特别简单的法律关系可能不是很必要，但如果遭遇疑难法律关系，它的优势则十分明显，因为它可以区分不同情形下的权利类别，并赋予特定的名称，而不是笼统地将所有的法律关系都解释成权利和义务关系，笼统很可能遮蔽众多实际问题。因此，尝试运用霍菲尔德权利理论对搜索引擎提供链接所涉及的法律关系进行分析，实为另辟蹊径，或许可以为相关疑难案件的破解找到一剂良方。本文首先概括霍菲尔德权利理论并论证为什么应该运用该理论分析搜索引擎提供链接中所遭遇的权利和义务；其次，论述搜索引擎抓取网页的自由权；最后，采用霍菲尔德权利理论对搜索引擎提供各种链接中的权利和义务进行分析。

---

① Blake Field *v. Google*, *Inc.*, 412 F. Supp. 2d 1106 (D. Nev. 2006).

② 杨华权、周春慧：“3B 大战中强制网页快照的法律分析”，载《电子知识产权》2012 年第 11 期。

一、为什么选择霍菲尔德权利理论分析搜索引擎的权利与义务

霍菲尔德权利理论自产生之日起便长盛不衰，不失为法律理论中的经典之作。英美世界法学家谈及权利研究，言必称霍菲尔德，无论是反对还是赞成，霍菲尔德都是一道无法绕过的坎。[①] 而霍菲尔德权利理论之所以具有如此持久的影响力与其立意解决司法中的实际问题不无关系。法理学历来被认为是一种比较玄乎的学问，它与司法实践没有很大的关系，或者至少无法对司法产生实质影响。霍菲尔德恰恰反其道而行之，他所提出的权利理论正是着眼于解决司法实践中存在的问题。[②] 在霍菲尔德看来，司法实践中长期存在的一个问题是法律术语意思的模糊。他举财产权（property）为例，指出该术语对于法律人和外行人都没有确切或稳定的内涵，它有时表示与各种各样的法律权利、特权等相联系的实在物，有时又表示与该物有关的法律利益。人们经常从一种含义迅速且错误地转到另一种含义，有时某一术语会含混到不能传达任何确定意义的程度。[③] 而在法律各术语之中，权利和义务的重要性不言而喻，在霍菲尔德

① 哈特在研究边沁的著作时说，“多数英国法理学学者懂得从霍菲尔德的《基本法律概念》起步研究权利概念。”参见 H. L. Hart, *Essays On Bentham*, Oxford University Press, 1982, p. 162。

② 霍菲尔德坦言他写这篇文章的目的是为了强调某些经常被忽视的事项，对这些事项的澄清将有助于理解并解决实践中日常的法律问题。参见 Wesley Newcomb Hohfeld, Some Fundamental Legal Conceptions as Applied in Judicial Reasoning, The Yale Law Journal. Vol. 23, No. 1, Nov., 1913, p. 20。下文所引霍菲尔德权利理论主要参考了陈端洪的译本，略有修改。

③ ［美］霍菲尔德：“司法推理中应用的基本法律概念（上）”，陈端洪译，载《环球法律评论》2007 年第 3 期。

那个时代，人们普遍认为所有法律关系都可以归结为“权利”和“义务”，人们用这两个概念分析各种简单或者复杂的法律利益，诸如信托、排他性购买权、第三者保存契据或财产待条件完成后交付的合同、公司权益等。然而，权利和义务本身的意思变动不居，这就造成了对人们理解和解决法律难题的障碍。[①] 为了解决这个问题，霍菲尔德提出一种对权利和义务进行细化的理论。他认为，各种法律关系其实各有特征，强行采用同一种形式的定义很难令人满意。因此，最好的办法就是突破权利和义务这种法律关系基本内容的思维定式，区分各种基本法律关系中的不同种类的权利和义务，并在“相反物”和“对应物”的表格中阐明各种法律关系。法律上的相反关系为以下四组：权利—无权利，特权—义务，权力—无权力，豁免权—责任；法律上的对应关系为下列四组：权利—义务，特权—无权利，权力—责任，豁免权—无权力。[②] 从上述的讨论可以看出，霍菲尔德将一般意义的权利进一步细分为权利（严格意义上的）、特权、权力、豁免权，将一般意义的义务进一步细分为义务（与严格意义上的权利相对应）、无权利、责任、无权力。霍菲尔德所采用的这些术语在中文语境中有一些问题，例如权利这个概念已经约定俗成，想要改变人们关于它的基本判断实在勉为其难，此外，特权在中文世界一般都指超越普通人之上的一种利益优待，这显然与霍菲尔德将特权界定为自由权的含义相距甚远。因此，为了避免不必要的麻烦，笔者在后文的讨论中将用“要求权”代替“权利”（严格意义上的），并用“自由权”代替“特权”。需要说明的是，笔者的这种术语替换符合霍菲尔德的原意，他曾经说过，和权利最相符的就是要求，而且二者都是单音节的英文单词，[③] 他也解

① ［美］霍菲尔德：“司法推理中应用的基本法律概念（上）”，陈端洪译，载《环球法律评论》2007 年第 3 期。

② 同上。

③ ［美］霍菲尔德：“司法推理中应用的基本法律概念（下）”，陈端洪译，载《环球法律评论》2007 年第 4 期。

释过特权的种种误解，最后认为，如果要找一个大致相同的术语，那便是自由。[①] 霍菲尔德认为，上述八个概念，即要求权、自由权、权力、豁免权、义务、无权利、责任和无权力，是法律关系的最小公分母，这就意味着所有的法律关系最后都可以归结到这些概念之中，它们是法律的最小种属概念。[②]

霍菲尔德权利理论的精髓在于对前述八个概念的具体分析。他所采用的方法是成对解释。在解释要求权和义务之时，他认为，精确理解要求权必须考虑其对应物——义务，而一项义务指的是，一个人应该做或不应该做的。义务和要求权是相对应的术语。当要求权被侵犯时，义务也被违反。下面这个例子可以说明要求权和义务是什么，如果 X 对 Y 有要求其不得进入前者土地的要求权，对应的就是，Y 对 X 有不进入该地的义务。[③]

自由权和无权利是霍菲尔德解释的第二对法律术语。在霍菲尔德看来，自由权是义务的相反物，是无权利的对应物。这里的自由权就是指没有义务，而无权利是指没有提出要求的权利，即没有要求权。霍菲尔德举例说，如果 X 是一片土地的主人，那么他就可以有一个要求权：即 Y 不得进入那片土地，而他本人则有进入该土地的自由权，这相当于说，X 没有不进入的义务。进入的自由权是对不进入的义务之否定。在此例中，Y 没有要求 X 不得进入的权利，这就是无权利，与 X 的进入的自由权相对应。[④]

霍菲尔德解释的第三对法律术语是权力和责任。权力是无权力的相反物和责任的对应物。霍菲尔德意义上的权力和我们通常的理解有较大区别，但尚未找到合适的替代词，暂且沿用。通常语境中的权力指的是公共权力，并且一般都可归为立法权、行政权、司法

---

① ［美］霍菲尔德："司法推理中应用的基本法律概念（下）"，陈端洪译，载《环球法律评论》2007 年第 4 期。

② 同上。

③ 同上。

④ 同上。

权这三类，但这里的权力是指通过意志改变法律关系的能力，[①] 其中改变法律关系包括三种情形：形成新法律关系、变更原有法律关系以及消灭原有法律关系，而法律关系既可以发生在私人主体之间，也可以发生在公共主体之间，还可以发生在公共主体和私人主体之间。责任在这里指的是对权力所改变的法律关系之服从。合同签订过程大致可以说明权力和责任的内容，要约方在发出要约之后，合同签订与否取决于承诺方，一旦承诺方进行承诺，双方的合同法律关系便成立，在此过程中，承诺方所享有的建立合同法律关系的“能力”便是权力，而要约方则必须服从承诺方所形成的法律关系，这就是责任，而其他没有收到要约的人则没有要求要约方缔约的能力，这就是无权力。

豁免权和无权力是霍菲尔德解释的最后一组对应关系，豁免权是无权力的对应物，是责任的相反物。豁免权是指在特定的法律关系中，一个人免受他人权力（即改变法律关系的能力）约束的自由。无权力是指没有“权利”改变（包括形成、变更与消灭）法律关系。下面的例子有助于理解豁免权和无权力的意思。X 作为土地的所有权人，他有权力将土地转让给 Y 或其他一般的当事人，即形成与他们的土地转让法律关系。另一方面，X 又有对抗 Y 或其他所有普通当事人的各种豁免权，即 X 是否与其他人形成土地转让的法律关系不受 Y 或其他人的控制。Y 就把该法律利益移转给他本人或第三方而言，他属于无权力。[②]

通过分析各种法律关系，霍菲尔德改变了将所有法律关系都解

---

① 特定法律关系的变更可能产生于：（1）事后出现的、一个人（或人们）的意志所不能控制的某一或某组事实；或者（2）事后出现的、一个人（或人们）的意志所能控制的某一或某组事实。在第二种情况下，可以说意志控制占主导地位的那个人（或那些人）便拥有问题所涉的实现法律关系的特定变化的（法律的）权力。参见［美］霍菲尔德：“司法推理中应用的基本法律概念（下）”，陈端洪译，载《环球法律评论》2007 年第 4 期。

② ［美］霍菲尔德：“司法推理中应用的基本法律概念（下）”，陈端洪译，载《环球法律评论》2007 年第 4 期。

释成权利和义务关系的简单模式。在面对复杂法律关系时，霍菲尔德的方法可以进行更精细的区分，避免过分模糊的情形。虽然在霍菲尔德之前已经有法学家讨论过权利和义务的细化问题，但如此系统论述并进而形成世界性影响的首推霍菲尔德。权利话语在现代社会占据着主导地位，已经形成一种意识形态化的定式。此种结果实属必然，因为在现代社会，个人成为正当性最终来源，而同时个人又直接面对庞大的主权国家，要维持人的尊严必然会寻找一种话语以张扬个人又限制国家权力，权利话语恰好满足了这项要求。正是由于权利话语在现代承载着这种政治诉求，人们对权利有着太多的期待，因此谈到权利似乎必定带着一种激情，而过重的情绪则会使得人们忽视权利话语在司法中所面临的局限，其中包括霍菲尔德所指明的问题。围绕搜索引擎提供链接所发生的法律纠纷，有些能够在现有法律框架内找到现成答案，有些却没有答案。各国在制定相关的法律以及作出相关判决之际，更多依靠的是一些看起来比较具体的概念，例如信息网络传播权、著作权、侵权行为等。这些概念固然有其针对具体情形的优势，例如信息网络传播权确实可以概括作品在网上传播的权利，而人们也已经习惯于使用这些术语来表述搜索引擎所涉及的法律关系。然而，当前这些术语尽管看起来很具体，但它们仅仅概括了搜索引擎所涉及法律争议的内容，若深入探讨，我们发现它们没有明确搜索引擎的行为形式，包括法律上应该有的行为模式。也就是说，这些术语没有进一步区分搜索引擎所谓具体权利（或者义务）在不同情形下所具有的形式，因此，这样的话语体系还是维持在笼统的权利和义务话语之内。如此的结果便是：成文法的规定比较粗放，难以适应搜索引擎不断出现的新问题；而判决虽然依赖于具体案件作出，但由于没有较为统一的判决标准，极易出现案件类似而判决却截然不同的情形。简而言之，搜索引擎提供的不同链接会产生性质不同的法律关系，仅采用单一的权利和义务关系对此进行分析，将出现过大的开放性和模糊性。而霍菲尔德权利理论将法律关系细分为四组，每一组针对一种特定情形，这样就可以更好地应对搜索引擎链接提供中的复杂情况，至少优于只有一对法律关系的情形。下文将尝试运用霍菲尔德权利理论对搜索引擎提供链接时的法律关系进行分析。

二、搜索引擎抓取网页的自由权

搜索引擎在浩如烟海的网络信息中为人们提供符合其需要的信息，这是截至目前为止搜索引擎最重要的功能。在目前的技术条件下，搜索引擎一般通过链接提供信息，而要建立链接，搜索引擎就必须派出网络机器人到网上抓取各网站的信息。网络机器人，又名网络爬虫、网络蜘蛛、网络漫游者，是一种程序，它们在互联网自动穿行。搜索引擎用它们抓取网络内容，垃圾邮件发送者用它们搜寻邮箱地址。[①] 在抓取各网站网页的时候，搜索引擎与其他网站之间处于何种法律关系，是否享有某种权利，如果有的话，是何种权利？这些问题是研究搜索引擎链接提供相关法律问题的关键所在。

搜索引擎在抓取网页之时必然与其他被检索的网站发生关联，它需要收集这些网站的信息，以便提供给用户。笔者认为，搜索引擎在抓取网页时享有一种权利，但这种权利应该进行进一步的细化，而不是抽象地谈权利。或许有人会把这种权利界定为一种抓取权，但抓取权的内容是什么？答案只不过是对抓取行为的一种同义反复的解释。如果我们借用霍菲尔德权利理论进行分析，搜索引擎抓取网页的法律问题就会得到比较清晰的解释。按照霍菲尔德的权利理论，搜索引擎对各网站进行搜索并提供普通链接的行为是一种自由权，它与要求权、权力和豁免权不同。

为什么说搜索引擎在各网站抓取网页是一种自由权？原因在于

---

① The Web Robots Pages，http：//www. robotstxt. org/，2013 - 04 - 12.

搜索引擎的性质与网络的宗旨。按照现阶段的技术，搜索引擎利用HTML文档之间的链接关系，派出机器人在web上一个网页一个网页地抓取，将那些网页抓到本地后进行分析。[①] 搜索引擎为了提供检索服务需要保存网页原文。[②] 这是搜索引擎得以维持的基本技术。在目前的技术条件下，如果搜索引擎不能在网站上抓取网页，它便无法正常工作。互联网突破地域限制，形成一个开放的领域，正是基于开放性，而互联网极大地便利了人们的生活，这对于数十亿网民而言是一种巨大公共利益。甚至可以这样说，互联网之建立和发展正是为了人们能够共享资源，实现一种世界性的融合。而作为开放的互联网之一部分，搜索引擎是给用户提供信息的工具，在几近无限的网络信息中，要找到对自己有用的信息，搜索引擎必不可少。而尽可能地在更广泛的范围内为用户提供有用的信息是搜索引擎的任务。对于用户而言，信息之规范程度至关重要，如果有一些重要的信息没有被检索到，显然有损用户的利益。问题是搜索引擎怎么样才能尽可能地提供符合开放之需要的信息？我们这里不讨论搜索引擎的技术问题，只讨论法律上的问题。在法律上，搜索引擎在抓取网页时与其他网站发生了实质关联，事实上已经有一些以此为标的的案件。法律的作用是在平衡各方利益的基础上，确保搜索引擎发挥应有的功能。那么赋予搜索引擎何种地位才能达到这个效果？答案便是霍菲尔德意义上的自由权。在霍菲尔德权利理论中，自由权与义务相反，而与无权利相对应，无权利指的便是没有要求权。一旦搜索引擎享有了抓取网页的自由权，它就没有不抓取网页的义务，同时也没有必须抓取某网页的义务，也就是可以按照自己的意志抓取网页。而与搜索引擎的自由权相对应的便是被抓取网站的无权利，即被抓取的网站没有要求搜索引擎停止抓取的权利，也

---

① 李晓明等：《搜索引擎——原理、技术与系统》，科学出版社2012年版，第4页。

② 同上书，第30页。

没有要求搜索引擎必须抓取自己所属网页的权利，这就意味着，被抓取的网站不能利用法律对抗搜索引擎的抓取。如果搜索引擎没有霍菲尔德所言之自由权，它就会遭到某些网站的限制。因为基于自身利益的考虑，某些网站希望被搜索引擎检索，而且是越多越好，但某些网站可能不愿意被检索到，后面这些网站便可能希望对搜索引擎进行限制。而一旦搜索引擎抓取网页的行为受到切实的限制，那么其所提供的信息必然是不完全的，这就有违互联网开放的宗旨。我们不能孤立地考虑搜索引擎的问题，必须将其放入互联网的大环境中，即通盘考虑互联网的特性。在此情境中，唯有在法律上赋予搜索引擎享有自由权，搜索引擎才能尽可能地抓取网页，充分实现互联网之搜索工具的功能。

有人提出反对意见，认为搜索引擎没有抓取网页的自由权，因为网页的所有权属于各网站所有，只有在网站同意的前提下，搜索引擎才有抓取网页的权利，否则搜索引擎就是侵犯了网站的所有权。无须讳言，网站确实存在所有权的问题，但对此类所有权的保障必须考虑互联网的特性。互联网由众多网站构成，尽管网站各有其独立作用，但在根本上都是互联网之一员，享有互联网的便利，也需要维护互联网自身所具有的目的，前文所言之开放性是互联网生命的根基所在，支持网络机器人的抓取行为其实就是在维护互联网本身。如果我们把互联网比做一个广场，网站就是广场上的房屋，而网络机器人之抓取网页，大致相当于一架直升飞机在广场上空给房屋拍照，而且其拍照的目的不是直接用来赚取商业利益，而是因为广场太大，人们无法找到对自己有用的房屋，需要有向导，而直升机所拍照片则给人们提供这样的向导，以避免众人迷失方向，这就是说，机器人抓取网页是为了给用户提供引导，实现其基本功能，应对拥有海量信息的互联网，没有侵犯网页的所有权。故不能以网站所有权为理由限制网络机器人抓取网页的自由权。在现有技术条件下，如果每一个网页的抓取都需要网站的同意，那么搜索引擎就被判处了死刑，而一旦搜索引擎消失了，用户在互联网中将失去方向，互联网便失去了发动机，这显然违背了互联网发展的目的和公众的利益。

于是，互联网行业有了一个折中方案，这就是罗伯茨排除协议（Robots Exclusion Protocol），主要内容如下文所述。robots. txt 于 1994 年由 Martijn Koster 发明。如果一个网站希望给网络机器人以指示，它们就必须在网站地址等级的根目录下放置一个被称为 robots. txt 的文件。选择服从指示的机器人在抓取网站的任何其他文件之前将会获得这个文件并阅读该指示。robots. txt 文件可能要求特定的机器人在抓取该网站的时候忽视特定的文件或者目录。如果不存在此文件，那么网络机器人将假定网站主人不希望提供特别指示。[①] 这就是说，如果没有 robots. txt 文件，网络机器人便可以推定网站主人默示准许抓取，而在有该文件的地方，网络机器人应该按照文件的指示行为。晚近一些案件争议的焦点是：在有 robots. txt 文件限制的情况下，网络机器人依然抓取网页是否合法。暂且不论现实的案件判决究竟是什么，仅从原理的角度出发，网络机器人在此种情况下，依然有抓取的自由权。理由正如前文所述，网络机器人所享有的自由权是建立在网络的开放性和搜索引擎功能的基础之上，它与网站的意志没有直接关系，如果网站设置障碍不让抓取网页，这才是违背了网络开放性的宗旨，应该予以否定。也就是说，网络机器人之抓取网页不受限制，它可以抓取，也可以不抓取，这种对义务的否定便是霍菲尔德所称的自由权。需要说明的是，既然抓取网页是一种自由权，网络机器人也可以放弃抓取，这就是对抓取网页的义务之否定。如果搜索引擎愿意遵守罗伯茨排除协议，它自然可以按照网站在 robots. txt 文件中所给出的指示，仅仅抓取其同意抓取的网页或者目录，甚至不抓取任何信息。但罗伯茨协议本身并不能构成对网络机器人抓取网页的自由权的强行限制。而该协议自身也是

---

① Robots exclusion standard，http：//en. wikipedia. org/wiki/Robots_ exclusion_ standard，2013 – 04 – 12.

一项各搜索引擎自愿遵守的协议，违反该协议一般并不会产生直接的法律制裁。如果罗伯茨排除协议有强制法律效果，那么其后果可能是灾难性的，试想，若垄断搜索引擎网站收买大量其他网站，通过罗伯茨排除协议禁止竞争对手的网络机器人抓取相关网页，后果将极为严重，这对互联网信息的自由流动、平等获取和开放共享将是毁灭式打击。[①] 因此，无论从原理还是功利的角度考虑，罗伯茨排除协议都不能形成对网络机器人抓取网页的自由权的实质限制。总而言之，搜索引擎享有霍菲尔德意义上的抓取网页的自由权。当然，这并不代表搜索引擎可以把抓取来的信息据为己有或者任意使用，相反它为用户提供的链接方式不一样，其权利义务便不同，需区分情况作进一步分析。

三、搜索引擎链接提供中的权利与义务分析

链接是搜索引擎向用户提供信息的渠道，是其与被链接网站和用户发生联系的最关键环节。链接的基本原理是：设链者在自己的网页上设置图标或者文字标志，在该图标或者文字标志后面储存其他网站的地址。当互联网用户点击链接标志时，计算机便转向预先储存好的网址。按照链接方式的不同可以分为普通链接、深层链接、埋置链接和加框链接。普通链接，即链接的对象通常是被链接网站的入口（首页），通过设链网站进入被链接网站后，可以从地址栏展示的 URL 地址获知其所浏览内容之归属，用户清楚知晓，他已从一个网站链接到另一个网站。深层链接，即通过网站的分页地址设置链接，绕开了被链接网站的首页，直接将用户导向某个分

① 方兴东：“不要把 ROBOTS 协议当成竞争的工具”，载 http：//fxd. blogchina. com/1358385. html，访问时间：2013 年 4 月 5 日。

页。埋置链接，即在浏览器显示一个网页时，网页的一部分是通过链接将另一个网页的部分或全部内容显示在本网页中。加框链接，即设链者将自己的网页做成一个框架，将别人网页变成自己网页框架的一个窗口，它实际上是深层链接的高级形式。①

（一）搜索引擎提供普通链接的自由权以及相关特定情形下的责任与义务

在通常情况下，搜索引擎提供普通链接享有霍菲尔德意义上的自由权，其理由详述如下。当用户在搜索引擎网站页面的搜索条中输入关键词，搜索引擎便列出其所需页面信息之链接，在普通链接的情况下，用户若需要了解具体信息，只有点击某普通链接并进入被检索页面的网站，才能算完成一次关于内容的检索。在整个过程中，搜索引擎虽然事先已经抓取了网站的信息，但它所呈现给用户的不是搜索引擎自己储存的信息，而是一条检索信息的通道，相当于获取信息的桥梁。在此种情形下，搜索引擎只是告诉人们原本就存在的信息现在何处，不会对信息本身有任何影响，相反搜索引擎作为一种工具使得信息之查询与获取成为可能。因此，当搜索引擎提供普通链接时，它处于无义务的状态，即它没有必须提供某个普通链接的义务，也没有不得提供某个普通链接的义务，而作为法律上相对应方的被检索网站则没有权利要求搜索引擎检索或者不得检索的权利，因为海量的网页信息需要作为桥梁的搜索引擎，且搜索引擎仅仅忠实地提供了通往这些网站的途径，并没有对网站的信息进行干预，所以网站没有相关的要求权，即处于无权利的状态。有些网站可能不希望搜索引擎检索其信息，但网站信息本来就是公开的，它并不是隐私或者商业秘密，而搜索引擎提供普通链接仅仅是

---

① 孙善贵：“论网络链接中的不正当竞争”，载《科技进步与对策》2007 年第 9 期。另参见 Copyright aspects of hyperlinking and framing，http：//en. wikipedia. org/wiki/Copyright_ aspects_ of_ hyperlinking_ and_ framing，访问时间：2013 年 4 月 13 日。

起到一种告知信息路径的作用，某些网站限制搜索引擎提供普通链接的意图显然与互联网本身的公开性发生冲突，从原理和法律的角度考虑都不应该得到支持。因此，即便某些网站提出要求不让搜索引擎提供其链接，它也不应该有此种要求权。上述讨论的是搜索引擎和被检索网站之间的关系，但如果情况发生了变化，搜索引擎所链接的网站是一个侵犯了他人权利的网站，那此时，搜索引擎是否还有以普通链接方式链接该网站的自由权？此问题涉及搜索引擎和受到被链接网站侵害的第三方之间的法律关系。

鉴于互联网中的信息数量之巨大，搜索引擎在提供普通链接时实际上无法有效对各网站进行审查，并剔除涉嫌侵权的网页，而且如果搜索引擎确实对网页进行过滤，那必然会屏蔽大量合法的网页，从而滥杀无辜，有违互联网开放的精神。既然搜索引擎无法进行审查，而且链接系计算机自动产生，因此在被告知其所索引的网页侵权之前，搜索引擎还是享有霍菲尔德意义上的自由权，即当它提供普通链接时，没有义务不提供特定网页的链接，也没有义务非要提供特定网页的链接，处于一种无义务的状态。但是，搜索引擎给侵权网站提供检索渠道确实帮助了侵权行为，这就需要有一定的补救措施。当第三人发现某搜索引擎为侵犯其权利的网站提供了检索时，他有三种选择：第一，他可以不管不问，放弃权利救济；第二，他可以提起诉讼要求搜索引擎停止侵权并进行赔偿；第三，他可以告知搜索引擎侵权网站的网址并要求搜索引擎屏蔽该网站。就第一种选择而论，第三人和搜索引擎之间不会建立任何法律关系。在第二种选择的情境中，由于前文所述的自由权，搜索引擎并不承担侵权责任。第三种选择是正确的权利救济方式。当第三人发现搜索引擎给侵犯其权利的网站提供检索之际，该受害人就享有了一种霍菲尔德意义上的权力——改变法律关系的能力，在这里是建立新的法律关系的能力。而当受害人向搜索引擎提供侵权网址之际，他就在行使自己的权力，即形成与搜索引擎之间的法律关系，而搜索引擎则相应地有责任服从该法律关系。这种新的法律关系以受害人要求搜索引擎屏蔽侵权网站的要求权和搜索引擎停止相关普通链接的义务为内容。应该说，此种补救措施既保证了搜索引擎提供普通链接的自由权又维护了第三方的权利。

我国法律关于搜索引擎提供普通链接的权利与义务之规定和上文的霍菲尔德式分析相一致。根据我国《信息网络传播权保护条例》第14条规定，对提供搜索、链接服务的网络服务提供者，权利人认为其服务所涉及的作品、表演、录音录像制品，侵犯自己的信息网络传播权或者被删除、改变了自己的权利管理电子信息的，可以向该网络服务提供者提交书面通知，要求网络服务提供者断开与该作品、表演、录音录像制品的链接。此条规定了受侵害之第三方的权力和要求权。而根据《信息网络传播权保护条例》第15条规定，网络服务提供者接到权利人的通知书后，应当立即断开与涉嫌侵权的作品、表演、录音录像制品的链接。这里规定的是前文所论之搜索引擎的责任和义务。根据《信息网络传播权保护条例》第23条规定，网络服务提供者为服务对象提供搜索或者链接服务，在接到权利人的通知书后，根据本条例规定断开与侵权的作品、表演、录音录像制品的链接的，不承担赔偿责任；但是，明知或者应知所链接的作品、表演、录音录像制品侵权的，应当承担共同侵权责任。此条的规定赋予搜索引擎以霍菲尔德式的自由权，只是增加了一种除外情形。

（二）搜索引擎提供深层链接的自由权及其争议

深层链接在全世界引发了多种法律争议，最早的案件可以追溯到1996年发生在苏格兰的 *Shetland Times Ltd. v. Wills* 案[①]，2000年之后，无论是在美国、欧洲，还是在中国，深层链接给搜索引擎带来的纠纷都极为常见。围绕搜索引擎深层链接的争端主要涉及以下几

① *Shetland Times Ltd. v. Wills*, Scot. Ct. of Session (Edinburgh, 24 Oct 1996).

个方面：首先，深层链接会导致被链接网站的广告效果降低。深层链接使得用户在获得具体网页信息之时，绕过了该网站首页，而很多网站首页放置了广告，绕过网站首页便意味着绕过了广告，这就使得网站的广告效果降低，进而影响了广告收入。其次，深层链接可能造成用户对具体网页所在网址的误解。网站首页具有标志性意义，首页所载有的网站标志信息是人们认识该网站的途径，而深层链接恰恰绕过了首页，如果具体网页没有网站的明显标志，用户在进入该网页的时候，可能会以为还在搜索引擎网站，由此造成被链接网站影响力下降，而搜索引擎却因此受益。最后，深层链接绕过网站首页会导致被链接网站点击率下降。在普通链接的情形下，用户必须先进入被链接网站的主页，然后再在主页上点击具体网页的链接以进入该网页，而深层链接则省去了进入链接网站主页这一步，从而使得原先两个点击量变成了一个，因此降低了网站点击率。

笔者认为，尽管搜索引擎在提供深层链接时遭遇种种争议，但搜索引擎依然有提供深层链接的自由权。理由是互联网的开放性和作为公共利益的搜索便利性。较之于普通链接，深层链接明显加快了搜索速度，方便了用户，符合互联网技术提升的进步方向，此种技术发展可以看做是公共利益实现的渠道。而在几近无限的信息中迅捷获取自己所需的信息无疑是用户最关心的问题，深层链接恰好在此方面超过了普通链接。而从互联网的开放性方面考虑，深层链接确实可能给被链接网站带来负面影响，但是搜索引擎并没有占用被链接网站的资源，也并没有将具体网页据为己有，而仅仅是提供了比普通链接更为具体的地址导引，大致相当于原先的地图只有大范围的地址，而现在却有了更为具体的地址，这在以开放为宗旨的互联网中无可厚非。因此，搜索引擎没有义务不提供网站的深层链接，也没有义务提供网站的深层链接，处于无义务的状态，这便是霍菲尔德所言之自由权。与之相对应，被链接的网站没有要求搜索引擎不提供深层链接的权利，即没有霍菲尔德意义上的要求权。当然，被链接网站可以使用技术手段应对深层链接，比如在每一个网页都放置广告和网站标志，这就可以解决前述的一些问题。至于搜索引擎提供的深层链接涉及侵权网页的问题，笔者认为处理方式应该与普通链接的情况相同，即在第三人提供网址之前，搜索引擎享有自由权，而在受害人提交侵权网站的地址之后，第三人便享有了要求搜索引擎屏蔽侵权网站的要求权，而搜索引擎则负有屏蔽该网站的义务，这是一对要求权和义务的关系。

（三）搜索引擎提供埋置链接的有限自由权

当搜索引擎提供埋置链接时，它将被连接网站的标识、商标标记或者域名等埋置在自己网页的源代码之中，用户输入关键词搜索相关内容，点击所显示的链接，计算机就自动链接到设链内容，一般是快照，这样搜索引擎的网页就会与被链接网站的内容融为一体，但浏览器的地址栏却不显示被链接的网址。在使用埋置链接时，尽管最后用户得到的是被链接网站的快照页面，这相当于是对原网页内容的复制，但搜索引擎仅仅提供了链接该快照的地址，最终完成复制的是处于终端的用户。由于被链者的有关信息会被遮盖甚至不显示，用户误以为所看到的内容是设链者自身的信息，其本质在于借用他人的数据、信息和资源。由于用户会误认为所浏览的网页内容由搜索引擎网站所提供，这就意味着搜索引擎无偿占有了被链接网站的智力成果，而被链者却得不到相应的回报。①

被链接网站显然没有得到应有的对待，即利用自己的网页获取点击率乃至经济利益，相反它的网页在其网址不显示的情况下，被搜索引擎直接提供给了用户。② 如果仅仅从这一角度出发，埋置链

---

① 严大香、邹忠民：“网络链接设置过程中的法律问题研究”，载《现代图书馆情报技术》2004 年第 5 期。

② 更具体一点的说法是：埋置链接具有在没有经过作者同意的情况下于公共领域复制作品的效果，这就剥夺了作者通过控制作品的展示（表演）而获得收益的机会。参见 Allison Roarty，Link Liability：The Argument for Inline Links and Frames As Infringements of the Copyright Display Right，68 *Fordham L. Rev.* 1999，p. 1049。

接应该被禁止，但是情况并非这么简单。首先，埋置链接大大提高了链接的速度，方便了用户，如同前文所述，这是一种巨大的公共利益。当用户使用埋置链接的时候，与一般链接和深度链接相比较，用户获得信息的速度更快，因为这个链接在存储网页的时候被自动启动。① 其次，并不是所有的网站都反对搜索引擎提供其网页的埋置链接。很多网站希望自己的网页能够得到多渠道快速传播而无须考虑它们的网址是否显示，埋置链接显然符合这一要求。因此，综合考虑，埋置链接既不能被完全禁止，也不能由搜索引擎完全自由地提供。霍菲尔德的权利理论可以较好地解释这种状态。霍菲尔德认为，尽管在法律关系中，自由权与无权利相对应，但他同时指出，在特定的情形下，即使不存在权利，也仍可能存在特权。②搜索引擎提供埋置链接的情形恰好可以运用这种理论。按照互联网的开放性要求和搜索引擎的方便性特征，在各网站同意的基础上，搜索引擎享有提供埋置链接的自由权，但由于网站数量巨大到搜索引擎无法挨个获取同意，因此，只能先假定各网站许可搜索引擎如此行为，根据这种假定，搜索引擎便有了自由权。但是，这种自由权是有限的。由于提供埋置链接的自由权来自于各网站的同意，而且搜索引擎并没有对此付出相应的对价，因此只要网站明确要求搜索引擎停止提供对其网页的埋置链接，那么搜索引擎就必须遵照行事。被链接网站在此时享有一种霍菲尔德意义上的权力，即形成与搜索引擎之间某种法律关系的能力，而搜索引擎则必须服从以进入这种法律关系。此法律关系的内容就是被连接网站要求停止埋置链

① Ike O. Echerou，Linking to Trouble：Legal Liability Emanating from Hyperlinks on the World Wide Web，*J. Proprietary Rts.*，Feb. 1998，supra note 10，p. 2.

② 霍菲尔德举例说：“A、B、C、D 如果都是沙拉的主人，他们可以对 X 说：如果你愿意，你可以吃沙拉；我们许可你吃，但我们并没有同意不干预你。这一例子中存在特权，因此如果 X 成功地吃到沙拉，他没有侵犯任何一方的权利；同样清楚的是，如果 A 死死拿着碟子以至于使 X 吃不到沙拉，A 也没有侵犯 X 的任何权利。”参见［美］霍菲尔德：“司法推理中应用的基本法律概念（下）”，陈端洪译，载《环球法律评论》2007 年第 4 期。

接的权利和搜索引擎停止该链接的义务。从理论角度考虑，运用霍菲尔德权利理论解释搜索引擎提供埋置链接的行为确实比较合理，司法实践中的大部分案件最后的处理符合笔者刚才的分析，特别是欧陆国家的判决。[①] 至于埋置链接中被链接网页侵权的问题，由于搜索引擎本身并没有侵权的故意，在没有被告知的情况下，搜索引擎一般也无法分辨某网页侵权与否，因此，搜索引擎此时的权利和义务关系等同于提供一般链接时的情形，前文对其已有较多分析，此处不再赘述。

（四）搜索引擎提供加框链接的法律问题

凭借加框链接，搜索引擎将其他网站的内容纳入到自己网站的window视窗作为自己网页的一部分，[②] 而该网页一般分割为两个以上的区间，每个区间可以同时呈现出不同来源以及不同内容的信息资料，并且可以单独卷动。当网络用户进入搜索引擎网站，并加框链接到他人网站的内容时，被链接网站的网址或广告被设链者遮住了，而设链者自己的网址、主页内容及广告区仍然存在。[③] 也就是说，用户看到的网址和广告都来自搜索引擎，而不是被链接网站，但内容又是来自被链接网站，搜索引擎因此利用了被链接网页内容，但同时又使得用户误解该内容来自搜索引擎自己的网站。如果纯粹从产权保护的角度考虑，搜索引擎提供加框链接一定侵犯了被

---

① 但也有与笔者分析相反的情况。在 *Perfect* 10，*Inc. v. Amazon. com*，*Inc* 案中，美国联邦第九巡回法院的判决便是如此。该判决明确提出，尽管埋置链接和加框链接可能导致某些计算机用户相信他们正在浏览一个 Google 网页，但著作权法与商标法不同，它并不保护著作权人对抗可能导致用户混淆的行为。参见 *Perfect* 10，*Inc. v. Amazon. com*，*Inc.*，487 F. 3d 701（9th Cir. 2007）。

② Stuart D. Levi and Rita A. Rodin，Parasites：Eating Away at Web Profitability?，*Cyberspace Law.*，Feb. 1997，p. 2.

③ 余景美："网络上不正当竞争行为的法律适用与立法完善"，载《经济师》2004年第6期。

链接网站的产权，因为它利用了他人的网页，而且可能因此为自己谋利，尽管点击该链接的是处于终端的用户，但事实上搜索引擎已经将他人网页“据为己有”。但另一方面，加框是一种非常有用的网游工具。当用户浏览网页的一个区间时，另一个区间可以保持不动，[①] 在某些时候此功能带来极大方便。如何解决加框链接所带来的问题确实比较棘手。

搜索引擎在提供加框链接时便改变了自己的身份，即从原先的网络服务商转为网络内容提供商，二者的权利义务区别较大。[②] 作为网络服务商的搜索引擎目的在于为互联网中的信息提供导航，因此，为了实现其功能，需要有提供链接的自由权，但如果搜索引擎变成而来网络内容提供商，那么它就不再有这种自由权，因为网络内容提供商的功能不是为用户提供信息索引，而是应该提供其自己建立的信息，二者判然有别。由于搜索引擎在提供加框链接时是网络内容服务商，因此该链接之提供必须得到被链接网站的明确同意，否则便不能进行。或许有人争辩说，搜索引擎若要获得如此众多网站的允许，然后再提供加框链接，不具有可操作性。没错，笔者正有此意。这就意味着，搜索引擎一般情况下不得提供加框链接，一旦在没有获得允许的情况下提供了此相关网站的此类链接，那么该被链网站便可以要求搜索引擎停止加框链接并赔偿损失，即享有霍菲尔德意义上的要求权，而搜索引擎相应地有义务移除该原本就不该存在的链接并赔偿损失。而如果搜索引擎加框链接的网页侵犯了第三方的权利，那么第三方无须事先通知搜索引擎其所链接网站的具体地址，便可直接要求搜索引擎停止侵权并赔偿损失，因为此时的搜索引擎作为内容提供商，应该承担连带责任，即类似于

① Allison Roarty, Link Liability: The Argument for Inline Links and Frames As Infringements of the Copyright Display Right, 68 *Fordham L. Rev.* 1999, p. 1018.

② 埋置链接也有改变搜索引擎身份的嫌疑，但由于埋置链接没有加入自己的广告，并没有直接以他人的内容来盈利，而且提供的是原网站的照片形式，因此可以将其看做是一种网络服务。

产品质量中的销售方的责任，而不能适用避风港原则。依据霍菲尔德权利理论，此时第三方享有要求权，而搜索引擎负有停止链接并赔偿损失的义务。笔者之所以在此处坚持对加框链接的严格责任，有极为实际的考虑，因为一旦可以合法提供加框链接，那么搜索引擎便具有了网络服务提供商和内容提供商的双重功能，其结果很可能是：搜索引擎利用自己在搜索方面的优势，无限制使用其他网站的内容，形成与被链接网站的竞争，为自己谋取广告利益，由此打击其他网站的积极性，最终搜索引擎独霸天下，妨碍互联网的正常发展，损害亿万网民的共同利益。

结　语

搜索引擎在当前互联网中成为仅次于电子邮件的第二最常用工具，围绕搜索引擎的法律争端此起彼伏，而法律却难以作出令人信服的应对。借用霍菲尔德权利理论对搜索引擎抓取网站信息以及提供链接时的法律关系进行精致分析，可以在一定程度上使我们更加清楚地理解搜索引擎的权利和义务。本文的尝试不一定能够直接在司法中适用，但却是通过法律理论解决实践问题的一种努力。

西南政法大学知识产权研究中心简介

西南政法大学知识产权研究中心成立于2000年，主要致力于知识产权法、知识产权管理、知识产权贸易、知识产权评估、版权与传媒等领域的教学和研究。原中心主任张玉敏教授系中国知识产权法学研究会副会长，博士生导师，重庆市优秀教师。现中心主任李雨峰教授系民商法学院副院长，博士生导师，知识产权学科负责人，巴渝学者。副主任张耕教授、邓宏光教授、易健雄副教授主要从事知识产权法律保护方面的研究，副主任曾德国教授主要从事知识产权管理方面的研究。2008年教育部批准该中心为“国家级复合型知识产权应用人才培养模式创新实验区”，2011年最高人民法院为中心挂牌“中国知识产权司法保护理论研究基地”。

知识产权研究中心现有专职研究人员23人，其中教授6人，副教授10人，博士生导师4人，硕士生导师13人。3人入选国务院知识产权战略专家库，参与国家知识产权战略的研究工作。自成立以来，中心已承担国家社科基金项目11项，国务院法制办、国家知识产权局、国家版权局、国家工商行政管理总局、司法部、重庆市科委、重庆市教委等研究课题20余项，参与我国“民法典”、“著作权法”、“商标法”、“专利法”、“反不正当竞争法”、“民间文学艺术著作权保护条例”等法律、法规起草、修改的研究、论证工作，经常为法院和企业提供知识产权咨询服务。中心研究人员出版专著40余部，在《中国法学》、《法学研究》、《管理世界》、《现代法学》《知识产权》等专业杂志发表论文200余篇，在知识产权基础理论、商标法、著作权法、商业秘密保护领域的研究成果在国内享有很高的声誉。

西南政法大学知识产权专业以法学为主，兼及管理学、会计学，具有硕博连续招生资格。西南政法大学的《知识产权法学》系重庆市精品课程、重庆市精品视频公开课程。知识产权教师队伍于2010年成为重庆市优秀教学团队。到目前为止，我校开设的主要的知识产权课程有：知识产权法、知识产权管理、知识产权贸易、知识产权诉讼、知识产权评估、专利信息检索与分析、知识产权战略研究等。自2007年来，设立本科知识产权专门化班，运行良好，很受学生欢迎。2010年面向全国招收知识产权本科生，文理兼收。

为与外界展开交流，知识产权中心搭建了三个主要平台：西南知识产权博士文库（与法律出版社合作），西南知识产权评论（与知识产权出版社合作），西南知识产权网（www. xinanipr. com）。